小学生数学素养提升的
教学策略研究

张云萍　著

四川大学出版社

项目策划：唐　飞　王小碧
责任编辑：唐　飞
责任校对：王小碧
封面设计：嘉鸿永辉科技
责任印制：王　炜

图书在版编目（CIP）数据

小学生数学素养提升的教学策略研究 / 张云萍著
. 一 成都：四川大学出版社，2021.8
ISBN 978-7-5690-4909-1

Ⅰ．①小… Ⅱ．①张… Ⅲ．①小学数学课－教学研究
Ⅳ．① G623.502

中国版本图书馆 CIP 数据核字（2021）第 163861 号

书　名	小学生数学素养提升的教学策略研究
著　者	张云萍
出　版	四川大学出版社
地　址	成都市一环路南一段 24 号（610065）
发　行	四川大学出版社
书　号	ISBN 978-7-5690-4909-1
印前制作	北京嘉鸿永辉科技发展有限公司
印　刷	四川五洲彩印有限责任公司
成品尺寸	185mm×260mm
印　张	15.5
字　数	405 千字
版　次	2021 年 9 月第 1 版
印　次	2021 年 9 月第 1 次印刷
定　价	58.00 元

◆ 版权所有　◆ 侵权必究

◆ 读者邮购本书，请与本社发行科联系。
　电话：(028)85408408/(028)85401670/
　(028)86408023　邮政编码：610065
◆ 本社图书如有印装质量问题，请寄回出版社调换。
◆ 网址：http://press.scu.edu.cn

四川大学出版社
微信公众号

前言
Foreword

"千淘万漉虽辛苦,吹尽狂沙始到金。"自20世纪中叶以来,伴随着科技与生产力的迅猛发展,各种教育理念也在快速更迭。在小学数学教学领域,教育专家与一线教师展开了一轮又一轮的研究与改革。各种声音互相碰撞,各种思潮澎湃起伏,在摸索与实践中,越来越多的目光投向数学素养,越来越多的研究者认为,数学学习依赖于数学素养的激活与培养,数学素养才是服务于学生未来可持续发展的核心,才是数学教学中的真金。

"数学素养"一词源于20世纪中叶的西方国家,最早只是侧重于数与量的运算,从20世纪八九十年代开始,其内涵不断拓展丰富。进入21世纪以来,数学素养的内涵被进一步综合化,开始由显性的知识与能力维度,不断向数学思维、数学情感等隐性维度扩展。《全日制义务教育数学课程标准(实验版)》提出"数学素养是现代社会每一个公民所必备的基本素养",并首次提出了数学素养的十大核心词,即"数感、符号意识、空间观念、几何直观、数据分析观念、运算能力、推理能力、模型思想、应用意识、创新意识"。围绕数学素养,史宁中教授著有《数学基本思想18讲》,将数学基本思想归结为抽象、推理、模型三个核心要素。张奠宙教授认为数学核心素养包含数学思维方式、数学关键能力以及通过数学活动进行人格养成三部分。曹培英教授构建了数学核心素养的网状体系。他们的这些论述,对数学素养领域的研究具有奠基性与开创性的意义,特别是在当前我国基础教育改革大背景下,直接推动了相关课题的研究,使之不断走向深入与广阔。

在广泛参考已有研究成果的基础上,我们将小学数学素养体系进一步细分为数学基本思想、数学关键能力、数学必备品格三个版块,通过大量的文献解读、教材分解与实证研究,最终形成了《小学生数学素养提升的教学策略研究》一书。

《小学生数学素养提升的教学策略研究》一书是我对数学素养的一次再认识,也是对自我教学行为的一次再反思。近几年,我先后承担了山东省教学研究课题"基于教材提升学生数学素养的研究与实践"、山东省教育科学规划课题"基于课程标准的小学数学深度学习研究"等项目的理论与实践探索。在研究过程中,我对数学素养进行了较为深入的探索。我主持的青岛市教育科学规划课题"基于学生数学素养提升的小学数学教学策略研究"也致力于数学素养的研究,我带领区域内教师基于数学素养进行教学实践,为本书的撰写积淀了充足的一线素材。

在研究与写作过程中,我们坚持两个原则。

1. 理论与教材相结合

本书是承载数学素养的呈现载体，数学素养涉及与数学相关的非常广阔的领域，要想真正与学生的数学学习、终身发展产生共鸣，就必须重视教材的纽带作用。因此，在研究过程中，我们从数学素养的视角，进行了教材的梳理，建构了不同学段学生数学素养的框架体系，并以此为线索，形成了一套有针对性的、层次递进的、涓流渗透的方法脉络。

2. 理论与实践相结合

本书写作的最终目的是服务于教师的数学教学，形成一套行之有效的教学策略。因此在研究过程中，我们始终坚持从实践中来，到实践中去。每一个章节的写作都结合具体的教学案例进行剖析，深入浅出，以达到数学素养理论与一线教学实践互相印证的效果，由此提出的教学策略，也具有很强的实用性，值得借鉴与推广。

全书共分四章。第一章为学生"数学素养"研究概述，主要介绍了数学素养研究的背景，并且梳理了不同学段学生数学素养的框架体系，进一步揭示了小学数学素养的基本内涵。第二章对数学抽象、数学推理、数学模型三种"数学基本思想"进行了解读，结合案例提出了提升学生"数学基本思想"的教学策略。第三章关注运算能力、空间观念、应用意识、数据分析观念、符号意识、创新意识六种"数学关键能力"，通过阐述其意义与价值，结合大量的教学实践，提炼出了发展学生这些关键能力的方式方法。第四章着墨思维严谨与理性精神两种"数学必备品格"，通过对这些数学中的非智力因素的分析，提出塑造学生健全的数学品格的教学策略。

由于数学教学本身就是一个动态发展的过程，所以本书所涉及内容，只是针对当下课程改革背景下的具体问题的分析与思考，也有比较多的作者个人观点，不当之处还望各位读者不吝指教。成书过程中，参阅了不少同人的一线教学经验与意见，也吸收了许多专家学者的研究成果，在此一并致谢。最后，本书顺利出版还要感谢出版社编辑的支持与帮助。

张云萍
2020年12月18日

目 录

第一章 学生"数学素养"研究概述 1
第一节 "数学素养"研究背景 2
第二节 不同学段学生"数学素养"框架体系 8
第三节 小学"数学素养"的基本内涵 12

第二章 "数学基本思想"提升的教学策略 17
第一节 数学抽象 18
第二节 数学推理 38
第三节 数学模型 54

第三章 "数学关键能力"提升的教学策略 79
第一节 运算能力 80
第二节 空间观念 98
第三节 应用意识 116
第四节 数据分析观念 143
第五节 符号意识 163
第六节 创新意识 180

第四章 "数学必备品格"提升的教学策略 199
第一节 思维严谨 200
第二节 理性精神 221

参考文献 240

后 记 241

第一章 学生『数学素养』研究概述

第一节 "数学素养"研究背景

"数学素养"(Matheracy)一词源于20世纪中叶的西方。在科技迅猛发展的今天,"数学素养"已经成为人们从事社会生活和工作的必备素养之一,国内外众多学者也纷纷围绕着"数学素养"展开了众多的研究。

一、国内外"数学素养"的研究历程

1959年,克劳瑟(Crowther)在英国发表了题为"15~18岁青少年的教育"的报告,报告中"数学素养"作为一名词首次被提出,并被赋予两层含义:一是对观察、假设、实验、验证等科学研究方法的理解,二是现代社会定量思考和认识问题程度的需要。1982年,著名的柯克罗夫特(Cockcroft)结合英国中小学数学教育的经验教训从两方面对"数学素养"的内涵进行了拓展:一是运用数字和数学技能处理家庭和日常生活中实际问题的能力,二是懂得和理解诸如图表、曲线、百分比等数学语言所含信息的能力。这一论述体现了良好的数学教学应达到的教育目标,并被后来的数学教育研究者广泛应用。

"数学素养"内涵的发展,从国际视角来看主要经历了三个时期:一是20世纪60—70年代,这是"数学素养"出现的早期阶段,其含义不够明确,内涵比较狭窄,主要侧重于数与量的运算能力;二是20世纪80—90年代,"数学素养"内涵逐渐明确,并突出背景和内容两条主线,背景强调家庭、工作、社区等环境,内容体现在具体情景、问题和任务中所需要的数学素养,技能也从数与量的角度拓展到空间图形、统计推理、问题解决等多个层面;三是21世纪以来,"数学素养"的内涵更加综合,"数学素养"与"阅读素养""科学素养"并列成为国际学生评估项目(PISA)测试的三大领域。

"数学素养"在我国的发展从最初的翻译引入,逐渐变成一个数学领域熟悉的概念。纵观国内对于"数学素养"的研究,可以分为三个阶段:

第一个阶段(1970年以前):重在对"数学素养"相关问题的讨论。这一阶段没有明确提出"数学素养"的名词,只是讨论与"数学素养"有关的教学问题。例如,我国第一次出现"数学素养"一词是在《数学通报》刊登的一篇译文中,该译文是从苏联翻译而来的,之后的20年里在国内数学教育研究中几乎不存在"数学素养"这个名词。

第二个阶段(1970年到1983年):对"数学素养"的初步认识阶段。这一阶段提及"数学素养"的研究者都随意地使用"数学素养",对"数学素养"也没有给予明确的定义。改革开放以后,随着素质教育的广泛推行,素养与素质一词关系密切,"数学素养"作为素质的一个分支逐渐受到关注,并作为一个独立的研究对象在各种文献中出现。

第三个阶段(1983年以后):侧重对"数学素养"的直接讨论与实验。这一阶段的特点是把"数学素养"作为一个研究对象,直接讨论"数学素养"的含义。1992年12月,在宁波召开的全国数学教育高级研讨会把"数学素质"界定为"包括数学意识、问题解决、逻辑推理和信息交流四个部分"。1993年,蔡上鹤从义务教育初中数学教材角度提出"面向全体学生,提高数学素养"。这一阶段较多使用的是演绎的思路,即先定义素质,然后演绎为"数学素养",这一研究成为"数学素养"研究的主流并影响到现在。

二、国内外"数学素养"的内涵研究现状

国外对"数学素养"的内涵界定多为实际生活应用取向、数学知识取向、数学过程取向和多维综合取向四类(见表1-1)。

表1-1 国内外相关机构对"数学素养"内涵的描述

国家(地区)/年份	报告/机构	"数学素养"的内涵
英国/1982年	考克罗夫特报告/学校数学调查委员会	"数学素养"有两个内涵:第一是指个人在日常生活中具有运用数学技能的能力,能够满足每天的实际数学需求;第二是指能正确理解含有数学术语的信息
澳大利亚/2000年	国际生活技能调查报告/政策研究委员会	"数学素养"是人们用来处理生活和工作过程中出现的数量问题所需要的技能、知识、信念、气质、思维习惯、交流能力、问题解决能力的聚合
美国/2001年	数学学习研究会报告/美国国家教育与科学委员会	"数学素养"是对能够理解、计算、解答和推理的超越,还包括个人对数学的价值倾向
南非/2003	国家"数学素养"课程报告/教育部	"数学素养"为学习者提供了数学在对现代世界中扮演角色的认识和理解,"数学素养"与生活中的应用息息相关,它可以让学习者发展数字和空间思考能力,学会解释和以批判的观点去分析日常生活
全球/2013年	学生基础能力国际研究计划/OECO	"数学素养"是个体能在各种情况下形成、使用和解释数学的能力,它能帮助作为一个创新、积极和善于反思的公民认识数学在世界中所扮演的角色,并能做出良好的判断和决定
PISA/2012年	国际学生评价项目	"数学素养"包括数学交流、数学表达、象征使用、数学思考和推理、证明结论、数学建模、提出和解决问题、使用辅助工具和技术

目前,国内对"数学素养"内涵的界定主要有两类。

第一类是由素养(或素质)概念出发,演绎出"素养(或素质)+数学教育术语"式的定义。主要代表有:

江苏省连云港市教科所"MA"课题组(1997):"数学素养"是指以人的先天生理特点为基础,在后天的环境和数学教育影响下形成并发展的心理方面的稳定属性。

王子兴(2002):"数学素养"乃是数学科学所固有的内蕴特性,是在人的先天生理基础上通过后天严格的数学学习活动获得的、融于身心中的一种比较稳定的状态。

张建良等(2005):"数学素养"是指在个人的先天素质的基础上,受后天教育与环境的影响,通过个体自身的学习、认识和实践活动等所获得的数学知识、数学能力和数学思想观念等的一种综合修养,我们也称之为数学品质。

第二类考虑到了数学学科的特殊性,从"数学素养"内涵的一个或几个方面来界定"数学素养"。主要表现为以下三种"数学素养"观。

(一)"知识"取向的"数学素养"观

"知识"取向的"数学素养"观把数学知识作为"数学素养"的核心内容,较少考虑其他因素。

主要代表有：

谢恩泽(1991)："数学素养"指一个人拥有的相应的数学内容知识，如算术、代数、几何、分析等。

郑强等(2006)："数学素养"是在数学课程学习过程中，学生通过数学知识的学习，内化数学文化的成果，最终在自己身上体现一种新的价值或达到新的水平。这一观点虽然强调了数学知识是数学素养的重要内容，但它并非只是简单的数学知识，还包括了数学文化的内容。

(二)"知识+能力"取向的"数学素养"观

"知识+能力"取向的"数学素养"观把数学素养看成一种能力或知识与能力的综合。主要代表有：

束仁武(1997)："数学素养"主要指运算能力、逻辑思维能力和空间观念，以及辨别、猜想能力等。

刘俊先(2009)："数学素养"是指人们灵活运用数学的理论与方法，观察、分析、解决问题的能力。

苏洪雨等(2010)："数学素养"指的是对数学知识的理解以及进行数学教学活动过程中所展现的数学思想方法和数学能力。

(三)"多维度"取向的"数学素养"观

"多维度"取向的"数学素养"观，除了知识、能力之外，还考虑到了"数学素养"的其他因素。主要代表有：

姚丽行(1995)："数学素养"在日常生活中表现为在学习数学中形成的良好的个性品质；能自觉地用数学知识和数学思想方法去观察、分析、处理周围的生活和生产问题；语言表达准确、简练、逻辑性强，具有较好的数学语言交流能力。

王子兴(2002)："数学素养"(也称之为数学品质)是综合数学知识、数学能力和数学思想观念等的一种修养。

朱德江(2004)："数学素养"就是人们通过数学教育以及个体自身的实践和认识活动，所获得的数学知识、数学技能、数学能力、数学观念和数学思维品质等方面的素质与修养。

康世刚(2009)："数学素养"指主体在已有数学经验的基础上，在数学活动中通过对数学的体验、感悟和反思，并在真实情景中表现出来的一种综合性特征。广义地讲是一种综合性特征，狭义地讲是指在真实情境中应用数学知识与技能理性地处理问题的行为特征。

刘喆(2011)："数学素养"是在数学经验积累的基础上，生成并外显出来的可用于指导特定背景或区域中数学活动的一种整体性思想和行为特征，这里的思想和行为特征主要是通过数学知识、数学能力和数学情感表现出来的。

孙宏安(2016)："数学素养"是学生应具备的适应终身发展和社会发展需要的数学领域的必备品格和关键能力。必备品格是指具备必要的数学知识，具有数学应用意识、数据意识和计算意识，具有科学态度和正确的数学价值观。关键能力包括空间想象能力、逻辑推理能力、计算能力、数据能力、数学抽象和概括能力、数学表达和交流能力，还包括数学的提出、分析和解决问题的能力(数学建模能力)。

就"数学素养"内涵所涉及的对象而言，最初的"数学素养"仅局限于学生为应试教育所需，逐渐变成学生为了终身发展和社会生活所需，最后变成公民需具备终身发展的能力与品格。

国内外学者对"数学素养"内涵的研究表现出三点共通之处,即通过数学学习活动解释"数学素养",从素养或素质的概念演绎"数学素养",从社会经济发展的角度来解读"数学素养"。

三、国内外数学课程改革中的"数学素养"

(一)首次提出国家"数学素养"策略:英国课程改革中的"数学素养"

英国于1996年提出国家"数学素养"策略(National Numeracy Strategy),要求英格兰所有小学自1999年9月起开始实施。该策略要求学校教育要培养学生运用数学思维和数学技能来解决问题,以及满足在复杂的社会环境中日常生活需求的能力。其工作组的报告中提出:"数学素养"是一种精通程度(proficiency),涉及对数字和测量的信心和能力(competence)。它需要理解数系,有计算技能以及在各种情境下解决数字问题的倾向和能力,还需要对通过计算和测量得到信息的方法有实际的理解,并且能用图像、图表和表格的形式呈现出来。不难看出,这里的"数学素养"不仅包括数学学习的内容,还有学生学习的方式,学习的自信心以及学生对数学的理解。英国2014年颁布的国家课程的主题是"数学素养",具体阐述为三个层面,即能流畅地运用数学知识、能数学地推理、能应用数学知识解决复杂问题。

(二)重视跨学科课程的学习:澳大利亚和芬兰课程改革中的"数学素养"

在澳大利亚国家课程中,"数学素养"(numeracy)和语文读写能力(literacy),信息与资讯科技能力,批判和创新思维能力,沟通、社交能力,道德理解能力以及跨文化理解能力一起共同构成学生的一般能力(general capabilities)。其中,"数学素养"指的是学生在各种情景下使用数学时所具备的知识、技能、行为和态度。具体来说,"数学素养"由六个方面组成(图1-1)。

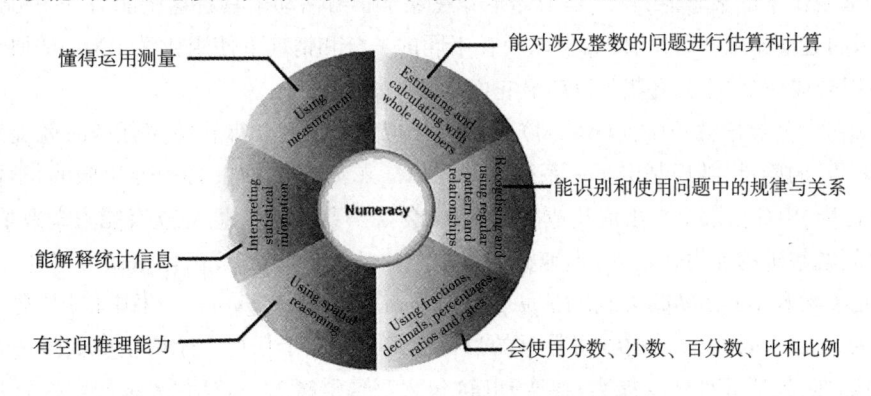

图1-1 澳大利亚国家课程中的"数学素养"

这些数学素养既体现为课堂之内的学习,也体现为课堂以外的运用。由于需要在各种情景下应用数学,跨学科课程成为培养学生数学素养的一种方式。英文、科学、地理以及历史等学科都可以发展学生的数学素养。举例来说,学生可以在学习组织和解释历史事件和历史发展变迁时发展数学素养。比如,透过分析数字资料去解读历史,了解其中的因果关系、连续性和变化,也可以运用时间轴记忆有重大历史意义的事件。学生在解释、分析和创作英文文本时,可以融入数字信息和空间意识;当讨论一些基于数据的英文文本时,学生也可以运用数学素养识别、分析和综合其中的数字信息;在学习一些可视化的文本信息时,比如,解释和创作一些图表,梳理图表或图片中不同的信息之间的关系并加以分类,理解一些图表(如韦恩图或流程图)背后的数学概念等,也需要一定的数学素养。

透过跨学科课程培养数学素养也出现在欧洲的一些国家(如芬兰),不过他们采用另外的术语"mathematical competence"来表述学生的"数学素养"。芬兰的国家课程并未单独提及何谓"数学素养"以及"数学素养"的内容,但在其义务教育阶段数学课程部分提到数学教学的目的"旨在为学生提供发展数学思维,学习数学概念和数学问题解决的机会,发展学生的创意思维和精确思考的能力,指导学生发现问题、制定问题和寻求解法的能力"。这些内容事实上也涵盖了前面提到的一些"数学素养",如发展数学思维,掌握基础数学知识,培养问题解决能力、创意思维能力等。芬兰的学校课程较重视课程的灵活度和多样性,强调知识的宽度,中央核心课程与地方课程、学校课程相结合。以跨学科课程来学习(learning by cross-curriculum)和以课题来教学(teaching by topics)也是芬兰核心课程改革的重点。

(三)凸显数学能力的整合:丹麦和美国课程改革中的"数学素养"

丹麦的 MogensNiss 教授领导的研究团队从 2000 年开始"数学素养"与数学学习研究计划——KOM 计划,对丹麦的数学课程进行改革。KOM 研究计划围绕着"什么才是掌握数学"这一核心问题,提出两个数学能力群组,它们共同组成学生的"数学素养"(mathematical competencies)。第一个数学能力群组是运用数学知识提出问题和解决问题的能力,包括数学思维能力,拟题和解题的能力、数学建模能力、数学推理能力;第二个数学能力群组是运用数学语言和工具的能力,包括数学表征能力、符号化和形式化能力、数学交流能力以及辅助数学学习的工具使用能力。

每一种数学能力均具有两面性。一是个体有能力去理解、遵从、联系、分析和判断其他人在学习活动体现出来的数学能力;二是个体本身在数学学习活动中具备这些能力。一个人拥有数学素养,指的是他能理解数学、做数学以及在不同的场合和情境下使用数学。Niss 的研究团队将这些能力组合成一个"能力之花",以凸显它们之间的相互联系。

在美国,全美数学教师协会(NCTM)在 1986 年拟定学校数学课程改革任务时就提出培养学生"数学素养"的愿景,随后制定了一系列的课程标准来实现。比如,1989 年出版的《学校数学课程与评价标准》中提出五个学生应达成的目标:学会认识数学的价值,建立有能力做数学的信心,具备数学问题解决的能力,学会数学地交流和学会数学地推理。其后,国家研究议会在《加入向上:帮助儿童学数学》(Adding It Up:Helping Children Learn Mathematics)一书中使用"数学精熟程度"(mathematical proficiency)的学习数学的目标。它包含对于任何一个要学好数学的人来说所要达成的标准,包括五种数学能力:概念理解(包含对数学概念、运算和关系的掌握)、步骤流畅(能灵活地、准确地、有效地和适当地陈述步骤)、策略能力、合情推理和有效的部署(习惯性地将数学视为合理的、实用的、有价值的知识,并且相信个人的勤奋和成效)。这些能力指标不是彼此独立,而是融合成一个复杂的整体。

2008 年,美国整合了 1989 年的五个标准和 2001 年的"能力之绳",提出作为"数学实践的标准"来衡量学生数学学习需要达成的目标,包括 8 个方面:理解问题及持之以恒解决问题,抽象化和量化地推理,建构可行的论证以及评论他人的推论,使用数学知识建模,有策略地使用适当的工具,注意精确性,寻找和利用结构,透过不断推理寻找和表达出规律。

无论是丹麦的"数学能力之花"还是美国的 8 项指标,都是在回答"究竟什么才算是精通数学,一个成功的数学学习者要具备什么样的特质"。另外,我们也看到"数学素养"并不是能力的叠加,而是不同数学能力的整合。

(四)基于结果的教育:南非课程改革中的"数学素养"

南非2002年颁布的《义务教育数学课程标准》中的"数学学习内容介绍"的"特色与范围"中就阐述到"数学知识、技能和价值观能够使学习者获得数学素养,从而能够公正地、有意义(有权利意识)地参与政治、社会、环境和经济活动"。

南非在2003年颁布了《高中数学课程标准》和《高中数学素养课程标准》,把"数学素养"设立为一门学科,打破了传统的学科界限,学习者可以按照自己的需要在"数学"和"数学素养"这两个学科之间选取。

2012年公布的《高中数学素养课程与评价标准》中,给出了明确的数学素养课程的定位:应该使学习者成为一个自我管理的人,一个积极奉献的劳动者和积极参与民主政治的公民;数学素养的教学和学习提供分析问题并数学地解决问题的机会,还将协助学习者通过媒体中传播的数学成为精明的消费者。这一定位一反数学学科所强调的逻辑思维追求,而更加强调数学的生活化体验和日常生活(特别是消费)的精明化追求。这一发展,进一步体现了南非"基于结果的教育"这一教育理念,也充分迎合了"数学素养"课程学生群体的需求。2003年课标中对"数学素养"课程的定位是"一门关注数学应用于生活的学科,能够发展学习者在解释和批判性地分析日常生活和解决问题过程中数学地思考能力和信心",强调的是树立学习者的信心,并锻炼思考能力;2012年课标中对"数学素养"课程的定位则进一步发展为"提供分析问题并数学地解决问题的机会,协助学习者通过媒体中传播的数学成为精明的消费者",强调提供数学体验的机会,并协助学习者成为精明的消费者。

"数学素养"课程的进一步发展主要体现在发展更先进、更复杂的知识和技能上,具体体现在三个层次:内容——数学的概念和技能内容,情境——自然、熟悉、复杂的问题情境,信心——解决问题的信心是数学素养的一个关键特征。

(五)重视问题情境:PISA中的"数学素养"

自2012年起,"数学素养"突出强调情境(context),"数学素养"的内涵也进一步具体化。在PISA 2012和PISA 2015中,"数学素养"是指个人在多种不同的情景之下,将情境问题转化成数学问题、使用数学及诠释数学的能力。它包括了数学推理及应用、应用数学概念、程序、事实、工具来解释、描述及预测现象。它能协助个人了解数学在世界上所扮演的角色,能够针对个体在生活中的需求运用或者投入数学活动,进行有根据的评判,以成为一个具有积极态度及反思能力的公民。而在PISA 2021中,"数学素养"则表述为是个人在不同真实世界情境下进行数学推理并表示、使用和解释数学来解决问题的能力。它包括使用数学概念、过程、事实和工具来描述、解释和预测现象的能力。它有助于个体作为一个关心社会、善于思考的21世纪建设性公民,了解数学在世界中所起作用以及做出有根据的数学判断和决定。

与PISA 2012相比,PISA 2021"数学素养"内涵与测评框架的主要特点与变化体现在:"数学素养"内涵中突出"解决问题"这一根本目的;测评框架中删除"数学思想与行为",淡化技能测试导向;重构"数学建模过程",突出数学推理在"数学建模过程"中的核心地位;继续加强情境真实性,考查学生对现实生活中复杂多变信息的应对能力;突出"数学内容领域"与"数学建模过程"之间的紧密联系;明确"21世纪公民"目标,增加"21世纪技能",并明确列出8大技能。

(六)多维度取向：中国课程改革中的"数学素养"

我国数学家张奠宙先生在比较了英国的"Cockcroft Re-port"、美国的"Every Counts"、美国教师协会的课程标准、德国和日本的数学教学大纲之后，提出"数学素养"应从以下几个方面来概括：

(1)知识观念层面：能用数学的观念和态度去观察、解释和表示事物的数量关系、空间形式和数据信息，以形成量化意识和良好的数感。

(2)创造能力层面：通过解决日常生活、实际情境和其他学科问题，发展提出数学模型，了解数学方法，注意数学应用的创造性数学能力，并形成忠诚、坚定、自信的意志品格。

(3)思维品质层面：熟悉数学的抽象概括过程，掌握数学中的逻辑推理方法，以形成良好的思维品质与合理的思维习惯。

(4)科学语言层面：作为一种科学的语言，数学也是人际交流不可缺少的工具，"数学素养"应包括能初步运用这种简约、准确的语言。

在2015年11月举办的第五届基础教育改革与发展论坛上，教育部基础教育课程教材发展中心副主任刘月霞在报告中描绘了数学学科素养的构成：数学抽象、逻辑推理、数学建模、直观想象、数学运算、数据分析。她还做了进一步解释：用数学的眼光观察现实世界，发展数学抽象、直观想象素养；用数学的思维分析世界，发展逻辑推理、数学运算素养；用数学的语言表达世界，发展数学建模、数据分析素养。报告内容与《普通高中数学课程标准(2017年版)》中关于数学核心素养的解释基本一致。

国内外在课程改革中对"数学素养"的认识日趋一致，由显性的知识与能力维度，不断向数学思维、数学情感等方面的隐性"数学素养"维度扩展，而隐性"数学素养"的生成比数学能力的生成更困难，只有将数学能力与数学思维、情感等相结合，才能不断丰富"数学素养"。

第二节 不同学段学生"数学素养"框架体系

"数学素养"在不同的阶段具有不同的培养方式和培养目标，具有一定的持续性。从学生的纵向发展来看，"数学素养"的获得是一个循序渐进、不断深化的过程，需要不同阶段的教育合力培养。从学生的横向发展来看，"数学素养"是学生在一生的学习中，不断更新变化的动态系统，随着学生人生阅历的丰富和自身发展的需求，"数学素养"也会有所不同。

一、高中阶段数学核心素养的框架体系

依据《关于全面深化课程改革、落实立德树人根本任务的意见》及《中国学生发展核心素养(征求意见稿)》提出的核心素养的概念，并结合数学学科特点，《普通高中数学课程标准(2017年版)》对数学学科核心素养进行了界定：数学学科核心素养是数学课程目标的集中体现，是具有数学基本特征的思维品质、关键能力以及情感、态度与价值观的综合体现，是在数学学习和应用的过程中逐步形成和发展的。数学学科核心素养包括：数学抽象、逻辑推理、数学建模、直观想象、

数学运算和数据分析。这些数学学科核心素养既相对独立又相互交融,是一个有机的整体。

(一)数学抽象

数学抽象是指通过对数量关系与空间形式的抽象,得到数学研究对象的素养。数学抽象主要包括:从数量与数量关系、图形与图形关系中抽象出数学概念及概念之间的关系,从事物的具体情境中抽象出一般规律和结构,并用数学语言予以表征。

(二)逻辑推理

逻辑推理是指从一些事实和命题出发,依据规则推出其他命题的素养。逻辑推理主要包括两类:一类是从特殊到一般的推理,推理形式主要为归纳与类比;一类是从一般到特殊的推理,推理形式主要为演绎。

(三)数学建模

数学建模是对现实问题进行数学抽象,用数学语言表达问题、用数学方法构建模型解决问题的素养。数学建模过程主要包括:在实际情境中从数学的视角发现问题、提出问题,分析问题、建立模型、确定参数、计算求解、验证结论、改进模型,最终解决实际问题。

(四)直观想象

直观想象是指借助几何直观和空间想象感知事物的形态与变化,利用空间形式特别是图形,理解和解决数学问题的素养。直观想象主要包括:借助空间形式认识事物的位置关系、形态变化与运动规律;利用图形描述、分析数学问题;建立形与数的联系,构建数学问题的直观模型,探索解决问题的思路。

(五)数学运算

数学运算是指在明晰运算对象的基础上,依据运算法则解决数学问题的素养。数学运算主要包括:理解运算对象、掌握运算法则、探究运算思路、选择运算方法、设计运算程序、求得运算结果等。

(六)数据分析

数据分析是指针对研究对象获取数据,运用数学方法对数据进行整理、分析和推断,形成关于研究对象知识的素养。数据分析过程主要包括:收集数据、整理数据、提取信息、构建模型、进行推断、获得结论。

二、义务教育阶段"数学素养"的框架体系

《义务教育数学课程标准(2011年版)》首次出现了"核心词"的提法:"本标准在设计思路中提出了几个核心词:数感、符号意识、空间观念、几何直观、数据分析观念、运算能力、推理能力、模型思想以及应用意识和创新意识,它们是义务教育阶段数学课程内容的核心,也是教材的主线。"并指出数学核心素养是指适应学生终身发展需要必备的数学品格和关键数学能力。到了中学阶段,重在培养学生逻辑思维,这时学生所需的数学核心素养也会随之改变。在不同的阶段,学生随着认识数学的角度和方式的多样化,对数学本质的理解也会更加深刻,其数学核心素养也会更加趋于完善。

王永春教授从数学认知、数学思想能力和个人发展三个维度构建了小学数学的核心素养体系。他认为,在小学数学核心素养体系中,数学认知是基础。

(一)数学认知

数学认知是指个体不断建构数学认知结构的心理活动。数学认知结构是数学核心素养的内在表现,因而数学认知结构的完善程度决定了核心素养水平的高低。数学认知结构主要包括三个维度:数学概念、数学命题和数学结构。

1. 数学概念

概念是反映事物(思维对象)的本质属性的最基本的思维方式。如果概念不清,那么判断不明,继而推理不灵。学生只有建立正确的数学概念,才能学好数学。

2. 数学命题

数学命题是在数学概念的基础上所规定或推导出的法则、运算律、性质、公理、定理等,包括小学部分学习的运算律,也包括运算的性质,比如,分数的性质、小数的性质等。

3. 数学结构

数学结构是数学的概念、命题的关联所形成的模型和体系。在学习数学知识结构的过程中,学生个体会形成自己的数学知识结构和数学认知结构。

(二)数学思想能力

1. 数学抽象

数学的研究对象是数与形。数与形的相关概念的形成来自现实世界,但是又不同于客观的真实的存在,是由数学家完成的主观的抽象的存在,像欧几里得几何的原始定义中的"点""线""面"等概念,都是由数学家创造出来的。

2. 逻辑推理

逻辑推理既包括演绎推理也包括归纳推理、合情推理。在一般情况下,人们借助归纳推理"推断"数学结果,借助演绎推理"验证"数学结果。

3. 数学模型

数学模型在小学的价值主要在于:①认识到数学的价值,尤其是应用价值,可以探索、发现、表达规律,并解决实际问题。②对传统应用题及现行问题解决的教材编排及课堂教学进行改进,一是对情境的改进,强调联系真生活、用开放的真情境;二是对教学理念和方法的改进;三是培养发现问题和提出问题的能力;四是能够分析与解决生活中的实际问题。

4. 数学运算

数学运算的内涵包括:理解运算对象、掌握运算法则、探究运算思路、选择运算方法、设计运算程序、求得运算结果。

5. 直观想象

"直观想象"主要体现以下几点:加强用几何图形对所有数学内容的直观描述,包括几何内容本身;加强空间想象能力的培养,加强立体几何的学习;认识数与形的密切关系,提高数与形相互表达的意识和能力。

6. 数据分析

小学阶段的数据分析主要应体现:对数据和信息的敏感性,会收集和整理数据,理解和处理数据,进行统计推断。

7. 转化化归

学生学数学的过程就是一个不断把新知识通过同化或者顺应,纳入已有认知结构,形成新认知结构的过程。学生解决问题的过程就是一个不断把新知识转化为旧知识或者纳入知识体系的过程,这些过程都是转化化归的过程。

(三)个人发展

小学数学核心素养体系的构建应顾全大局,着眼于学生自主发展和全面发展,不能完全局限在数学领域,而应该超越数学,即关注学生个体的发展,形成可持续发展的能力。

1. 思考自学

思考自学主要包括两个方面:独立思考和自主学习。要勤于独立思考,善于自主学习。

2. 合作交流

合作交流是一个群体的活动,涉及人际关系、分工合作、学科交流等很多方面。合作学习的前提是每个人需要具备独立思考和自主学习的能力。

3. 健康乐学

健康乐学包括身心健康和乐于学习两个方面。

4. 创新实践

创新实践主要包括创新和实践两个方面。创新是事物发展的不竭动力。实践是人类的生存方式,又是促进人类发展的途径。

学生"数学素养"的建构是在理论与实践中不断发展完善的过程,学生数学核心素养的培育更不是朝夕就能够完成的。我们应该保有理性,以理论为指导,不断探索和完善核心素养的框架体系。

三、学前教育阶段"数学素养"的框架体系

目前,我国还没有一部明确的关于学前教育阶段的数学课程标准。但是,在2012年9月份教育部颁发的《3~6岁儿童学习与发展指南》中提出"幼儿在对自然事物的探究和运用数学解决实际生活问题的过程中,不仅获得丰富的感性经验,充分发展形象思维,而且初步尝试归类、排序、判断、推理,逐步发展逻辑思维能力,为其他领域的深入学习奠定基础",并分别对3~4岁、4~5岁、5~6岁3个年龄段末期幼儿应该达到的数学认知水平提出了合理期望,并做出了合理化建议。

(一)初步感知生活中数学的有用和有趣(表1-2)

表1-2 幼儿数学情感态度目标

3~4岁	4~5岁	5~6岁
感知和发现周围物体的形状是多种多样的,对不同的形状感兴趣 体验和发现生活中很多地方都用到数	在指导下,感知和体会有些事物可以用形状来描述 在指导下,感知和体会有些事物可以用数来描述,对环境中各种数字的含义有进一步探究的兴趣	能发现事物简单的排列规律,并尝试创造新的排列规律 能发现生活中许多问题都可以用数学的方法来解决,体验解决问题的乐趣

(1)引导幼儿注意事物的形状特征,尝试用表示形状的词来描述事物,体会描述的生动形象性和趣味性。

(2)引导幼儿感知和体会生活中很多地方都用到数,关注周围与自己生活密切相关的数的信息,体会数可以代表不同的意义。

(3)引导幼儿观察发现按照一定规律排列的事物,体会其中的排列特点与规律,并尝试自己

创造出新的排列规律。

(4)鼓励和支持幼儿发现、尝试解决日常生活中需要用到数学的问题,体会数学的用处。

(二)感知和理解数、量及数量关系(表1-3)

表1-3 幼儿数与代数认知目标

3~4岁	4~5岁	5~6岁
能感知和区分物体的大小、多少、高矮长短等量方面的特点,并能用相应的词表示 能通过一一对应的方法比较两组物体的多少 能手口一致地点数5个以内的物体,并能说出总数。能按数取物 能用数词描述事物或动作。如我有4本图书	能感知和区分物体的粗细、厚薄、轻重等量方面的特点,并能用相应的词语描述 能通过数数比较两组物体的多少 能通过实际操作理解数与数之间的关系,如5比4多1,2和3合在一起是5 会用数词描述事物的排列顺序和位置	初步理解量的相对性 借助实际情境和操作(如合并或拿取)理解"加"和"减"的实际意义 能通过实物操作或其他方法进行10以内的加减运算 能用简单的记录表、统计图等表示简单的数量关系

(1)引导幼儿感知和理解事物"量"的特征。

(2)结合日常生活,指导幼儿学习通过对应或数数的方式比较物体的多少。

(3)利用生活和游戏中的实际情境,引导幼儿理解数概念。

(4)通过实物操作引导幼儿理解数与数之间的关系,并用"加"或"减"的办法来解决问题。

(三)感知形状与空间关系(表1-4)

表1-4 幼儿空间与几何认知目标

3~4岁	4~5岁	5~6岁
能注意物体较明显的形状特征,并能用自己的语言描述 能感知物体基本的空间位置与方位,理解上下、前后、里外等方位词	能感知物体的形体结构特征,画出或拼搭出该物体的造型 能感知和发现常见几何图形的基本特征,并能进行分类 能使用上下、前后、里外、中间、旁边等方位词描述物体的位置和运动方向	能用常见的几何形体有创意地拼搭和画出物体的造型 能按语言指示或根据简单示意图正确取放物品 能辨别自己的左右

(1)用多种方法帮助幼儿在物体与几何形体之间建立联系。

(2)丰富幼儿空间方位识别的经验,引导幼儿运用空间方位经验解决问题。

第三节 小学"数学素养"的基本内涵

一、小学"数学素养"的概念界定

"数学素养"是指人们用数学观点、数学思维方式和数学方法观察、分析、解决问题的能力,是具有数学基本特征、适应于个人的终身发展和社会发展需要的必备品格和关键能力,是在数学学习的过程中逐渐形成的。

我国2001年颁布的《全日制义务教育数学课程标准(实验稿)》提出"数学素养"是现代社会每一个公民所必备的基本素养。《义务教育数学课程标准(2011年版)》首次出现了"核心词"的提法,马云鹏教授认为把《义务教育数学课程标准(2011年版)》提出的10个核心词即"数感、符号意识、空间观念、几何直观、数据分析观念、运算能力、推理能力、模型思想、应用意识、创新意识"作为义务教育阶段的数学核心素养是恰当的。

基于《义务教育数学课程标准(2011年版)》给出的10个核心词与史宁中教授提出的数学基本思想(抽象、推理、模型),曹培英老师架构了一个"小学数学核心素养"体系(图1-2)。

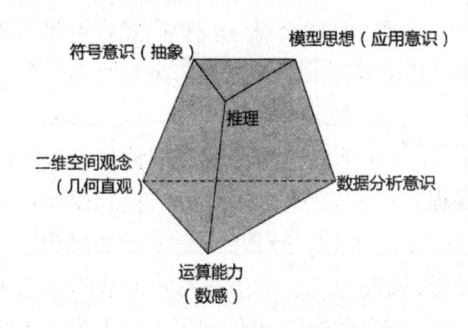

图1-2 "小学数学核心素养"体系

她认为抽象、模型和推理三方面的核心素养是第一层次,二维空间概念(几何直觉)、运算能力(数感)和数据分析意识三大核心素养归属于第一层次之下,而且它们的关系复杂,呈网状结构,并不是一一对应。

德育教育是学校教育的灵魂,它致力于对学生思想品德和人格素质的培养,对学生全面发展和健康成长有重要意义。在立德树人的教育背景下,数学作为基础教育的重要组成部分,蕴含着丰富的、独特的、不可替代的德育功能。《山东省中小学数学学科德育实施指导纲要》指出:数学学科是培养学生熟练掌握数学知识、数学思维,形成学生数学能力与数学品质的基础学科。通过数学知识的学习,培养学生有论据、有条理、有逻辑的思维习惯与表达能力,培养学生勇于探索、敢于质疑、善于思考、严谨求实的理性精神。纲要中阐述的"思维严谨"与"理性精神"是小学生应必备的数学品格。基于以上专家界定,经过实践探索,我们建构了小学"数学素养"培养体系框架(图1-3)。

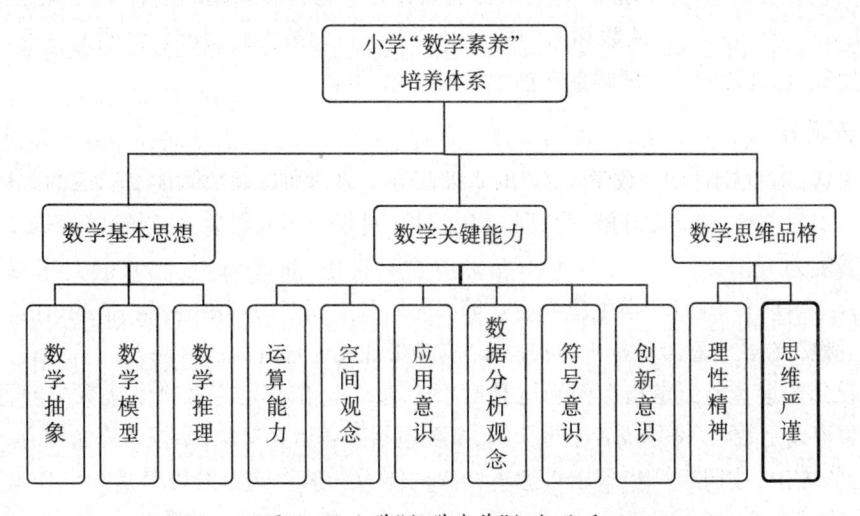

图1-3 小学"数学素养"框架体系

二、《义务教育数学课程标准(2011年版)》中对小学"数学素养"的阐述

(一)数学基本思想

1. 数学抽象

在课程基本理念中指出"课程内容的组织要重视……要重视直观,处理好直观与抽象的关系……",在课程设计思路中指出"使学生体验从实际背景中抽象出数学问题、构建数学模型、寻求结果、解决问题的过程"。在课程目标的知识技能目标中,提到要"经历数与代数的抽象、运算与建模等过程,经历图形的抽象、分类、性质探讨、运动、位置确定等过程……",在数学思考目标中也提出要"经历数感、符号意识和空间观念……发展形象思维与抽象思维"。

2. 数学模型

在课程设计思路中指出"使学生体验从实际背景中抽象出数学问题、构建数学模型、寻求结果、解决问题的过程"。在课程目标的知识技能目标中,提到要"经历数与代数的抽象、运算与建模等过程"。

从这里提到了体验与经历,就是为了让学生在特定的数学活动中,获得一些感性认识,帮助学生理解数学模型的建立过程,这样的方式,也体现了以学生为主体的教学思想。

能否理解以及理解的程度是数学模型建立的基础,让学生经历数学概念的形成,经历由特殊到一般的转化是数学模型建立的过程。数学模型的建立可以帮助孩子从一个问题拓展到一类问题,这是一个从点到面的思考过程。根据课程目标提出的要求,在培养学生数学建模素养时应该遵循以学生为中心,经历探究过程,充分感知并理解模型内涵,最终熟练应用模型。

3. 数学推理

在课程基本理念中指出"学生应当有足够的时间和空间经历观察、实验、猜测、计算、推理、验证等活动过程",在数学思考目标中也提出要"发展合情推理和演绎推理能力"。

从上述阐述中可以看出推理能力的发展应该贯穿于整个数学学习过程。数学推理一般包含合情推理和演绎推理,合情推理是从已有的事实出发,凭借经验和直觉,通过归纳和类比等推断某些结果;演绎推理是从已有的事实(包括定义、公理、定理等)和确定的规则(包括运算的定义、法则、顺序等)出发,按照逻辑推理的法则证明和计算。在解决问题的过程中,两种推理功能不同,相辅相成。数学推理,是从数和形的角度对事物进行归纳类比、判断、证明的过程,是数学发现的重要途径,也是帮助学生理解数学抽象性的有效工具。

(二)关键能力

数学关键能力是小学生"数学素养"的基础部分。数学知识是数学能力形成的载体,学生掌握了数学知识的内涵,就能在理解和掌握知识的这一过程中形成数学关键能力。

1. 运算能力

在课程基本理念中指出"学生应当有足够的时间和空间经历观察、实验、猜测、计算、推理、验证等活动过程",在数学思考目标中也提出要"初步形成几何直观和运算能力"。

这里说到的运算能力是指在明确运算对象的基础上,依据运算法则解决数学问题的能力。运算的对象可以是数字、符号或者字母公式,主要包括理解运算对象、掌握运算法则、探究运算方向、选择运算方法,按照运算步骤求得运算结果的能力。运算能力的培养是一个日积月累的过程,有了量的积累就会有质的改变,学生的数学运算这一素养就会逐渐养成。

2. 空间观念

在数学思考目标中也提出要"经历数感、符号意识和空间观念，初步形成几何直观和运算能力"。

空间观念主要是指根据物体特征抽象出几何图形，根据几何图形想象出所描述的实际物体；想象出物体的方位和相互之间的关系；描述图形的运动变化；依据语言的描述画出图形等。几何直观主要是指利用图形描述和分析问题，借助几何直观可以把复杂的数学问题变得简明、形象，有助于探索解决问题的思路，预测结果。

3. 应用意识

在课程设计思路中指出"使学生体验从实际背景中抽象出数学问题、构建数学模型、寻求结果、解决问题的过程"。在数学思考目标中也提出要"初步学会从数学的角度发现问题和提出问题，综合运用数学知识解决简单的实际问题，增强应用意识"，"获得分析问题和解决问题的一些基本方法，体验解决问题方法的多样性"。

4. 数据分析观念

在知识技能目标中，提到要"经历在实际问题中收集和处理数据、利用数据分析问题、获取信息的过程，掌握统计和概率的基础知识和基本技能"。在数学思考目标中也提出要"体会统计方法的意义，发展数据分析观念，感受随机现象"。

数学课程标准对学生数据分析能力的培养，既有过程性目标，又包含了结果性目标。这就要求我们在日常教学过程中让学生了解在现实生活中有许多问题应当先做调查研究、收集数据，通过分析做出判断，体会数据中蕴含着的信息；了解对于同样的数据可以有多种分析方法，需要根据问题的背景选择合适的方法，通过数据分析体验随机性，一方面对于同样的事情每一次收集到的数据可能不同；另一方面只要有足够的数据，就可能从中发现规律。数据分析是统计的核心。数据分析能力也是学生走上社会之后必不可少的"数学素养"。

5. 符号意识

在数学思考目标中，提出"建立数感、符号意识和空间观念，初步形成几何直观和运算能力，发展形象思维和抽象思维"。符号意识是指能够理解并且运用符号表示数、数量关系和变化规律；知道使用符号可以进行运算和推理，得到的结论具有一般性。建立符号意识有助于学生理解符号的使用是数学表达和进行数学思考的重要形式。

在知识与技能目标中，提到要"经历数与代数的抽象、运算和建模等过程，掌握数与代数的基础知识和基本技能"。没有符号就没有代数，从算数到代数，符号意识得到升华。但是，符号是数学抽象的特殊表征形式，不仅在代数领域如此，而且在几何领域也是如此。因此，符号意识所蕴含的数学思想，与其说是代数思想，不如说，它从属于数学的抽象思维。在具体的教学过程中，不仅要让学生感受到数学符号的简洁性，更要让学生感受到数学符号的"准确"和"无歧义"。

6. 创新意识

在问题解决目标中，提出要"获得分析问题和解决问题的一些基本方法，体验解决问题方法的多样性，发展创新意识"。

创新意识的培养是现代数学教育的基本任务，应体现在数学教与学的过程之中。学生自己发现和提出问题是创新的基础；独立思考、学会思考是创新的核心；归纳概括得到猜想和规律，并加以验证，是创新的重要方法。创新意识的培养应该从义务教育阶段做起，贯穿数学教育的始终。适度的数学基础是创新的必要条件。

(三)数学品格

数学品格,特指长期从事数学活动有助于养成实事求是、一丝不苟等品质,有助于形成良好的数学学习动机,激发浓厚的数学学习兴趣,形成丰富的数学情感及意志力,这些心理品格不仅具有良好的数学特征,而且有助于塑造健全的人格,其主体统称非智力因素。

课程标准在数学思考目标中也提出要"养成认真勤奋、独立思考、合作交流、反思质疑等学习习惯,形成坚持真理、修正错误、严谨求实的科学态度"。《中小学数学学科德育实施指导纲要》指出:数学教学最易于渗透辩证唯物主义观点的启蒙教育,并要通过数学训练,培养学生认真严谨、一丝不苟的学习态度和积极思考的良好习惯。

数学品格包含两大类:一是工具性品格,数学以谦卑的"仆人"姿态深入科学技术的各个领域,成为通用技术,其工具性的精髓是"思维严谨";二是文化性品格,数学又以其特有的文化精神"理性精神"赢得科学的"皇冠"。数学的这两种品格共同锻造了它在人类文明中的显要地位,同时也是数学学科育人价值的两大源泉。

1. 思维严谨

《中小学数学学科德育实施指导纲要》针对"思维严谨"提出以下指导意见:"通过习题演算、命题验证、逻辑推理、例题示范方式,使学生掌握逻辑归纳与演绎、命题求证与论证、思维严谨与流畅的思维品质;通过例题的演示,培养学生把握数学知识的来龙去脉及举一反三的能力,形成有论据、有条理、有逻辑的思维习惯与表达能力,自觉学会尊重并运用定理、公理、公式、法则、规则、口诀解决问题的意识与习惯,养成做事条理分明、严谨细致、一丝不苟、严肃认真的个性品质。"

由此可见,数学思维的严谨性,是指思考问题符合逻辑、严密、有根据;重视问题成立的条件,不但关注明显的,还留意并挖掘隐蔽的;能够找出问题的全部答案而无遗漏。思维严谨在数学活动中的具体表现可以细分为以下六部分:分清主次、抓住本质;具体问题具体分析,形成全面分析的意识;做事严谨、条理有序、一丝不苟、严肃认真的学习习惯;具备规则意识,自觉尊重并运用法则解决问题的意识与习惯;善于规划、有序做事的好习惯;矛盾统一、运动变化等辩证唯物主义观点。

2. 理性精神

《中小学数学学科德育实施指导纲要》同样也对"理性精神"作出如下的建议:"通过运用数学知识解决问题的过程,帮助学生逐步积累数学活动经验,培养学生应用能力和创新意识;加强数学建模核心素养的培养,有利于学生养成用数学的眼光观察现实世界的习惯,有利于学生发展用数学的思维分析实际问题的能力,有利于学生形成用数学的语言表达实际问题的能力。通过揭示数学知识产生、发展及应用的过程,培养学生勇于探索、敢于质疑、善于思考、严谨求实的理性精神。"

由此可见,所谓理性精神,是指人们在认识活动中,对感性材料进行抽象概括和分析综合,形成一系列概念、判断和推理,去寻求事物本质和规律的探索精神。理性精神在数学活动中的具体表现可以细分为以下四部分:勇于探索、敢于质疑、善于创新的科学精神;尊重客观事实、言必有据、实事求是的科学态度;用数学的眼光观察现实世界的习惯,用数学的思维方式解决实际问题,用数学的语言表达实际问题的能力;数学来源于生活实践,服务于生产实践的理性精神。

第二章 「数学基本思想」提升的教学策略

第一节　数学抽象

数学是对客观现象的抽象概括而逐渐形成的科学语言与工具,是研究数量关系和空间形式的科学,抽象是数学的本质特征。数学教学是数学思维活动的教学,数学思维能力中最重要的是抽象概括能力,学习数学的过程也是数学抽象的过程。

一、"数学抽象"含义解读

抽象是指从具体事物抽出、概括出它们共同的方面、本质属性与关系等,而将个别的、非本质的方面、属性与关系舍弃的思维过程。史宁中教授指出,数学在本质上研究的是抽象的事物,数学的发展所依赖的最重要的基本思想也就是抽象。

史宁中教授将抽象的深度大体分为三个层次。第一层是简约阶段:把握事物的本质,把繁杂问题简单化、条理化,能够清晰地表达。第二层是符号阶段:去掉具体的内容,利用概念、图形、符号、关系表述包括已经简约化了的事物在内的一类事物。第三层是通过假设和推理建立法则、模式或者模型,并能够在一般意义上解释具体事物。由此可见,数学抽象主要包括:从数量与数量关系、图形与图形关系中抽象出数学概念及概念之间的关系,从事物的具体背景中抽象出一般规律和结构,并且用数学符号或者数学术语予以表征。抽象思想在数学中无处不在,符号化、分类、集合、对应、变中不变等都是与抽象有关的数学思想。

二、小学生"数学抽象"思想的培养价值

数学抽象是数学的基本思想,是形成理性思维的重要基础。数学抽象的层次性、思想化、形式化、符号化对发展学生抽象思维具有其他学科难以比拟的作用与价值。

(一)有助于学生思维品质的提升

数学的一切研究对象都是抽象得来的,数学抽象摆脱了客观事物的物质性质,从数量抽象出数,从物体抽象出形,没有抽象就没有数学。抽象是数学的本质思想之一,也是数学的核心能力之一。只有通过抽象、概括才能使人的认识由感性上升到理性,从而掌握事物的本质和规律,才能在其他学科的学习中主动运用数学抽象的思维方式解决问题,逻辑思维水平才会真正提高。

(二)有助于学生用数学的意识看世界

抽象对于认识世界有着重要的意义,当我们说数学概念、数学理论等深刻反映着现实世界时,所指的就是抽象的产物、思维结果的抽象。数学的抽象,它的大众化的普适性意义在于,人人都需要从数与形的视角去观察、去认识周围的事物。小学生从现实世界形态各异、色彩纷呈的事物中抽取共同的量或形的属性时,他们已经得到了从考察对象中分离多种属性,提取本质属性,排除各种非本质属性干扰等一系列的知觉、比较、分析、综合等多因素的思维训练,这就是以数学的眼光与意识看世界。

(三)有助于数学知识体系的建构

数学的学科特点决定了数学知识之间是点面结合、螺旋上升的。比如,在数的认识中,先学习整数,再学习分数、小数、百分数等;在空间几何领域中,是按照点、线、面的顺序学习的,并进一步学习由这些概念形成的平面图形、立体图形等更深层次的知识。数学抽象是贯穿于整个数学学习过程中的,数学的后次抽象接纳了前次抽象的数学关系,并且比前次抽象的内涵更加丰富,在循序渐进的抽象过程中不断建构完善数学知识体系。

三、"数学抽象"思想提升的教学策略

数学抽象思想贯穿于数学的各大领域,数学抽象指向数学教学如何处理"具体的、经验的"与"理性的、抽象的"的关系,教师要让学生在数学学习的过程中经历数学抽象的过程,大胆尝试、努力培养和发展学生的抽象思维。

(一)选取丰富素材,经历抽象共同属性的过程

在教学中,选取学生熟悉的典型事例,提供丰富素材,让学生经历完整的数学抽象过程,能够让学生对所学知识的本质特征和内在联系进行抽象概括。

案例一 "比的意义"教学片断

……

师:同学们举了生活中看到的有关比的例子,老师在生活中也遇到这样的比。和面时,水和面粉的质量比是1∶2(呈现图2-1)。假如请你帮老师按这个比取一些面粉和水,你会怎么取?

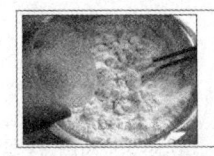

做馒头时,水和面粉的质量比是1∶2。

图2-1 比的意义1

生1:面粉取500克,水取250克。还可以面粉200克,水100克。

师:请大家观察这一组数据,在这个过程中,水和面粉在不断地变化,有没有不变的?

生齐:面粉一直是水的两倍。

师:看来,比还有这样的特点,前项和后项不断变化,但倍数关系不变。

老师还搜集了一些比,男教师和女教师的比是1∶5,照片的长和宽的比是4∶3。这些比有没有面粉和水那样的变化特点呢?

生齐:都具有倍数关系。

师:看来同类量的比,表示倍数关系。

师:再来看这幅图片(呈现图2-2),足球赛的上半场的比分2∶1,谁来介绍一下这个比分?是否具备刚才我们研究的比的特点呢?

生1:具备。一个队的得分是另一个队的2倍。

图2-2 比的意义2

生2：不具备。两个队相差1分，但是如果变成4:2的话就相差2分。

师：能听懂吗？我们一起来模拟一下吧。六年级一班和二班足球比赛，现在比分是0:0，进了一球，变成了1:0，又进了一球，变成了2:0，又进一球，上半场结束了，2:1。下半场开始了，可能是几比几？

生3：2:2。

生4：3:1。

师：看一看，比分是怎么变化的？和我们刚刚研究的这些比一样吗？

生5：不一样，比分的变化是1分1分的记录。

师：是啊，刚才我们研究的比，一个量变了，另一个量也会跟着变，这个呢？它只是在做记录，看来足球比赛的比分和我们数学上研究的比是不一样的。

师：生活中有很多比，那下面的信息中有比吗（呈现图2-3）？写在你的答题纸上。

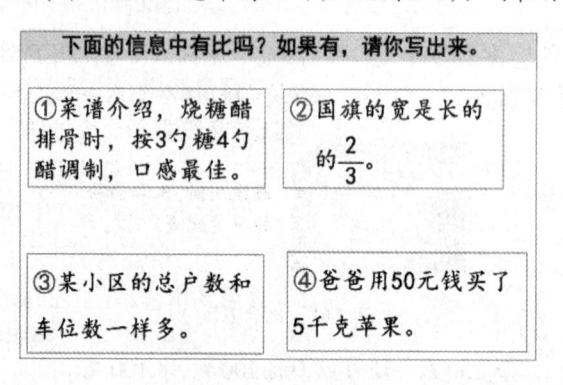

图2-3 比的意义3

生1：第一个糖与醋的比是3:4。

师：如果我今天家里来了客人，要做一大锅的糖醋排骨，这时糖与醋可以是？

生2：6:8。

师：看来这个比是我们数学上研究的比。第二个呢？

生3：宽与长的比是2:3。

师：是我们数学上研究的比吗？

生4：是，长是宽的$\frac{3}{2}$倍。

师：第三个呢？

生4：总户数与车位数的比是1:1。

师：同意吗？如果知道这个小区有200户，那比可以写成？

生5:200:200,也就是1:1。

师:最后一个呢?

生6:钱数与千克数的比是50:5。

师:同意吗?我刚看到这个好多同学没有写,谁没有写,能说说理由吗?

生1:前面几个比两个量的单位都是一样的,而这里钱数和千克数单位是不一样。

师:你真善于观察。前面的比有数量比、长度比、体积比,都是同一种量之间的比。而这个比是不同的量之间的比。这个比和我们之前学的比有没有相同的地方?

生1:当一个量变化的时候另一个量也发生变化,当一个量确定时另一个量也确定了。

师:同一种量之间的比叫同类量的比,比出来的是倍数关系;不同的量之间的比,就叫不同类量比。不同类量的比,比出来的不能是倍数关系,而是产生了一个新量。总价比数量得到的是什么?

生7:单价。

师:想想我们以前还见过这种不同类量的比吗?

生7:路程比时间等于速度。

师:是啊,以前我们说,总价÷数量=单价,路程÷时间=速度,今天学了比,以后就可以说,总价:数量=单价,路程:速度=时间。

师:不管同类量的比,还是不同类量的比,都和我们学过的什么知识有关系?

生齐:除法。

师:看来,两个数相除就叫两个数的比。

……

上述案例中,学生独立思考在信息中寻找比,加深了对比的理解,提高了思维的灵活性;不同类量比的介入,引发了数学学习的内驱力,充分扩展学生对比的直观感受,赋予比新的内涵,逐步完善学生对比的意义的建构。教师为学生提供了丰富的素材,为概念的抽象积累思维材料。学生通过对这三组丰富的典型素材进行剖析比较、归纳概括,经历了一个裁剪的过程,把不同的、非本质性的特征全部裁剪掉,从而得出"比表示两个数相除"这个抽象的结论,既积累了经验,又培养了学生的抽象思想。

案例二 "分数的初步认识"教学片断

……

师:现在我们知道生活中的一半可以用 $\frac{1}{2}$ 这个数表示,那数学上 $\frac{1}{2}$ 到底是什么意思呢?老师给大家准备了不同的图形纸片,请你折一折、找一找它的 $\frac{1}{2}$ 在哪里?找到后跟你的同学说一说你的 $\frac{1}{2}$ 表示什么意思?

学生活动,老师巡视指导,全班交流分享。

生1:把圆形纸片对折,平均分成两份,一份就是圆形纸片的二分之一。

师:谁听明白了?能再来说一说吗?我把它记录在黑板上。

生:把一个圆平均分成两份,一份就是它的二分之一。

师：大家都拿起圆形纸片，像这样做一做。还有其他的方法吗？

生：把一个正方形平均分成2份，1份就是它的$\frac{1}{2}$。

师：你的表达真完整，$\frac{1}{2}$在你的图形中，"2"在哪里？"1"在哪里？

生："2"指的是平均分成的2份，"1"指的是其中的1份。

师：你能够结合图形去理解，真了不起！大家都拿起正方形纸片，指给你的同学看一看，"2"在哪里，"1"在哪里。

同学互指。

师：刚才这位同学是把正方形的纸片对折，平均分成了两个完全相同的长方形，还有别的折法吗？

生：我是这样折的。（对角折）

师：也用这样的语言说说，好吗？

生：把一个正方形平均分成两份，一份就是它的二分之一。

师：把它平均分了两个完全相同的三角形，一份也是它的二分之一。长方形纸片呢？

生：把一个长方形，平均分成两份，一份就是它的二分之一。

师：真好，还有别的折法吗？

生：我是这样折的。

师：还有吗？

生：我是这样沿对角折的。

师：同学们的思路真开阔。刚才我们动手折一折，找到了不同图形的二分之一（呈现图2-4）。为什么图形各不相同，一份却都能用同一个分数$\frac{1}{2}$表示？

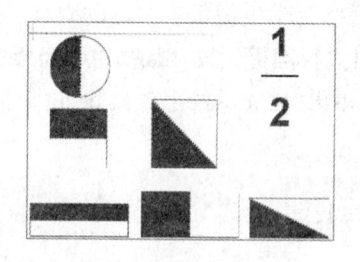

图2-4 分数的初步认识

生：因为它们都被平均分成了两份，一份就是它的二分之一。

师：你真善于观察，善于分析。虽然图形不同，大小也各不一样，但我们都是把一个图形平均分成了两份，一份就是所在图形的$\frac{1}{2}$。这就表示出了平均分后这1份和2份之间的关系，只要表示这种关系，都可以用$\frac{1}{2}$表示。

……

学生在动手操作的过程中经历从"图形表示"到"符号表示"的数学化的过程。教师以"为什么图形各不相同，一份却都能用同一个分数$\frac{1}{2}$表示"这一问题启迪学生深入思考，在比较辨析中透过现象看本质,感悟分数的意义,提升学生的抽象能力。

(二)数形结合,为学生搭建直观到抽象的桥梁

无论是以形辅数,还是以数解形,都可以使数学知识变得更加具体化、形象化。借助数形结合可以形象直观地帮助学生理解数学知识,解决复杂抽象的数学问题。

案例一 "小数的初步认识"教学片断

……

师:你还能在米尺上找到其他的0.1米吗?

学生上台指出更多的0.1米。

师:(呈现图2-5)为什么这些都是0.1米呢?

生:都是把1米平均分成10份,每份是$\frac{1}{10}$米,也是0.1米。

师:那0.4米、0.5米和0.7米有多长呢?

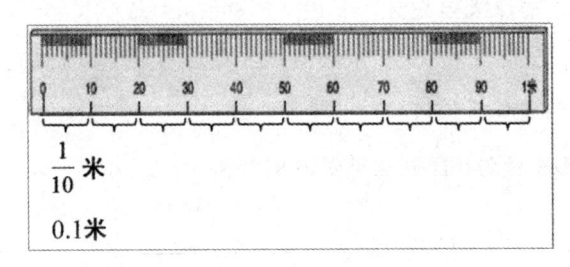

图2-5 小数的初步认识1

学生组内交流后,由一个小组向全班汇报交流。

生1:0.4米是把1米平均分成10份,取其中的4份,是$\frac{4}{10}$米,也是0.4米。

生2:0.5米是把1米平均分成10份,取其中的5份,是$\frac{5}{10}$米,也是0.5米。

生3:0.7米是把1米平均分成10份,取其中的7份,是$\frac{7}{10}$米,也是0.7米。

师:生活中,你在哪儿还见到过小数?

生1:高速入口的汽车限高是3.5米。

生2:超市里物品的价格有的是有小数表示的。

师:(呈现图2-6)你知道0.1元是多少钱吗?

图2-6 小数的初步认识2

生1:0.1元就是1角。

师:为什么1角可以用0.1元来表示呢?

生1:1角相当于10份中的1份,是$\frac{1}{10}$元,也是0.1元。

师:0.6元是多少钱呢?

生2:6角相当于10份中的6份,也就是$\frac{6}{10}$元,也是0.6元。

师:0.1米和0.1元表示的意思一样吗(呈现图2-7)?

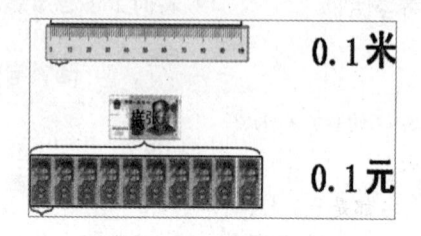

图2-7 小数的初步认识3

生3:不一样。一个是价钱,一个是长度。

师:那为什么都能用0.1来表示呢?

生1:都是把1米或1元平均分成10份,取1份。

生2:都是$\frac{1}{10}$,只不过单位不同。

师:你能在这些图形中找到0.1吗(呈现图2-8)?

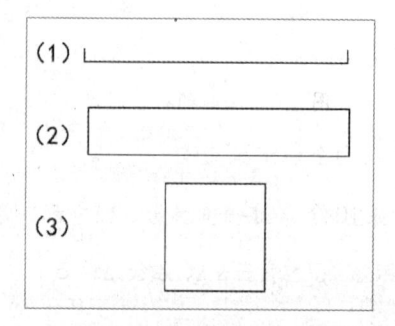

图2-8 小数的初步认识4

学生选择其中的一个图形独立尝试,组内交流。

师:咱们一起来看这些同学的作品。

生1:把一条线段平均分成10份,取一份就是$\frac{1}{10}$,也是0.1。

生2:把一个图形平均分成10份,取其中的一份,表示出了$\frac{1}{10}$。

师:涂色部分用分数和小数表示,会填吗(呈现图2-9)?

生:$\frac{3}{10}$和0.3,$\frac{8}{10}$和0.8。

师:认识了这么多小数,你对小数有了怎样的认识呢?

生1:把1米或1元平均分成10份,每份就是十分之一,也是零点一。

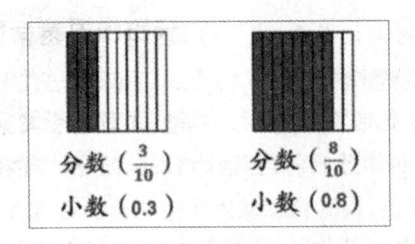

图2-9 小数的初步认识5

生2:发现零点几的小数就是十分之几的分数。

……

上述片断中,教师设计了三个层次的学习活动,借助米尺、人民币、图形引导学生理解小数的意义,丰富的概念外延让学生明白:具体的实物、图形只是认识小数的工具与媒介,平均分成的份数及表示的份数才是认识小数本质意义的聚焦点,学生借助分析不同表征的直观图示的共同点理解了小数与分数间的联系,借助分数这一桥梁,深入地理解了小数的意义。

案例二 "正比例的意义"教学片断

……

师:你知道吗?其实,工作总量和工作时间的关系还可以用图像来表示。横轴表示?

生:工作时间。

师:纵轴表示?

生:工作总量。

师:表格中的数据可以用图中的哪些点来表示(呈现图2-10)?谁能上来指一指?

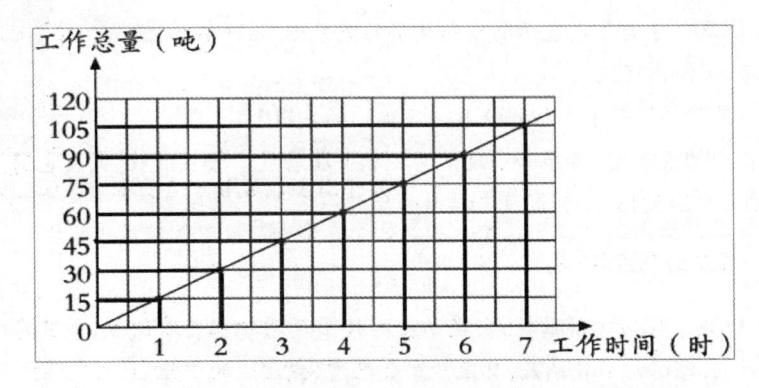

图2-10 正比例的意义

生:0小时生产0吨,1小时生产15吨……

师:看来,表格中的每一组数据都能在图像中找到一个对应的点。想象一下,如果将这些点依次连接,会是什么样子?用手势比一下。

生:是一条直线。

师：根据工作总量和工作时间的关系，我们得到一条直线图像。在图像中你还能发现工作时间和工作总量之间变与不变的规律吗？

生：工作时间越长，工作总量越多；工作时间越短，工作总量越少。

师：所以我们说工作总量和工作时间是两种相关联的量。那在图中你还能找到工作时间和工作总量之间不变的规律吗？

生：通过数据我们可以进行计算，1小时对应15吨，2小时对应30吨，我们可以计算出它们的比值都是15。

师：看来在图像中我们也能发现工作总量和工作时间这两种量"变"与"不变"的规律。

师：刚才我们借助观察表格、写关系式、认识图像，研究了工作总量和工作时间的关系，生活中还有许多这样相关联的量，下面我们一起去了解一下青岛啤酒大厦高度（呈现表2-1）。

表2-1 青岛啤酒大厦高度记录表

楼层/层	1	2	3	…
高度/米	5	10	15	…

师：表格中有哪两种量？

生：楼层和高度。

师：你们能像我们刚刚研究工作总量和工作时间那样，看看这个表格中记录的两种量有怎样的关系吗？自己默读探究要求，看明白了就试一试吧。

探究要求：

看一看，高度和楼层是两种相关联的量吗？

算一算，它们的变化有什么规律？

想一想，你能用一个关系式表示高度和楼层的关系吗？

先独立思考，再组内交流。

师：好，有结果了吗？哪个小组想分享一下你们的发现？

生1：我们小组的发现是，楼层和高度是两种相关联的量。楼层变化，高度也随着变化。

生2：5∶1=5，10∶2=5，15∶3=5，高度与楼层的比值一定。

生3：$\dfrac{高度}{楼层}$=每层的高度（一定）。

师：他们小组通过横向观察数据，发现高度和楼层是两种相关联的量，并且通过纵向计算发现它们的比值一定，还得到了关系式，真是一个会思考、会表达的小组。

师：如果把高度和楼层的关系也用图像表示出来，想一想会是什么样呢？用手比画一下。但是你们知道吗？青岛啤酒大厦还有负一层，距离地面深5米，在这个图中用哪个点表示？

生：可以把横轴和纵轴延长。

师：谁能上来指一指哪个点表示地下一层深5米（呈现图2-11）？

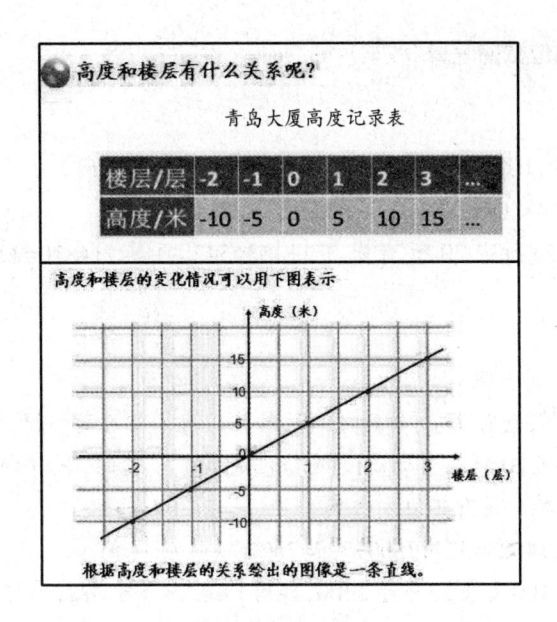

图2-11 青岛啤酒大厦高度和楼层关系图

生：地下一层深5米用这个点表示。

师：那地下二层,深10米呢?

生：用这个点表示。

师：看得出来,负数知识你学得非常好。想象一下,如果这座大厦继续往上建,继续往下挖,这个图像会呈什么趋势?

生：不断向上延伸,不断向下延伸。

师：所以,根据高度和楼层的关系画出来的图像也是一条直线。

……

从案例呈现的一组常见量,补充素材扩展到两组常见量,丰富了学生的研究体验,而且加深了对概念的理解。分析数据、用关系式表达、图像直观表征这一系列层层剖析、由表及里的思维活动,使学生深入理解成正比例的两个量"变"与"不变"的规律。借助多媒体课件的直观演示,能让学生通过数形结合直观感受正比例图像的直线特点,初步体会到点与数、数与形之间的对应关系,而且自然地渗透了函数思想,更加深了对成正比例的两个量的变化规律的理解与掌握,进一步提升了学生分析比较、归纳概括的能力。

"数"构成了数学的抽象化符号语言,"形"构成了数学的直观化图形语言。作为数学研究的两个基本对象,它们的"相遇"能化抽象为直观,进而帮助学生透过现象、探寻本质,为学生搭建从直观到抽象的桥梁。

(三)基于认知基础,迁移类推,促进抽象思维能力提升

数学知识结构既有知识发展的纵向逻辑线索,又有不同内容和方法之间横向的实质性联系。学生在学习任何一个新知识时,都是有认知基础的,依靠前面已有的认知经验探究新知,解决问题,就是学习的迁移。小学数学教学中,迁移类推能力的培养能使学生从更为全面的角度掌握知识,对知识的理解和应用能力得以提升,抽象思维得到更好的锻炼。

案例一 "三位数乘两位数的笔算"教学片断

……

师：我们来看看这个小组同学的方法，注意认真听，有疑问就问。

生1：114×3=342,114×20=2280,2280+342=2622。

生2：我们组是把23拆成20和3，先算114×3=342，再算114×20=2280，最后再相加，也是2622。

师：有疑问吗？

生3：为什么要把23拆开呢？

生2：三位数乘两位数我们没学，拆开之后就转化成我们学过的知识，就会算了。

师：原来他把23拆成20和3，目的就是要转化成我们学过的三位数的口算和三位数乘一位数，解决了问题，真不简单。还有其他方法吗？

生4：100×23=2300,14×23=322,2300+322=2622。

生5：我们组是先用100去乘23等于2300，再用14乘23等于322，加起来就是2622。

师：谁能看明白她的想法？

生6：他是把114拆成了100和14。

师：为什么这样拆呢？

生5：这样就变成我们前面学过的整百数的口算和两位数乘两位数了。

师：还有一个小组的同学是用竖式做的，三位数乘两位数的竖式咱们没学，你们是怎么想的？

生7：三位数乘两位数没学，但两位数乘两位数我们学了（生用手捂住百位的1），14乘23我已经会算，现在多了个百位，乘的时候再乘上百位就行了。

```
    114
  ×  23
```

师：他是借助什么来列的竖式？

生1：用我们前面学过的两位数乘两位数的知识，三位数乘两位数的方法也是一样的。

师：原来是把我们前面学过的两位数乘两位数的笔算方法直接迁移类推到三位数乘两位数上了，真会运用知识！

师：仔细观察，用竖式笔算的方法跟前面拆分的方法比较，它们有什么联系吗？

生1：我发现这两种方法实际上都是一样的，都是先算3乘114，再算20乘114，最后再相加。

师：原来这两种方法实际上是一样的，只不过一个是横式表达，一个是竖式表达，同学们想到的这种方法就是竖式笔算的道理。

师：那我们在计算的时候可以怎么算？

生1：三位数乘两位数跟我们前面学过的两位数乘两位数完全一样，都是先用第二个因数个位上的数去乘，再用十位上的数去乘，最后再把两次的结果加起来。

生2：只不过三位数多了个百位，乘的时候别忘记还要跟百位相乘。

……

上述案例中的学习内容为"三位数乘两位数的笔算"，教师并没有直奔竖式的教学，而是先鼓励学生运用已有的知识经验解决新问题，从学生的反馈看，学生已经能够根据认知基础，主动想到把114或23拆分开，转化成前面学过的知识解决问题。教师通过引导学生对"口算与竖式计算"进行比较,沟通了不同算法之间的内在联系,理解算理,初步抽象出算法。在此基础上,又提出"三位数乘两位数跟我们前面学过的两位数乘两位数它们在计算方法上有哪些相同的地方?又有哪些不同呢"一系列问题,引导学生迁移、归纳出三位数乘两位数的笔算方法。学生在这一探究过程中获得的不仅是计算方法,还有在算理理解基础上的抽象概括能力的发展和笔算乘法认知结构的完善。其实抽象思维的构建过程,也是一个数学知识体系的构建过程,都是一个从简单到复杂的逐渐发展过程,思维的厚度和抽象性也得以递增。

案例二 "三角形的认识"教学片断

……

师:同学们仔细看看,你手中有拼成的三角形,还有你画的三角形,这些三角形大小、形状都不相同,为什么它们都叫三角形呢? 这些三角形有什么共同的特点?

生1:都有三个角。

生2:还有三条边。

生3:每个三角形必须有两个锐角。

师:这个特点你们也发现了。同学们仔细看,三角形都有三个尖,这个尖的名字叫作顶点。现在你们对三角形认识了吗?

生齐:认识了。

师:那你们能说说什么样的图形是三角形吗?

生齐:有三个角、三条边、三个顶点的三角形叫三角形。

师:说得非常全面,这些特点不全说出来能行吗?

生齐:不行!

师:先不急,认真思考,看看这些图形里哪个是三角形? 哪个不是三角形? 为什么(呈现图2-12)?

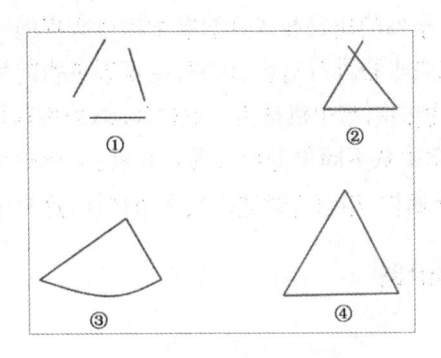

图2-12 三角形的认识

生齐:第一个图形、第二个图形、第三个图形不是三角形,第四个图形是三角形。

师:为什么呢? 逐个说一说。

生1:第一个图形没有三个角,第二个图形不是三个顶点,第三个图形不是三条边,下面一条边不是直的。

生2：我认为第一、第二、第三个图形都不是三角形，只有第四个图形是三角形。因为第一个图形没有把三条边围起来。

师：你是说三条边必须围起来才是三角形，那第二个图形也围起来了啊，为什么第二个图形不是三角形？

生3：我觉得是因为第二个图形围起来的时候出头了。

师：那怎么围才是三角形？

生3：先画三个顶点，把每两个顶点之间连起来。

师：你是说每一条边都是一个线段，线段在连的时候能连中间吗？

生齐：不能。

师：那连哪儿？

生齐：必须端点与端点相连。

师：非常好，把大家说的几点合起来，就是数学家们给三角形的定义，大家一起打开书，自己读一读。

生齐：由三条线段围成的图形叫作三角形。

师：只要是由三条线段围成的图形，就能保证它一定有三个角、三条边和三个顶点。

……

抽象过程不是一蹴而就的，它需要一个从具体到一般的过程。上述案例中，教学层次按认知发展的顺序，由表及里、由浅入深，层层深入、环环相扣。学生结合丰富的素材不断体会、研究三角形的特征，并根据看到的图形特征进行想象归纳，在对比中剥离非本质的外在表象，抽取概念的本质属性："由三条线段围成的图形叫三角形。"这个过程教师是无法替代的，要让学生亲身经历"层层剥笋"抽象的全过程，才能更好地发展抽象能力，培养抽象思想。

（四）注重比较与归纳，抽象概括本质

抽象思维过程是通过一系列的比较和区分的思维操作实现的。比较是指对几种同类事物，或具有某种联系的几种不同类事物进行对比、比照，以辨别事物的异同，把握事物本质的一种思维方式。归纳是指从许多个别的事物中概括出一般性概念、原则或结论的思维方法。教学中，教师应当提供不同的素材，让学生从不同角度进行观察分析，在比较中找出相同与不同，去除非本质属性，进而归纳概括出本质属性，用语言描述出其本质特征，这就完成了抽象过程。

案例一 "因数和倍数"教学片断

……

师：刚才我们一起找出了一个数的因数，你用这种方法来尝试找找一个数的倍数。找一找4的倍数有哪些呢？

学生独立思考，完成学习探究单。

展示学生作品（呈现图2-13）。

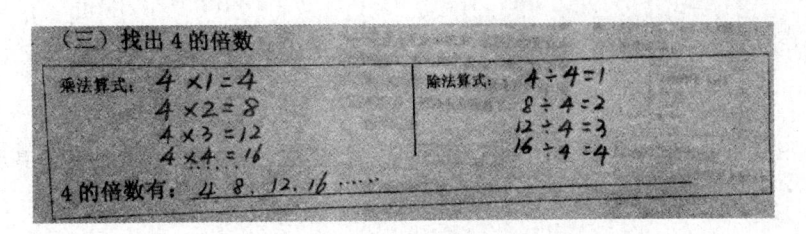

> (三) 找出4的倍数
>
> 乘法算式　4×1=4　　除法算式　4÷4=1
> 　　　　　4×2=8　　　　　　　8÷4=2
> 　　　　　4×3=12　　　　　　12÷4=3
> 　　　　　4×4=16　　　　　　16÷4=4
>
> 4的倍数有：4、8、12、16……

图2-13　因数和倍数1

生1：我从4的1倍开始思考，4×1=4，找到4；4×2=8，找到8；4×3=12，找到12；4×4=16，找到16。发现找不完，就用省略号表示了。

生2：我列的除法算式，也是从1开始思考，4÷4=1，4是4的1倍；8÷4=2，8是4的2倍；12÷4=3，12是4的3倍；16÷4=4，16是4的4倍。

师：这两位同学来找倍数的时候都注意到了什么？

生3：从1倍开始找起，注意了有序思考。

师：看来，有序思考的方法在找一个数的倍数的方法时同样适用。数轴上同样能够找到4的倍数，一起来看看（呈现图2-14）。

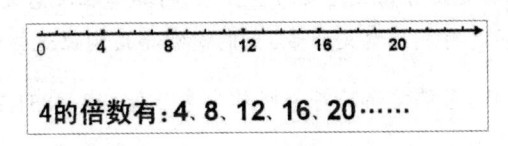

> ```
> 0    4    8    12   16   20
> ```
>
> 4的倍数有：4、8、12、16、20……

图2-14　因数和倍数2

师：请你快速找出5的倍数和7的倍数。

学生交流，教师板书。

师：观察一个数的倍数，你又发现什么特点呢？

生1：一个数最小的倍数是它本身，没有最大的倍数，一个数的倍数的个数是无限的。

师：为什么一个数的因数的个数是有限的，而一个数的倍数却是无限的呢？我们借助数轴想一想。

生1：一个数的因数有最小的1和最大的因数，它的个数都是在一个范围内的；而一个数的倍数却永远找不完，所以是无限的。

师：确实像这位同学说的，不管多大数的因数的个数都是一定的，在一个最小数和最大数的范围内，而不管多大数的倍数是自然数的倍数，自然数是无限的，个数自然是无限的。

……

上述案例中，教师组织学生进行了三次比较归纳活动。第一次比较是在学生借助除法和乘法算式分别找一个数的倍数之后，让学生对找倍数的两种方法进行比较，归纳出关键所在——有序思考。第二次比较是对找出的几个不同数的倍数进行比较，归纳出一个数的倍数的特征。第三次比较活动是借助数轴对一个数的倍数的特征进行深化理解，数轴的介入还帮助学生深化理解一个数的因数的个数是有限的，而倍数的个数是无限的道理，让知识变得厚重，拓展了学生的思维，培养了学生的抽象能力。

案例二 "认识负数"教学片断

......

师：大家请看（呈现图2-15），我们用这组符号表示了这样3组量：零上与零下温度，比海平面高或低的高度，增产、减产，这3组量表示的意义有什么特点？

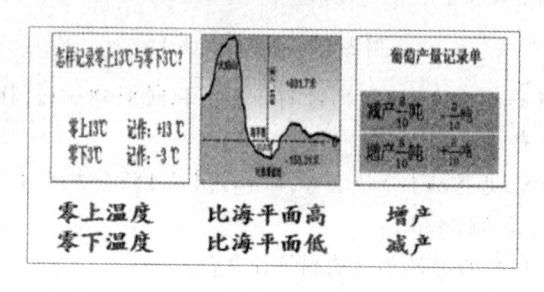

图2-15 认识负数

生：表示的意思相反。

师：你真会发现，它们都是具有相反意义的量。（板书：具有相反意义的量）

师：为了更清楚地表示具有相反意义的量，我们就需要用到像这样的一种数，像-3、-155.31、$-\frac{8}{10}$……这样的数都是负数，它们前面的符号叫作负号。像+13、+831.7、$+\frac{6}{10}$……这样的数都是正数，它们前面的符号叫作正号。像生活中一些具有相反意义的量，都可以用正负数来表示。

......

上述片断，教师注重引导学生通过比较分析不同的方法，概括出看似不同的方法之中存在的共同的本质的属性，在学生理解的基础上用描述的方式归纳揭示了正负数的概念，培养了学生的抽象能力。

案例三 "路程、速度与时间"教学片断

......

师：我们先来解决"车站与物流中心相距多少米"这个问题，请你再小声读一读信息和问题（呈现图2-16），你会列算式吗？

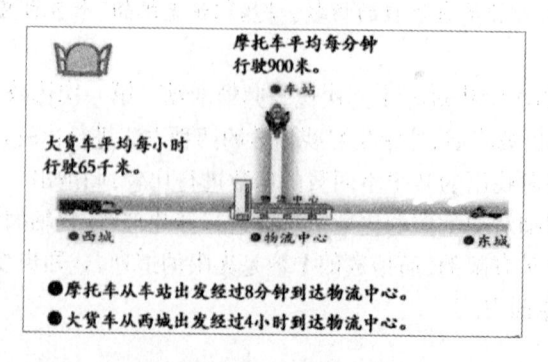

图2-16 路程、速度与时间1

生:900×8=7200(米)。

师:能说说你的想法吗?为什么这样列式?

生1:因为平均每分钟行驶900米,走了8分钟到了物流中心。

生2:也就是求8个900是多少。

师:如果我用一条线段表示摩托车每分钟行驶的900米,1分钟行驶了1个900米,2分钟行驶了2个900米。3分钟呢? 4分钟呢? 5分钟呢?……8分钟呢? 我们就可以用这样一条线段来表示(呈现图2-17)。

师:图2-17中的900、8和900×8分别表示什么意思?

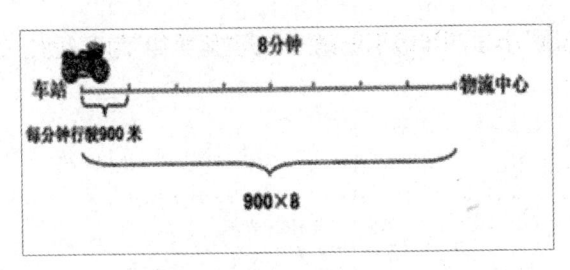

图2-17 路程、速度与时间2

生:900表示每分钟行驶的米数,8表示行驶的分钟数,900×8表示从车站到物流中心的米数。

师:你能用一个式子表示出这三个数量之间的关系吗?

生:每分钟行驶的米数×行驶时间=车站到物流中心的距离。

师:借助线段图不仅可以帮助我们表示出每个数量的意义,还能厘清数量之间的关系。

师:西城与物流中心相距多少千米? 大家会解决吗?

学生独立解决。

师:哪位同学愿意分享你的想法?

生:65×4=260(千米)。

师:为什么用乘法?

生:每小时行驶的千米数×行驶时间=西城到物流中心的距离。

师:仔细观察这两个关系式,有相同的地方吗?

生:都是用每分钟、每小时行驶的米数或者千米数×行驶时间=两地的距离。

师:每分钟、每小时行驶的距离起个名字就是什么? 行驶的时间呢? 从车站、西城到物流中心的距离呢?

生:速度、时间、路程。

师:你能用一个更简洁的关系式来表示刚才的两个数量关系式吗?

生:速度×时间=路程。

师:什么是路程? 什么是速度呢?

生:从起点到终点的距离是路程,每分钟行驶的米数、每小时行驶的千米数是速度。

师:我们借助线段图看一下,每小段表示的都是速度,我们把单位时间内行驶的距离就叫速度。而全长表示的是路程,也就是说路程是由一个个速度叠加起来的。

……

上述案例中,学生借助已有的生活和学习经验独立列出算式,并分析其中数量关系,通过比较、归纳等活动，抽象概括出新的数量关系"速度×时间=路程"。借助线段图呈现三个数量之间的关系，直观、形象、易于理解，有助于分析解决问题，也为接下来的速度和路程的辨析打下了良好的基础。学生解决问题的过程，是学生在头脑中建立数学模型的过程，是学生独立思考、勇于探索的过程，是学生对素材有效分析、抽象概括的过程，在整个过程中，培养了学生善于思考的习惯和抽象概括能力。

四、"数学抽象"达成度习题评价研究实践

案例一 《数学》(青岛版)小学四年级下册第三单元"运算律"习题(图2-18)

```
8. 算一算，比一比。
    12×(8-5) ○ 12×8-12×5    (40-4)×25 ○ 40×25-4×25
    15×7-5×7 ○ (15-5)×7     18×9-8×9 ○ (18-8)×9
    (1) 你发现了什么规律？用字母表示出来。
    (2) 用上面的规律计算下面各题。
    50×(20-3)        164×9-64×9         (80-8)×25
```

图2-18 "运算律"习题1

1. 习题测查知识点与素养点剖析

此题是《数学》(青岛版)小学四年级下册第三单元信息窗3学习了分配律以后编排的自主练习中的内容，它的编排与红点问题的探究过程有很多相同之处，红点的编排(图2-19)。习题选取了"4组左右两边计算结果相等的算式"，让学生通过计算、比较、观察，引导学生对这4组算式进行观察，抽象出模型，并用字母表示。在此基础上，让学生运用模型解决问题，逐步提高抽象概括能力。

图2-19 "运算律"习题2

此题的难点在于将抽象的数字概括成字母算式，需要学生经历将实际问题抽象成数学模型

并进行解释和应用的过程,在获得对数学知识理解的同时,在思维能力方面也得到提升和发展。

解答此题要运用的知识有:

(1)乘法的分配律;

(2)用字母表示数。

此题是对乘法分配律的拓展延伸,目的是让学生明白,两个数的差乘一个数也有类似乘法分配律那样的关系,也可以用于简便计算。要让学生理解此规律,就要让学生按题目要求,先进行计算,再通过比较发现规律,用语言或者其他方式交流,抽象得出用字母表示的运算规律,即$(a-b) \times c = a \times c - b \times c$。

2. 学生答题情况及素养点达成度解析(见表2-2)

表2-2 典型习题学生答题状况及素养达成度分析

学生答题情况	素养达成度剖析
通过计算能得到每组算式是相等的,但不会归类	能力停留在直观层面,不能把握事物的共同本质属性
通过计算能得到每组算式是相等的,也能发现这4个等式是同一个类型,但不会总结	能够感受到一组事物中共同的、本质的属性,但概括能力弱,不能抽取出本质属性
通过计算能得到每组算式是相等的,能发现这4个等式是同一个类型,能抽象出用字母表示的形式,但不会运用模型解决问题	能够从一组事物中抽取出共同的、本质的属性,并能用符号表示出模型,具有了一定的抽象能力,但运用模型解决问题的能力偏弱
通过计算能得到每组算式是相等的,能发现这4个等式是同一个类型,能抽象出用字母表示的形式,还能阐述结论是如何产生的,并能顺利地完成相应的练习	能够从一组事物中抽取出共同的、本质的属性,并能用符号表示出模型。并能够在一般意义上解释具体事物,能灵活运用模型解决实际问题

案例二 《数学》(青岛版)小学五年级下册第七单元"长方体正方体的体积"习题(图2-20)

图2-20 "长方体正方体的体积"习题1

1. 习题测查知识点与素养点剖析

此题是《数学》(青岛版)小学五年级下册第七单元信息窗4红点问题(图2-21)的一道练习题。习题选取了"每个泄洪孔每秒的泄水量"这一具体问题情境,通过分析信息,将水柱想象成长方体,找到排出水柱与长方体长、宽、高之间的关系,运用长方体体积计算公式解决问题。

此题的难点首先在于学生读不懂题意,尤其是学生要想象出从泄洪孔中流出的水是一个长方体水柱。其次是找准信息之间的联系:它的宽和高分别是泄洪孔的宽和高,这里的"通过泄洪孔的水流速度是1.5米/秒"不仅仅是水流的速度,而是隐含着另一个信息,即"这个1.5米就是抽象出的长方体的长",只要想象出具体形状,这个问题就迎刃而解了。

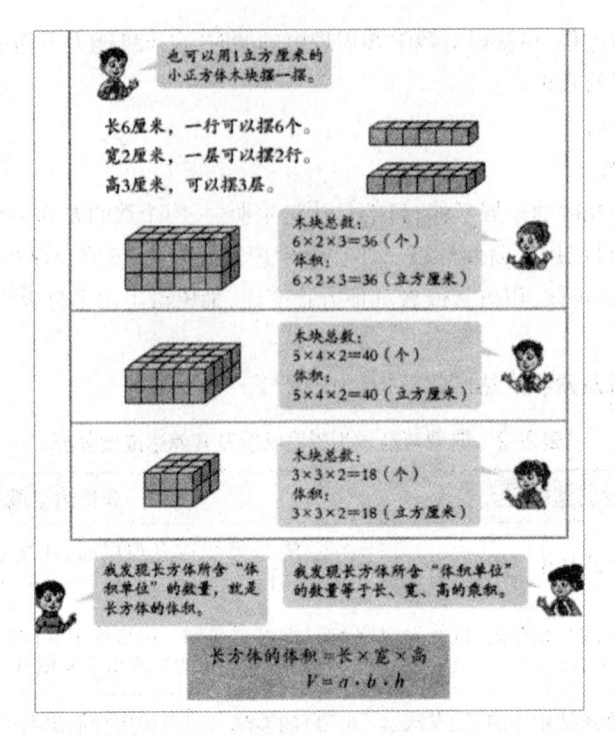

图 2-21 "长方体正方体的体积"习题 2

学完长方体体积知识后,接触的练习题大多已知信息与问题非常明确,只需套用公式就可以解决。此题信息众多,也没有明示,要弄懂 1.5 米的真正含义,想象出泄洪孔排出来的长方体水柱,将"每个排泄孔每秒能泄洪多少立方米"这个问题转化成求"排出的长方体水柱的体积"对学生来说是比较困难的。

解答此题要运用的知识有:
(1)长方体体积计算方法:长方体体积 $V=abh$。
(2)求总量的数量关系。
(3)小数、整数乘法计算。

在解决问题过程中,分析已知信息,明确要求问题,理清数量关系是至关重要的。解答这道习题,学生要经历 4 个阶段:一是读懂题意,二是想象泄洪孔出水的水柱的形状,三是明确已知信息与长方体水柱之间的关系,四是根据长方体体积公式列式解决问题。在解决问题的过程中,既掌握了长方体的体积计算方法,同时促进了抽象能力的提升。

2. 学生答题情况及素养点达成度解析(见表 2-3)

表 2-3 典型习题学生答题状况及素养达成度分析

学生答题情况	素养达成度剖析
学生空题不答	完全读不懂题意,不能抽象出排的水柱的形状,不知道题中的数据所表示的确切意思
20×20×125 =40×125 =5000(立方米) 答:每个泄洪孔每秒能泄洪 5000 立方米	学生能结合图示理解题意,把 20 个泄洪孔当作长方体的长,用"长×宽×高"来求排水量,没有弄清这个 20 是泄洪孔的数量,与每个泄洪孔的每秒泄水量无关。不能正确分析题意,合理想象

续表

学生答题情况	素养达成度剖析
20×20×125×1.5 =40×125×1.5 =5000×1.5 =7500(立方米) 答：每个泄洪孔每秒能泄洪7500立方米	能抽象出泄洪孔的宽和高分别是排出的长方体水柱的宽和高，能运用公式来求长方体的体积。但是忽略了题目中要求的是每个泄洪孔的每秒排水量，不是20个泄洪孔的每秒排水量。只觉得题目有4个数字，不能有遗漏，忽略了对题目进行详细分析
20×125×1.5 =2500×1.5 =3750(立方米) 答：每个泄洪孔每秒能泄洪3750立方米	能够对题目进行合理分析，找准数学信息，抽象出排出的水柱形状是长方体，泄洪孔的宽和高分别是排出的长方体水柱的宽和高，泄洪孔的水流速度是1.5米/秒就是排出的长方体水柱的长。排出的长方体水柱的体积就是"长×宽×高=20×125×1.5"，对数量关系能进行正确分析

五、基于"数学抽象"提升的习题教学策略

《义务教育数学课程标准(2011年版)》在"数学思考"中提出了"经历运用数学符号和图形描述现实世界的过程，建立初步的数感和符号感，发展抽象思维"的目标。这就需要教师基于丰富的表象，借助直观的演示、立足数学知识的本质，探索有效的教学策略，帮助学生从感性认知过渡到理性思维，培养学生的抽象思维能力。

策略1：借助直观，提升抽象思维

形象思维能促进学生的心理活动，有助于他们更深刻地认识事物的本质和规律。如上述案例二，教师画出水柱形状，借助于"形"的直观来理解抽象的"数"，在"数"与"形"之间架起一道桥梁，学生很容易就发现并理解1.5米在这道题目中的意义，也能很快找准所需的长、宽、高解决问题。又如"火车过桥"问题是学生很难理解的一类行程问题，在教学时，教师可以恰当地运用教室里现有的物品进行操作演示：把讲台当成桥，一把米尺当成火车，来演示火车过桥。先让学生理解"过桥"并进行演示，通过演示明确"车头上桥到车尾离桥"才叫"火车过桥"，接着再弄清火车过桥所行的路程，通过演示学生很容易明白火车过桥所行的路程就是桥长加车身的长度。这样直观的演示，可以让抽象的语言文字变成看得见的表象，降低了学生思维的难度，帮助学生很好地理解知识、建构知识，提升学生的抽象思维能力。

策略2：借助想象，形成抽象思维

教师需要基于学生的丰富想象对学生进行指导。如上述案例二中的练习题，虽有图片，但是对于错综复杂的信息，学生没有具体的实体模型，又读不懂题意，可能觉得毫无头绪，不知从何下手，教师要注意引导学生进行想象："泄洪孔的形状是长方体的，排出水柱的形状也就是长方体的。"进而理清思路，找出排出长方体水柱的长、宽、高，解决问题。在这个过程中，教师通过引导学生建立丰富的知识想象，帮助学生逐步形成抽象思维。

策略3：借助联系，提升抽象能力

数学学科中的各个知识点不仅是独立的，而且相互之间存在着紧密联系。教师应该引导学生善于归纳并探究知识点之间的异同，体会它们的本质特点，也就是说，基于对不同知识点之间所存在的关联展开探究来培养学生的抽象能力。解决上述案例二习题时，教师可引导学生观察泄洪坝泄洪孔的形状和流出的水柱这两个形状的联系，让学生明确求每秒流出的水的体积就是

求每秒流出的水占有泄洪孔的体积。然后进一步引导学生：泄洪孔每秒流出的水的长宽高与泄洪孔的长、宽、高有怎样的关系？在关注联系的思考过程中，学生的抽象能力得以培养。

关注数学抽象就是要让学生在"生活"和"数学"交替中体验数学，在现实数学结构重组中理解数学。抽象思维的培养，可以让学生把生活常识、活动经验，提炼上升为数学知识，学习到数学概念，学习到数学中存在的规律以及探索的过程，学习到一些方法。抽象思想的形成需要教师在教学时有意识地进行引导与渗透，培养学生的抽象思维，有效提升学生的数学素养。

第二节 数学推理

推理是数学发现的一种重要方法，无论是数学知识的产生与发展，还是人们对于数学的认知与应用，推理都在其中扮演着关键性角色。学习数学就是要学习推理，具有一定的推理能力是培养学生数学素养的重要内容。

一、"数学推理"含义解读

推理是由一个或几个已知的判断（前提）推出新判断（结论）的过程。推理能力在数学中是属于数学思考（思维）能力中的一种，《义务教育数学课程标准（2011年版）》中阐述："推理能力的发展应贯穿于整个数学学习过程中。推理是数学的基本思维方式，也是人们学习和生活中经常使用的思维方式。""推理一般包含合情推理和演绎推理，合情推理是从已有的事实出发，凭借经验和直觉，通过归纳和类比等推断某些结果。演绎推理是从已有的事实（包括定义、公理、定理等）和确定的规则（包括运算的定义、法则、顺序等）出发，按照逻辑推理的法则证明和计算。在解决问题的过程中合情推理，用于探索思路，发现结论；演绎推理，用于证明结论。"演绎推理是"论证"的手段，合情推理是"发现"的工具，它们就像数学思维的两翼，缺一不可。归纳推理和类比推理是两种用途最广的合情推理。

二、"数学推理"的培养价值

数学通过抽象形成研究的对象，通过推理得到研究的结果，可以说没有推理，也就没有数学，具有一定的推理能力是数学课程和课堂教学的重要目标。

（一）有利于促进学生数学思维品质的提升

数学本身具有高度的抽象性、结论的确定性和应用的广泛性。著名数学家波利亚曾这样说：一个认真想把数学作为他终身事业的学生必须学习推理，这是他的专业，也是他那门学科的特殊标志。可以说，没有推理，就没有真正的数学学习。学生体验归纳推理和类比推理的过程，可以促进学生逐步形成用归纳和类比的方法去分析解决问题的思维模式，积累推理的思维经验。培养学生的数学合情推理能力，可以促进学生类比、观察、猜想、验证、归纳等良好的思维习惯的养成；培养学生的演绎推理能力，促进学生逻辑思维能力的提升。培养学生推理能力，能够拓展学生的思维空间，对于学生数学思维品质的提升，有着重大的意义。

(二)有利于促进学生综合素质的提升

能清晰有条理地表达自己的思考过程，做到言之有理、落笔有据，这是一个现代公民必须具备的基本素质。在合情推理或演绎推理的过程中，学生必须理清思考过程中每一个判断的理由和依据，使思考过程变得清晰而有条理。从这个角度而言，数学推理能力的提升，不仅可以促进学生在学科领域能力的提高，更能够提升学生个人的综合素质，提高学生在当今社会中的整体竞争力。推理能力也是当今这个技术时代里日益重要的一种智力，它使人们能判断地阅读，能识别谬误、探索偏见、能估计风险、能提出变通办法。由此可见，通过数学教学中对于学生推理能力的有效培养，可以促进学生综合素质的整体提升。

三、"数学推理"思想提升的教学策略

张奠宙教授指出，数学的理解链是"直觉—尝试—出错—推测—猜想—证明"。在检验论证过程中，如果发现矛盾，可以重新提出猜想，数学探究就是在这样的循环往复中不断前进，在这一探究过程中，数学推理时刻与之相伴。

(一)经历不完全归纳推理全过程，培养学生的推理能力

合情推理中的不完全归纳推理是通过观察分析某类事物中部分对象，发现某些相同的性质，推出这类事物都具有这种性质的一般性结论的推理方法。人们要认识周围的事物，首先必须对事物的现象进行大量的观察和实验，然后根据观察和实验所确认的一系列个别事实，应用不完全归纳法由个别的知识概括成为一般的知识，从而达到对普遍规律性的认识。不完全归纳法在探求新知识的过程中具有极为重要的意义，小学数学中的许多概念、法则和规律、性质都是运用不完全归纳推理，通过对个别具体事例的分析，抽取其本质属性概括出来的。

案例一 "2、5倍数的特征"教学片断

......

师：仔细观察这些2的倍数，你有什么发现？

生：2的倍数的个位都是2、4、6、8、0这几个数字。

师：是不是所有2的倍数的个位都是2、4、6、8、0这几个数字呢？这只是我们观察后的一个猜想，这个猜想是不是正确呢？需要怎么办？

生：举例验证。

师：请各个组举几个个位上是2、4、6、8、0的多位数验证一下。

学生小组活动交流。

......

师：通过刚才广泛的验证，我们发现无论是几位数，只要个位数字是0、2、4、6、8，这个数就是2的倍数。判断一个数是不是2的倍数，只要看这个数什么部分的数就可以了？

......

师：请大家回忆一下，刚才我们在探究2的倍数特征的时候都经历了一个怎样的过程？

学生小组交流，全班交流总结：首先我们有序地列举了一些2的倍数，对这些2的倍数进行了观察，发现个位数字是2、4、6、8、0，然后对这个发现通过举例进行了验证，我们发现所有的例子都符合

我们的发现,没有找到反例,最后得出了结论(随着学生回答,教师课件呈现图2-22进行演示)。

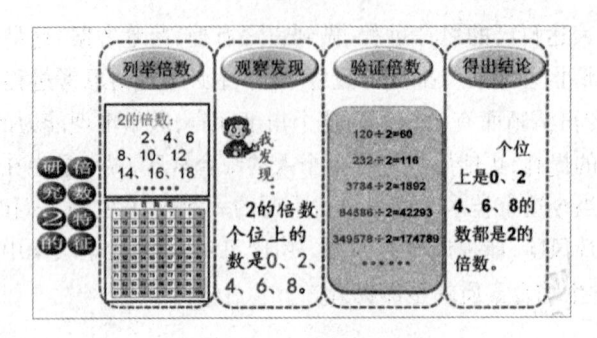

图2-22 2的倍数的特征

……

上述教学过程中,教师引导学生经历了"观察比较—产生猜想—举例验证—推理归纳—得出结论"这样一次"数学家式"的思考过程。这实际上就是一次不完全归纳推理的过程,学生由一组有限个数的素材初步发现共性规律之后,又让学生举例验证,体现了从特殊到一般的思维过程,学生的研究思路在过程中渐渐清晰,努力找出了现象背后的普遍性规律。

在平时的教学过程中,学生若是能积累足够多的不完全归纳推理体验,那么在探究新知的过程中,会自然地形成从特殊到一般的推理惯性,发展通过观察相似例子找到共性本质特征的推理能力,从而提升学生的合情推理能力。

案例二 "加法运算律"教学片断

……

师:观察根据两种思路列出的算式,你有什么发现?

生1:它们的加数都相等,和也相等。

生2:56+72+28先算56+72,56+(72+28)先算72+28。

师:56+72+28按运算顺序是先把56和72加起来,再加28,56+(72+28)根据运算顺序是先算小括号里面的72加28,再与56相加。

师:两个算式运算顺序不同,和不变。这样的两个算式可以写成一个等式,谁来试着写一写?

生:56+72+28=56+(72+28)。

……

师:观察这一组算式,它们又有什么特点?

80+88+112 80+(88+112)
=168+112 =80+200
=280   =280

生1:两个算式的加数都相同,和不变。

生2:两个算式的运算顺序不同,和都是280。

师:能不能结合算式说一说,运算顺序有什么不同?

生:80+88+112按运算顺序是先把80和88相加,再加112;80+(88+112)根据运算顺序是先算小括号里面的88加112,再与80相加。

师:这样的两个算式还能写成等式吗?
生:80+88+112=80+(88+112)。
师:观察这两组素材,谁能试着用语言来叙述一下我们的发现?
生1:先算前面两个加数,或者先算后面两个加数,和相等。
生2:先把前两个数相加,再加第三个数;或者先把后两个数相加,再加第一个数,它们的和不变。
师:3个数相加都有这样的规律吗?
生1:有这样的规律。
生2:可能有这样的规律,需要举例验证。
师:你想怎样验证?先小组交流,然后把验证过程写在答题纸上。
组织学生交流。

生1: 1+2+3　　　1+(2+3)
　　　=3+3　　　=1+5
　　　=6　　　　=6

生2: 32+459+1786　　32+(459+1786)
　　　=491+1786　　　=32+2245
　　　=2277　　　　　=2277
　32+459+1786=32+(459+1786)

生3: 172+40+160=172+(40+160)

师:你认为哪位同学最符合我们举例验证的要求?为什么?
生1:第一和第二个都符合,他们都是先举出三个数,然后先把前两个数加,再加上第三个数算出结果。又先把后两个数相加,再加上第一个数算出结果,发现两种算法得数相同。
生2:我认为第二个同学最符合,他还加了一组等式,就说明得数相等,这个规律存在的。
师:大家都同意吗?
生:同意。
师:第二个同学的举例验证更能看出他思考的全过程,最后加的等式就呈现出一个结论:先把前两个数相加,再加第三个数;或者先把后两个数相加,再加第一个数。它们的和不变。举例验证就要做到有理有据,请同学们完善自己的验证过程。
学生自己完善修改。
师:同学们的举例类型很丰富,有一位数、整十数、多位数相加,在举例验证过程中有没有反例?
生:没有发现反例。
师:我们举例验证就要做到数量多、种类多、无反例,这样才能证明我们的猜想是正确的。
……

小学阶段的结论通常是通过不完全归纳推理得到的,上例中的加法运算律也是其一。但即使是不完全归纳,也应该多出现几种具有代表性的情况,从而培养学生思维严谨的数学品质。在得出结论时还应该让学生意识到,如果继续举例,还能举很多例子,例子是举不完的。上述案例中,教师在学生提出猜想后让学生举例去验证这个猜想是否正确,验证交流时关注了举例类别的多样性,还提示学生既可以举正例,也可以举反例,从多个角度培养了学生数学思维的严谨性。

（二）经历类比推理全过程，在知识的对比沟通中发展推理能力

类比推理是根据两个或几个思考对象在某些属性上的相同或相似，并且知道其中一个事物具有一般性的规律，进而猜测并推出另一个事物也具有这种一般性的规律的思维形式。在学生已经积累了一定量的数学研究方法与数学知识基础时，通过类比猜想，学生可以沟通新旧知识之间的联系，同时将已有的数学知识体系进一步的扩大化。而类比猜想经验的积累，也可以发展学生的合情推理能力，让学生的数学思考走向深入。

案例一　"比的基本性质"教学片断

……

师：先填表（呈现表2-4），再说一说比与除法、分数有怎样的联系。

表2-4　换算表

比	分数	除法
3:5		
	$\frac{15}{17}$	
		18÷24

生1：以3:5为例，3:5=3÷5=$\frac{3}{5}$。

前项:后项=被除数÷除数=$\frac{分子}{分母}$。

生2：比的前项相当于分数中的分子，也相当于除法中的被除数；比号相当于分数线和除号；比的后项相当于分数中的分母，也相当于除法中的除数。

师：我们可以用这个表格来表示它们三者之间的联系（呈现表2-5）。

表2-5　比、分数、除法三者之间的联系

比	前项	:(比号)	后项	比值
分数	分子	—(分数线)	分母	分数值
除法	被除数	÷(除号)	除数	商

师：我们已经知道比和分数、除法之间有着密切的联系，除法中有商不变的性质，分数中有分数的基本性质，根据它们之间的联系，对于比，你有什么联想和猜测呢？

生：可能有比的基本性质。

师追问：猜一猜比的性质是什么？

生1：比的前项和后项同时乘或除以相同的数(0除外)，比值不变。

生2：比的前项和后项同时扩大或缩小相同的倍数，比值不变。

……

师：猜想毕竟是猜想，它还是有待证明的。你们能想办法对自己的猜想进行验证吗？

学生分组验证，教师请几个小组的代表说一说验证过程并板书在黑板上。

①据分数、比、除法的关系验证。

②根据比值验证。

……

师：通过验证，发现刚才大家猜测的规律是成立的，这就是比的基本性质。

……

由于比与分数、除法之间有密切的内在联系，比的基本性质和商不变的性质以及分数的基本性质在内容上有着非常强的相似性，而教学过程中的探究结构也非常类似，都需要经历"猜想—验证—结论"这样的不完全归纳的过程。上述教学片断中，教师很好地关注到了这种结构的相似性，顺应学生思维规律，巧用类比探究，从复习商不变的性质及分数的基本性质入手，使学生感受到这几个知识点之间存在着紧密的内在联系，同时也为学生类推出比的基本性质奠定了基础，进而鼓励学生在类比的基础上大胆猜想，并通过举例、论证等方法对猜想进行验证。学生的思维随着问题的迁移，将新旧知识连成一片，最后确切地得出了"比的基本性质"。在教学过程中，基于教学内容的相似结构上的类比占据了主导，促进了学生合情推理的产生与不断发展，还培养了学生用联系的观点去看待事物和对象的思维品质。

案例二 "长方体、正方体的体积"教学片断

……

师：动脑筋想想，怎样才能知道可乐箱的体积（呈现图2-23）？

生：切一切，看看有多少个体积单位，它的体积就有多大。

师：你是怎么想到的？

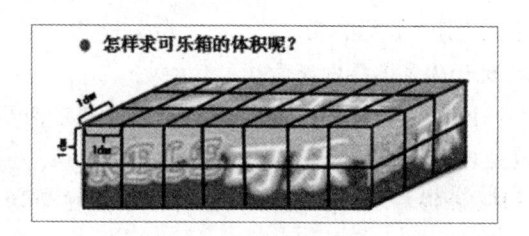

图2-23 探究体积1

生：根据前面学习面积时，面积的大小就是含有"面积单位"的数量，想到了体积的大小就应该是含有"体积单位"的数量。

师：这位同学由以前学面积时的知识经验推理想到探究体积的方法，真会学习！看，我把可乐箱分割成好多个1立方分米的正方体，现在，你知道它的体积是多少呢？

师：谁来说说可乐箱的体积是多少？

生：42立方分米。

师：你是怎样知道的？到前面指着给大家讲讲。

生：前面沿着长一行有7个1立方分米的正方体，沿着宽有3行，沿着高有两层，所以可乐箱含有7×3×2=42个1立方分米的正方体，它的体积就是42立方分米。

师：可乐箱含有42个1立方分米的正方体，它的体积就是42立方分米。

师：以后要求一个长方体体积的大小，必须用分割的方法吗？有没有更简单的办法？

生：算一算。

师：对呀，以前有没有类似的经验可以参考？

生：长方形的面积。

师：是啊，回顾一下（呈现图2-24），我们先（铺一铺），然后发现了（长方形的面积和长、宽有关系），最后得出了（长方形面积的计算公式）。

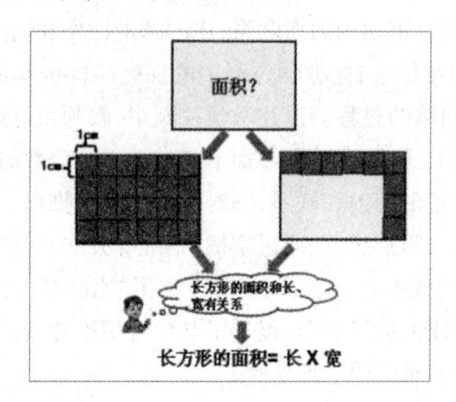

图2-24 探究体积2

师：现在我们要探究体积了，你能不能借助这个探究过程，看看长方体的体积和什么有关系？请同学们分小组动手实验一下，边实验边把数据记录在实验一的记录单中，观察思考长方体的体积和什么有关系？怎样计算？请拿出一号透明长方体透明学具，同桌两两合作，开始实验吧。

学生动手实验，教师巡视，捕捉不同资源。

师：好多小组有了自己的发现，哪一小组愿意起来分享一下你们的发现？

生：我们发现了长方体的体积=长×宽×高。

师：结合你的实验数据说说你是怎样发现的？

生1：我沿着长摆了4个小正方体，沿着宽摆了3行，沿着高摆了两层，4×3×2=24（立方厘米），正好是1号长方体的体积（呈现图2-25）。

师：她像个小老师一样，讲得有理有据。这种摆的方法和前面切割的方法有什么相通之处呢？

生：都是把长方体的体积通过切一切或摆一摆转化成所含体积单位的数量。

……

师：这还有一种不同的摆法，是哪个小组的？到前面给介绍一下。

生2：沿着长摆了4个小正方体，沿着宽摆了3行，沿着高摆了2个（呈现图2-26）。

师：你看这一组没有全摆满，也得到了同样的发现。有的小组还有更简单的摆法，请这个小组再来介绍一下。

生：沿着长摆了4个，沿着宽摆了3个，沿着高摆了2个（呈现图2-27）。

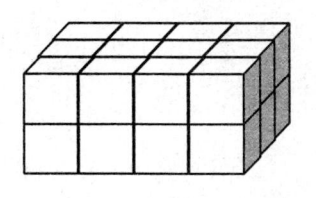

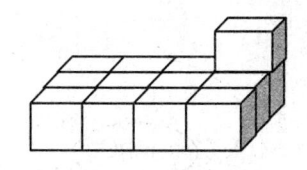

图 2-25　探究体积3　　　　　图 2-26　探究体积4　　　　　图 2-27　探究体积5

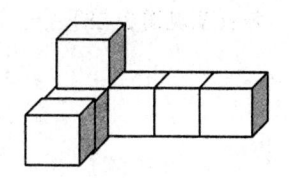

师：他们组用了这么简单、巧妙的摆法，也得到了"长方体的体积=长×宽×高"这个发现，真了不起！掌声送给他！

……

上述案例中，学生将在探究平面图形面积计算过程中所积累的活动经验，类比迁移到探究长方体的体积计算过程中，这即是从二维空间类比到三维空间。在这一过程中，学生充分体验了由此及彼、触类旁通的类比过程，通过数一数可乐箱含有多少个1立方分米的体积单位，知道体积就是多少；通过动手操作实验，学生经历了用1立方厘米的小正方体全部摆满1号透明长方体、不摆满或只沿长、宽、高摆3种不同的摆法，在摆、数、观察、记录的过程中，逐步推导出"长方体的体积=长×宽×高"。在教学中启发学生类比思考："这个新知识点与哪些学过的知识有联系？如何将新知识转化为旧知识？能不能运用学过的知识和方法解决新问题？"既能促进知识间的纵向横向沟通，还能培养学生善于把握事物之间的本质联系的能力，从而发展学生的合情推理能力。

（三）经历演绎推理全过程，完善学生的推理认知体系

演绎推理是思维过程中从一般到特殊，前提与结论有蕴含关系，按照逻辑推理的法则证明和计算，得到某个具体结论的推理。它的基本形式是三段论，数学证明主要是运用演绎推理。演绎推理的发展是一个螺旋上升的过程，研究表明，小学低年级儿童对语言材料的演绎推理能力尚未形成，表现为重复前提或自由联想型的演绎推理；小学中年级儿童开始出现根据前提进行推理的能力，但还不能纯粹地按命题来进行推导，往往受具体实际经验的干扰。直到小学高年级，学生才开始逐步能够按前提之间的逻辑关系进行推理，初步具有演绎推理的能力。可以说，整个小学阶段，在演绎推理方面，学生的能力普遍是不足的。那么怎样才能够在薄弱的能力基础上，发展学生的演绎推理能力呢？这就需要我们充分地利用学生逐步积累的一些零散的推理经验，充分调动迁移思想，来实现学生推理能力的发展。

案例一　"长方体、正方体的体积"教学片断

……

师：长方体的体积计算方法我们已经知道了，正方体的体积该怎样求呢？
生：正方体的体积=棱长×棱长×棱长。
师：这么快就说出来了，你是怎样想的？
生：因为长方体的体积等于长乘宽乘高，正方体的长、宽、高都相等，长、宽、高都叫棱长，所以"正方体体积=棱长×棱长×棱长"。
师：正方体与长方体有什么关系？
生：正方体是一种特殊的长方体。

师：(呈现图2-28)

图2-28 正方体与长方体的关系

因为"长方体的体积=长×宽×高"，正方体是一种特殊的长方体，所以"正方体体积=棱长×棱长×棱长"。回顾一下，以前我们探究什么知识时也用到这种方法？

生：在研究正方形面积公式时用到，因为正方形是一种特殊的长方形，而正方形边长相当于长方形的长和宽，"长方形面积=长×宽"，所以"正方形面积=边长×边长"。

师：对，像这种借助长方体的体积公式推导出正方体的体积计算方法的过程就是推理。

……

上述案例中，学生对正方体体积的计算方法的探究即是演绎推理的过程，教师借助课件展示，并注重以规范的演绎推理的基本形式"因为……，所以……"让学生经历了由一般到特殊的证明过程。教师还注重知识间的沟通迁移，将长方形、正方形面积研究过程中的推理方法与长方体、正方体体积的推理过程相沟通，帮助学生借助已有经验，实现演绎推理能力的螺旋上升，从而发展学生的推理能力。

案例二 "三角形的认识"教学片断

……

师：通过刚才的学习，我们对三角形有了进一步的了解，让我们继续和三角形来个亲密接触，请观察这些图形(呈现图2-29)，为什么它们大小不一、形状各异，却都叫三角形？

生：都有三个角、三条边、三个顶点。

师：谁能用"因为……，所以……"这样的句式来说一说？

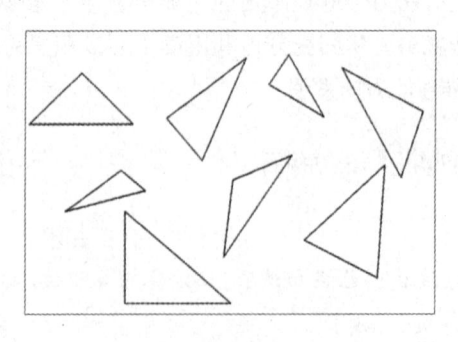

图2-29 三角形的认识1

生：因为由三条线段围成的图形叫三角形，这些图形虽然大小不一样，但都是由三条线段围成的图形，所以都是三角形。

师：有理有据，非常好！

师：你能任意选一个三角形，指出这个三角形的角、边和顶点在哪儿吗？

(生指,师课件相应出示)

师:再来看这几个图形(呈现图2-30),是不是三角形?

生:这三个图形都不是三角形。

师:为什么不是三角形?

生:第一个图形有四条边,三角形应该有三条边。

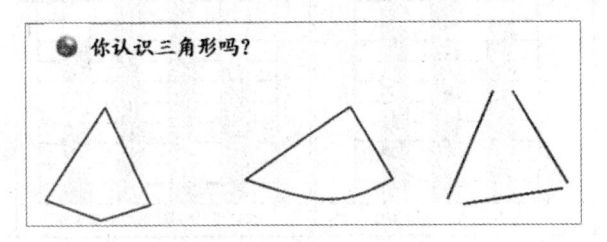

图2-30 三角形的认识2

第二个图形的边是弯的,三角形的边是直直的。

第三个没有连起来,三角形的边应该连起来。

师:那你能再来说说怎样判断一个图形是不是三角形吗?

生1:有三个角,三条边,三条线段。

生2:三条线段围起来才行。

师:因为三角形是由三条线段围成的图形,所以一个图形如果没有三条线段、或没有围起来,都不是三角形。

……

上述案例,教师从正反两方面引导学生经历了演绎推理,感悟前提与结论之间的逻辑关系。案例中,师生注重用"因为……,所以……"这样的因果句式进行阐述原因,学生在表述论证的过程中,深刻感悟到三角形的内涵,并且经历了逻辑层面的推导,发展了学生的分析推理能力。

(四)经历统计推理全过程,发展决策能力

统计推理是由样本具有某种属性从而推出总体具有某种属性的可能性推理,属于合情推理。统计教学中注重引导学生把数据和思想结合在一起最终对统计结果作出推断和解释,借助统计教学中的数据分析活动,能让学生尝试掌握数据分析与描述策略的方法,拓宽用随机的、科学的、商业的观点理解世界渠道,提高预测和决策能力。

案例一 "平均数"教学片断

……

师:请同学们仔细观察这两幅统计图(呈现图2-31),想一想关于平均数你还有哪些发现?把你的发现在小组内交流一下。

生:我发现7号队员最高分是13分,比平均数11高,最低得分9,比平均数11低。

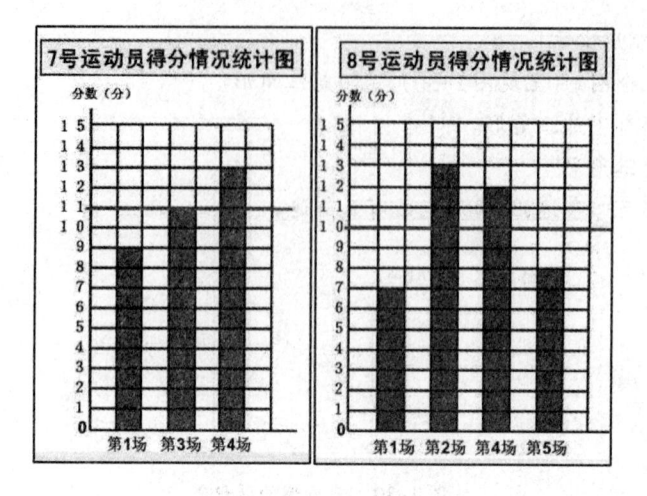

图 2-31　得分情况统计图

师：你可真了不起，发现了7号队员的平均得分的范围，9、11、13这一组数的平均数的范围是什么？

生：在最低得分9和最高得分13之间。

师：我们再来想想8号队员得分的平均数在哪个范围内？

生：8号队员得分的平均数是在最小数7和最大数13之间。

师：看来平均数一定介于最小数与最大数之间。

……

师：假如让7号队员再打一场比赛，7号队员得分的平均数会有变化吗？

生：不一定。

师：为什么呢？把自己的想法和同桌之间交流一下。

师：谁上来跟大家说一说平均数会有怎样的变化？

生：如果7号队员再打一场比赛，分数也是11分，他每场得分的平均数不会变；如果得分比11大，平均数也会变大；如果得分比11小，他每场得分的平均数就会小。

师：刚才这位同学分析了3种情况，大家都同意吗？

生：同意。

师：为什么会出现这样的情况呢？哪位同学再来解释一下？

生：假如再打一场比赛分数和平均分一样多，平均分不变。假如再打一场比赛分数比平均数大，高出来的分数要补给得分低的，此时平均数就会变大。假如再打一场比赛分数比平均数小，因为少的这部分要由得分高的那场得分给补过来，所以平均数就会变小。

师：对，平均数就是这样敏感，当涉及的那一组数据发生变化时，平均数也会随着发生变化。

……

在上述教学过程中，可以看出统计推理是一种可能性的推理，其显著特点是统计推理得到的结论无法用逻辑的方法去检验，只有靠实践来证实。若在教学中常引导学生经历运用统计的数据推理解决实际问题的过程，则学生的数据整理、分析推理能力都能得到突飞猛进的发展。

案例二 "折线统计图"教学片断

……

师：下面老师就想请同学们利用自己所学知识帮我一个忙。老师想去这个地区旅游，收集到了这个地区2019年气温和降水量的统计图（呈现图2-32），你们能帮老师分析一下这两幅统计图，并为我提出合理化建议吗？动手做做试试。

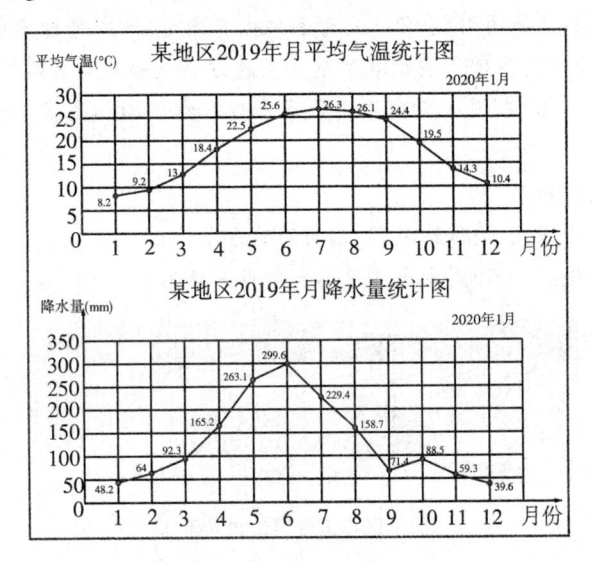

图2-32 折线统计图

生1：我认为1月、12月份去比较好，因为降水量比较少。

生2：我不同意他的想法，1月、12月虽然降水量少，但是气温也低，太冷了。我认为9月份、10月份去比较好，降水量不多，气温也合适。

生3：我不同意9月份去，9月老师和我们一样就开学了，没有时间外出旅游，我认为2月份去最合适，气温合适，降水量也不多，老师和我们一样在放寒假。

师：同学们分析得有理有据，谢谢大家为我的出行提出的宝贵建议，看来外出旅游不仅要参照当地的气温、降水量等因素，还要根据自己的假期合理地制订出行计划。

……

上述案例中，教师注重引领学生通过对前期数据进行合理分析，预测后面可能出现的数据，这一过程就是统计推理。学生在对数据进行分析推理的过程中，既要从折线的形态分析变化，同时还要联系生活实际，进行有意义的判断和预测，可培养学生多角度、全方位地分析数据、解决问题的能力，培养学生思维严谨的学习习惯，感悟到数学学科本质的理性美。

（五）表述有理有据，体现推理思维的有序性

语言是思维的外壳，语言可以推动思维的进一步发展，使得思维更加具有条理性。组织数学语言的过程也就是思考如何判断推理的过程。语言是思维的外在表达，在课堂教学的过程中，老师要注重学生语言的可靠性、完整性和规范性，引导学生在学习知识、运用知识的过程中把头脑中的逻辑思维过程，用数学语言清晰、简洁、准确地表达出来，做到言之有理。教师要鼓励学生在有条有理、有根有据地表达自己推理的过程中，体现思维的有序性，以培养学生的逻辑思维能力。

案例　"三角形的内角和"教学片断

……

师：三角形3个内角的和是多少度？怎样研究解决这个问题？

生：可以用量角器量一量三角形每个角的度数，再把它们的度数加起来。

师：可以量。量什么样的三角形？谁能完整地说一说。

生：因为三角形有锐角三角形、直角三角形和钝角三角形，所以每种三角形都要量一量。

师：思维严谨，还非常有条理。我们就用量一量的方法试一试。老师给大家准备了大小不一的三角形学具，小组分工合作，量一量每个角是多少度？它们的和是多少？完成探究单（呈现图2-33）。

小组合作，教师巡视指导。

师：这是几位同学的探究单，仔细观察，相同的地方是什么？

生：他们都研究了锐角三角形，直角三角形和钝角三角形。

	∠1	∠2	∠3	内角和
锐角三角形				
直角三角形				
钝角三角形				

图2-33　三角形的内角和1

师：研究的种类很全面。再看看研究结果，还有什么相同的地方？

生：他们测量的内角和有的是180°，有的比180°大一点或者小一点，在180°左右。

师：为什么会在180°左右呢？

生：量角器测量可能会有一定的误差。

师：看来，用量一量的方法解决这个问题还不太准确，是有误差的。那怎么办？

生1：可以再想其他的办法。

生2：可以折一折、拼一拼。

师：老师给大家准备了三角形学具，小组合作研究研究。

学生动手尝试，组内交流，教师巡视指导，全班展示汇报。

生1：我们组是用两个同样的直角三角形，拼成一个长方形。因为长方形有四个直角（老师用三角尺简单比画一下拼成的两个直角，呈现图2-34），合起来是360°，一个直角三角形的内角和就是它的一半，也就是180°。

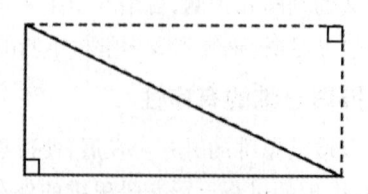

图2-34　三角形的内角和2

师：你们听明白了吗？借助熟悉的长方形，得出一个直角三角形的内角和就是180°。推理法也是我们数学上常用的研究方法。

师:还有其他的方法吗?

生2:我们组研究的是锐角三角形,这是它原来的样子,我把它的三个内角往下折,这三个内角就会拼成一个平角(呈现图2-35)。

师:大家看到了没,三个内角正好拼在一条直线上,拼成了一个平角,你们怎么推导出三角形的内角和是180°呢?

生:因为平角是180°,这个平角是由三角形的三个内角拼成的,所以三角形三个内角的和就是180°。

师:听明白了吗? 很有逻辑性!

其他同学还有别的办法研究这个问题吗?

生3:我是先把三角形的三个角撕下来,然后将这三个角拼成了一个平角,就是180°(呈现图2-36)。

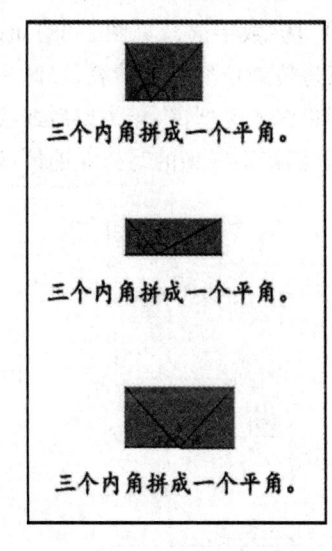

图2-35　三角形的内角和3　　　图2-36　三角形的内角和4

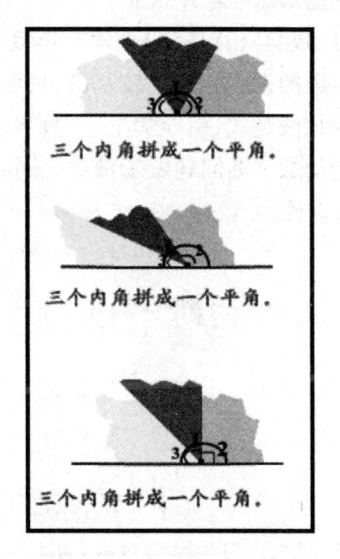

师:看,真的拼成了一个平角。这位同学非常勇敢,大胆地将三角形三个角撕下来,进行了角的搬家,拼成了一个平角,都得到三角形的内角和就是180°,这一个结论。

……

上述案例中,教师基于学生测量存在误差的矛盾,激发学生发现问题后再探究出更好的验证方法,培养了学生敢于质疑、勇于探究的理性精神。在每种探究方法的交流过程中,教师注重引领学生有理有据地表述自己的思维过程,教师的适时追问评价,引领学生在经历猜想、验证、展示、汇报过程中发展空间观念和推理能力,培养了学生条理分明、严谨细致的思维品质和有理有据的逻辑思维习惯。

四、"数学推理"达成度习题评价研究实践

推理能力的培养是一个长期、循序渐进的过程,有自身的规律和特点,这就需要学生真正经历推理的过程,悟出其中的规律和方法。推理能力的发展应贯穿于整个数学学习过程中,教师在关注例题教学的同时,还应充分挖掘教材和习题中蕴含的推理思想,真正把学生推理能力的发展贯穿于整个数学学习的过程中。

案例 《数学》(青岛版)小学二年级下册智慧广场"数字谜"创编习题

明明在写作业的过程中遇到了难题(呈现图2-37),你能帮帮他吗?

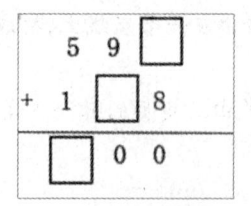

```
    5 9 □
+   1 □ 8
─────────
  □ 0 0
```

图2-37 数字谜1

1. 习题测查知识与素养点剖析

本题是对《数学》(青岛版)小学二年级下册智慧广场《数字谜》(见图2-38)知识的拓展和提升。教材练习题的设置相对比较基础,只涉及不连续进位退位的竖式计算,以此为基础,创编这道连续进位的加法竖式,引导学生对"数字谜"的推理更深入更严谨,也为以后继续推理乘法、除法以及更复杂的数字谜问题做了铺垫。同时选取孩子们特别熟悉的写作业的情境,也激发了孩子们探究的积极性。

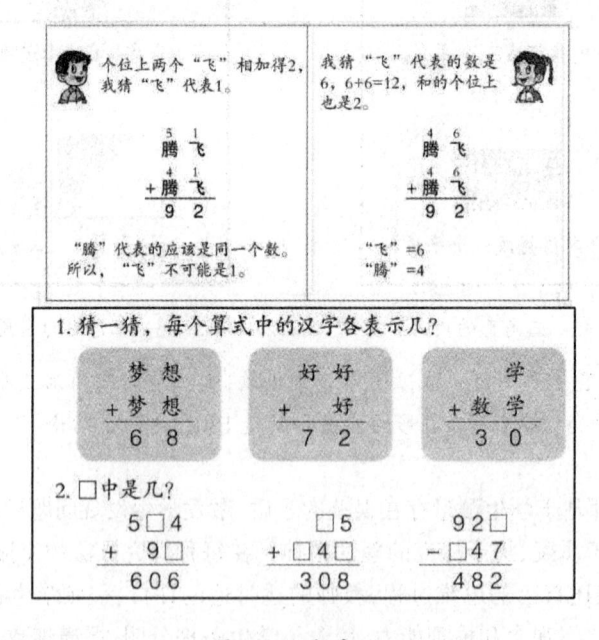

个位上两个"飞"相加得2,我猜"飞"代表1。

```
  5 1
  腾 飞
+ 4 1
  腾 飞
─────
  9 2
```

"腾"代表的应该是同一个数。所以,"飞"不可能是1。

我猜"飞"代表的数是6,6+6=12,和的个位上也是2。

```
  4 6
  腾 飞
+ 4 6
  腾 飞
─────
  9 2
```

"飞"=6
"腾"=4

1. 猜一猜,每个算式中的汉字各表示几?

```
  梦想          好好          学
+ 梦想        +   好        + 数学
─────        ─────        ─────
  6 8          7 2          3 0
```

2. □中是几?

```
  5□4          □5            92□
+ 9□          +□4          -□47
─────        ─────        ─────
  606          308            482
```

图2-38 数字谜2

解决这道题的关键在于,熟练掌握连续进位加法的竖式计算过程,理清每个数位的运算,以及相邻数位之间的关系。解决数字谜的思考方式是推理加上尝试,首先要观察算式的特征,由推理能确定的数先填上,不能直接确定的,要逐一尝试。分析时要认真分析已知数字与所缺数字之间的关系,找准突破口。

解答此题要运用的知识有:

(1)三位数加三位数(连续进位)的笔算;

(2)加法与减法之间的关系。

对于二年级的孩子来说,此题的难点有两个:一是连续进位,个位、十位、百位之间都是互相关联的,增加了推理过程中的难度;二是十位进位后正好是十,要求孩子的思维必须清晰严谨,对推理过程以及推理能力提出了更高的要求。通过本题的练习,学生学会选择发现有用信息,并作出合理的推断,并进一步用计算来验证得出结论。学生通过观察、猜测、尝试、验证等方法,发展逻辑推理能力,训练思维的严谨性,同时也渗透了一定的代数思想。

2. 学生答题情况及素养点达成度解析(见表2-6)

表2-6 典型习题学生答题状况及素养达成度分析

学生答题情况	素养达成度剖析
5 9 ⬚ 0 + 1 ⬚ 8 6 0 0　　5 9 ⬚ 8 + 1 ⬚ 8 6 0 0	学生对基本运算不够熟练,出现了加减不分和运算错误的情况,思维混乱,推理能力弱
5 9 ⬚ 2 + 1 ⬚ 8 6 0 0	学生运算技能比较熟练,但是没有找准推理的突破口,只是单纯地推理出每个数位的答案,百位5+1=6,十位9+(1)=10,个位(2)+8=10,知道满十进一,有进位的想法,但是割裂了数位之间的联系。有初步的推理意识,但只关注了局部推理
5 9 ⬚ 2 + 1 ⬚ 8 7 0 0	学生准确找到了突破口,个位(2)+8=10,写0向十位进一,十位9+(1)=10,向百位进一,百位5+1+1=7,进行了每个数位的推理,也关注了互相之间的关系,但是推理的过程中仍存在盲点,在十位的推理过程中,9+(1)=10,正好是个位进位的1,所以十位应该是9+(0)+1=10。这里既有个位进的一,又要向百位进一,对学生要求较高。虽然推理能力相对较强,但是思维不够清晰,出现了错误
5 9 ⬚ 2 + 1 ⬚ 0 8 7 0 0	学生准确找到推理的突破口,关注到相互之间的关系,思维清晰,环环相扣,在观察、尝试和计算验证的过程中,有效突破难点,准确推理出正确的结果,具有严密的推理能力,体现了逻辑思维的条理性和严密性,有较强的分析问题、解决问题的能力

五、基于"数学推理"提升的习题教学策略

脱离知识内容,单纯地实施推理训练是不可能有效地加强数学知识的理解,但是是培养学生推理能力不可或缺的基础。教师要精心安排和补充联系紧密的学习资源,创造"最近发展区",激发学生运用合情推理和演绎推理的热情,使学生体验运用推理解决问题的喜悦,不断提升学生的推理能力以及分析问题、解决问题的能力。

策略1:注重思维的有序性,发展推理能力

思维能力与推理能力密不可分。思维能力训练可以改善思维品质,以此提高学生的推理能力。而思维能力是学习能力的核心,思维的有序性是小学生较为重要的思维品质之一,有利于优化学生的思维品质,提高学生数学素养,是小学生认识数学、掌握数学和应用数学的一种行之有效的方法。因此,在习题教学过程中,我们可以有意识地引导学生开展思维有序性的训练,发展

推理能力。

比如，在案例习题解答的过程中，学生发现不能单独进行每个数位的推理，推理百位要考虑十位的运算，而个位的运算情况又会影响十位，必须要根据运算顺序以及各个数位之间的关系，先推理个位的结果，然后根据个位进位情况推理出十位的结果，最后推理百位，有序思考是非常重要的。在习题教学的过程中，教师要通过梳理解题思路，使学生明确先做什么再做什么，不断训练学生思维的有序性，带动其他思维品质的提升，发展推理能力。

策略2：加强比较分析，提升推理能力

逻辑推理是在把握了事物与事物之间的内在的必然联系的基础上展开的，教师要培养学生从多角度认识事物的习惯，全面地认识事物的内部与外部之间、某事物同其他事物之间的多种多样的联系，加强比较分析，以促进学生推理能力的提高。

学会"同中求异"的思考习惯：将同类习题进行比较，找出其中在某个方面的不同之处，通过比较分析，加深理解，提升推力能力。案例中的习题，是在课本练习的基础上创编的。从题目本身来看，个位、十位、百位三个不同数位之间的推理，存在差异，个位和十位求的都是其中的一个加数，需要逆向思考，用和减去已知加数，而百位求的就是和，只要把各个加数相加即可，通过比较分析，总结不同情况下的推理技巧。另外，虽然都是"数字谜"的推理问题，但本题与课本其他习题之间也有不同，本题是连续进位的推理练习，所以又可以引导学生进行总结。在不进位、不连续进位和连续进位三种情况下的推理方法，并适当延伸到减法的情况。通过比较分析，同类习题进行分类，加以细化，让思维更清晰，提升推理能力。

加强推理能力的培养，不能停留在观念上，而是需要落实在具体的内容上。小学阶段是发展学生数学思维的最佳时期。无论是归纳思维的初步建立，还是演绎思维的初步渗透，都需要教师恰如其分地挖掘，深入浅出的揭示教学内容所蕴含的推理因素，才能敏锐捕捉学生推理的亮点，纠正偏误，进而步入培养学生推理能力的新境界。

第三节　数学模型

数学模型思想是指用数学模型方法处理和解决实际问题的一种思想，是现代应用数学赖以解决实际问题的基本思想。模型思想的建立是学生体会和理解数学与外部世界联系的基本途径，是一种非常重要的数学学科能力和个体素质。

一、"数学模型"含义解读

模型思想就是解决某一类问题时，先通过具体特例发现一般的规律或模式，再推广到一般情况，从而建立一个一般数学模型。所谓"数学模型"是指：对于现实世界的某一特定对象，为了某个特定目的，根据特有的内在规律，做出一些必要的简化和假设，运用适当的数学工具得到一个数学结构。这种数学结构有两个主要特点：一是经过抽象舍去对象的一些非本质属性以后所形成的一种纯数学关系结构；二是这种结构借助数学符号来表示，并能进行数学推演的结构。具体到小学数学教学中,法则、定律、性质、数量关系、方程、字母式子、图形、图表等都是数学模型的具体体现。

《义务教育数学新课程标准(2011版)》指出:"模型思想的建立是学生体会和理解数学与外部世界联系的基本途径。建立和求解模型的过程包括:从现实生活或具体情境中抽象出数学问题,用数学符号建立方程、不等式、函数等表示数学问题中的数量关系和变化规律,求出结果并讨论结果的意义。"由此可见,数学建模是一个对现实问题进行数学抽象化的过程,是一个"从数学角度出发,舍弃无关因素,保留关键因素,借助数学关系,形成解决某类问题的统一方法"的过程。"作为中小学课程中的模型思想应该在数学实质上给学生以感悟,以形成正确的数学态度。"模型思想的建立是学生理解数学与外部世界联系的基本途径,模型思想的感悟,必然是在建构数学模型、应用数学模型的过程中实现的。

二、小学生"数学模型"思想的培养价值

数学模型作为数学与现实生活联系的桥梁,体现了数学应用的广泛性。数学模型不仅为数学表达和交流提供有效途径,也为解决现实问题提供重要工具,可以帮助学生准确、清晰地认识、理解数学的意义。

(一)有利于学生应用意识的提高

曹培英老师认为:数学的模型思想与建模能力,是沟通数学与外部联系的桥梁,是数学应用的关键,它与数学的应用意识相伴而生、如影随形、难以分割。小学生对模型思想的体验,主要来自利用所学的数学知识方法解决各种实际问题的过程。通过一个问题的解决,可以建立数学模型,当后面再遇到同类问题的时候,就可以直接应用模型来解决,在这一过程中,应用意识得以发展与提高。适当渗透模型思想能够帮助学生了解数学与其他学科以及日常生活的联系,进而深刻领悟数学的应用价值。

(二)有利于培养学生的抽象概括能力

数学模型是数学抽象的产物,是对现实世界中的某些事物进行简化与抽象的结果。模型思想就是在解决某一类问题时,先通过具体特例发现一般的规律或模式,再推广到一般情况,从而建立一个一般的数学模型。在这一过程中,学生要经历对数学信息进行整理和加工的过程,要经历分析、比较等思维活动,需要准确理解所要研究的对象,分清主次、变化等因素,更需要选择恰当的数学概念、符号和表达式来描述这些量以及它们之间的相互关系。最终抽象概括出能解决一类问题的数学模型,建构成适合自己的模型思想。这样的过程有利于学生透过现象把握本质,进而促进学生抽象思维能力的提高。

(三)能培养学生用数学的视角来看世界

小学数学中的模型思想可以认为是用数学语言表达现实世界关系的一种抽象的符号形式,建立模型思想的本质就是使学生体会和理解数学与外部世界的联系,让学生以数学的眼光看待外部世界,数学建模的过程,实际上是学生通过运用数学工具来模拟现实世界并解决现实问题的过程。一方面,学生可以体会数学作为一个有效的工具在解决众多领域的现实问题时所起到的核心作用;另一方面,学生能够借助现实情境和已有的生活经验,加深对数学概念的理解。培养数学建模的能力对学生理解数学本身和通过数学的视角认识世界都有重要的促进作用。

(四)能丰富学生的数学学习价值观

数学教育具有认识价值、工具价值、文化价值等多方面的价值。模型思想的建构有利于使学生体会到数学内在的认识价值,数学模型的建构过程不仅体现为知识之间的关联,还体现为知识关联背后数学研究视角与方法的关联,在这一建构过程中数学思维能力能得到较好的发展,学生也能体会到数学的认识价值。凸显模型思想还能使学生体会到数学的工具价值,模型思想不仅仅体现在使用模型解决现实问题上,还需要让学生经历针对现实问题建构模型的过程。在建构模型的过程当中,还能让学生感受到数学的文化价值,丰富学生的学习价值观,促进其学习态度与行为的正向发展。

三、"数学模型"思想提升的教学策略

培养小学生的数学模型思想实际就是对学生进行建模教学。只有让学生亲身经历了数学建模的全过程,才能更好地渗透模型思想。在这一过程中,学生总是从相对简单到相对复杂,从相对具体到相对抽象,逐步积累经验,掌握建模方法,逐步形成用模型去进行数学思考的习惯。教师在教学中要注意根据学生的年龄特征和不同学段的要求,逐步渗透模型思想。

(一)生活原型中提炼数学问题,感知数学模型

模型的建构依赖于一定的现实情境,生活原型是构建数学模型的基础。在教学过程中,教师要善于丰富问题背景,充分利用一些来自学生身边的生活素材和实际问题,激活学生已有的生活经验,让学生在熟悉的情境中进行有思考性的数学学习,从而促使学生将日常生活问题抽象为数学问题,感知数学模型的存在,为构建数学模型提供丰富的体验。

| 案例一 "周期问题"教学片断 |

……

师:(呈现图2-39)你们发现了什么?

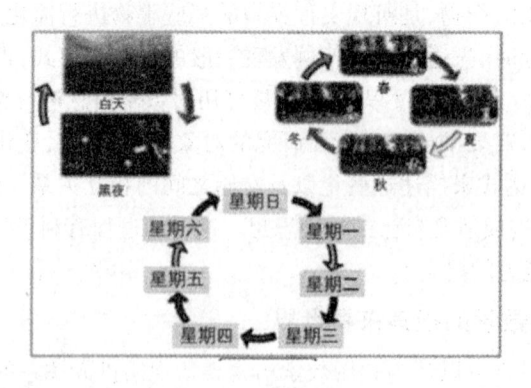

图2-39 周期问题1

生1:我发现它们都是有顺序的。
生2:我认为它们都是有规律地重复的。
师:能具体说一说吗?
生1:它们是白天、黑夜、白天、黑夜依次重复出现的。

师:说的真不错！那其他现象是怎样依次重复出现的呢？

生2:春、夏、秋、冬依次重复出现。

生3:星期一、星期二、星期三、星期四、星期五、星期六、星期日,依次重复出现。

……

师:这些现象都是按照一定的顺序排列,一组一组依次不断地重复出现。我们将这种现象称为"周期现象"。像这样日夜、星期、四季重复出现的一组就是一个周期。白天、黑夜是2个为一个周期,那春、夏、秋、冬呢？

生:是4个为一个周期。

师:星期变化是怎样的呢？

生:是7个为一个周期。

师:谁来说说星期变化中一个周期是指哪几天呢(呈现图2-40)？

图2-40 周期问题2

生:星期变化中一个周期是指星期一、星期二、星期三、星期四、星期五、星期六、星期日。

师:如果,我们把星期一作为一个周期的开始,那这个周期的顺序依次是怎样的？

生:星期一、星期二、星期三、星期四、星期五、星期六、星期日。

师:如果把星期二作为一个周期的开始,那这个周期的顺序依次是什么？

生:星期二、星期三、星期四、星期五、星期六、星期日、星期一。

师:我们可以把星期一到星期日中的任何一天看作一个周期的开始。

……

上述案例中,教师精选学习素材,通过让学生观察与生活息息相关的"周期现象"——日夜交替、星期变化、四季轮回,了解与周期现象有关的知识,将"生活化"的规律和"数学化"的周期概念有效联结,通过星期变化周期中星期的起点及周期内的排列顺序的变换来丰富学生对周期的理解,初步感知模型,为后续解决问题、构建周期问题模型做好铺垫。

案例二 "三角形的认识"教学片断

……

师:认真观察这幅图(呈现图2-41),你能发现哪些数学信息？

生1:我发现书架的下面有三角形,自行车架是三角形。

生2:我发现书的一侧是长方形,桌子边是长方形,自行车轮子是圆形。

图2-41　生活中的三角形

师：自行车的支架、书架支架都用到了三角形。生活中还有哪些地方也用到了三角形？
生1：塔吊上有三角形。
生2：高压线的铁架子上有三角形。
生3：空调架是三角形。
师：为什么生活中有这么多地方用三角形呢？三角形有什么特点呢？看来，我们真得好好研究研究它。
出示课题"三角形的认识"。
……

数学模型思想强调数学与外部世界的联系。上述案例，教师基于学生生活经验，对教材情境图的素材进行了适当补充，为学生搭建起数学与生活的桥梁。让学生在寻找生活中的数学现象的过程中，初步感知到"三角形"这一数学模型。

（二）探究中积累经验，构建数学模型

世界上任何事物的变化发展，都是首先从量的积累开始的，只有当量的积累超过一定的范围和限度才会引发质的变化。数学模型的建构也是一个循序渐进的过程，学生要经历"从数学的角度，对所需研究的问题作一个模拟，舍去无关因素，保留其数学关系，以形成某种数学结构"的过程。具体地说，学生从"现实数学出发"，在教师的积极引导下，"提出问题或猜想—举例验证—自我反思—完善规律—建立模型"，这既是学生主动学习的过程，也是一个创新学习的过程。

1. 以问题引领，层层推进构建模型

对小学生模型思想的渗透，要结合学生的认知水平，由浅入深，循序渐进。在引导学生探究的过程中，教师要精心设计问题，以层层追问引领学生从一次建模到二次建模甚至多次建模，经历从"一个"到"一类"的过程，从"具体"到"抽象"的过程，从"猜想"到"验证"的过程，最终初步构建数学模型。

案例一　"组合"教学片断

……
师：观察这些方法（呈现图2-42、图2-43），它们有什么相同的地方呢？

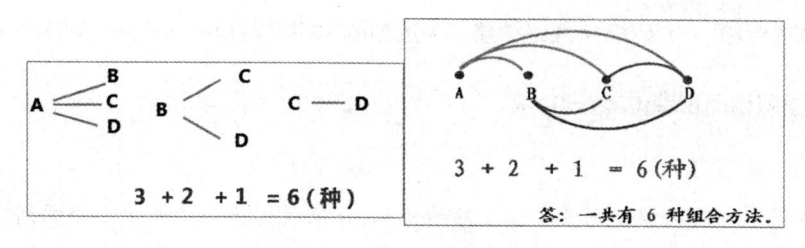

图 2-42 组合 1　　　　　　图 2-43 组合 2

生：算式相同。

师：这几种看起来不相同的方法，为什么都可以用算式 3+2+1 来解答呢？

生 1：这些方法都是先找出小丽和其他人有几种组合，再找出小军和剩下的人有几种组合方法，接着找出小杰和剩下人有几种组合方法。

生 2：小丽和其他人有 3 种组合，小军和剩下的人有 2 种组合，小杰和剩下的人有 1 种组合，合起来就是 6 种。

师：刚才我们选用多种方法通过全面、有序的思考解决了从 4 人中选两人参加比赛的问题，并且运用数形结合的思想找到了图与式之间的对应关系。

师：如果从他们 5 人中选出 2 人参加"少儿戏曲大赛"，又有多少种不同的组队方案呢？

生 1：用枚举法。

A——B　B——C　C——D　D——E
A——C　B——D　C——E
A——D　B——E
A——E

列式：4+3+2+1=10

生 2：用连线法（呈现图 2-44）。

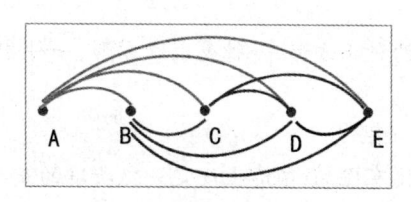

图 2-44 组合 3

列式：4+3+2+1=10

师：继续思考，如果 6 选 2 呢？7 选 2 呢？你发现这里面是否蕴含着什么规律吗？

生：5+4+3+2+1=15　　6+5+4+3+2+1=21。

师：假如是 N 选 2 呢？

生：$(N-1)+(N-2)+(N-3)+\cdots+3+2+1$。

……

上述案例，教师首先通过"4 名学生中选 2 名参加少儿戏曲大赛"的生活实例引入简单的组合问题，学生由无序的列举到有序枚举，经历了"具体—简洁—抽象"的过程，最终列出了算式 3+2+1=6，初步构建了"4 选 2"模型，这是组合问题的第一次建模。接下来从 5 选 2、6 选 2 到 N 选 2，教师通过一系列推波助澜的追问，引导学生观察、分析、抽象、概括，历经多次建模，从一个问题到一类问题,将零散的经验一步步整合,最终构建了N选2的模型"$(N-1)+(N-2)+(N-3)+\cdots+3+2+1$"。

案例二 "面积和面积单位"教学片断

……

师:刚才用了不同的学具测量了正方形的面积,谁来说说这个小正方形面积到底多大(呈现图2-45)?

图2-45 面积

生:1:9。

生:2:36。

师:都是测量厨房的面积,面积应该一样,为什么结果不一样,这是什么原因?

生:用的学具不一样。

师:要想得到相同的测量结果,应怎么办?

生:用同一种学具。

师:用什么图形作为统一的标准比较合适?

生:正方形。

师:怎么不用圆形?

生:圆形有空隙。

师:在测量的时候用到了两种正方形,一种是大正方形,一种是小正方形,怎么比较的结果还不相同呢?

生:因为正方形的大小不相同。

师:看来正方形的大小也要有规定,国际上规定一定标准的正方形大小叫作面积单位。你们知道常用的面积单位有哪些吗?

生:平方米。

师:你是怎么知道这个词的?

生:爸爸说我家的房子是88平方米。

师:随时随地地汲取知识真不错。你们能根据常用的长度单位来猜想一下常用的面积单位吗?

生:常用的面积单位还有平方厘米、方分米。

……

统一面积单位是建立面积单位概念的基础,在老师的不断追问中,学生不断地思考,找到了问题的关键,体会到统一面积单位的必要性,这也是构建常用面积单位模型的第一步。

2. 抽象思维本质,构建数学模型

数学是对现实生活的一种抽象,抽象本质是形成概念、得出规律的关键性手段,也是建立数学模型最为重要的思维方法。小学生的思维特点是以具象思维为主,学生在数学中遇到的困难,有时是因为学生对于文字描述理解上的偏颇——难以理解或把握不住要点,无法对其形成准确而鲜明的表象。借助形象的力量,把文字所描述的、所要揭示的、所要表达的数学本质通过字母或图示的方式简洁形象地表示出来,可以实现数学模型的有效构建。

案例一 "植树问题"教学片断

……

师:能栽多少棵树呢?你们是想让老师给大家讲讲?还是自己试试?

生:自己试试。

师:有自信!请拿出探究单(呈现图2-46)。你可以先画图,再列算式解答。

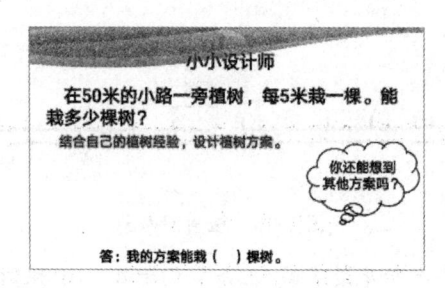

图2-46 植树问题1

学生先独立思考,再在组内交流,合作尝试解决问题,教师巡视指导方法并捕捉教学资源。

师:有想法了吗?谁来分享一下自己的方案?请你来。

生1:我先画了一条50米的小路,每5米栽1棵树,从头栽到尾我一共栽了11棵树(呈现图2-47)。

师:他的栽法你听明白了吗?谁再来说说他是怎么栽的?

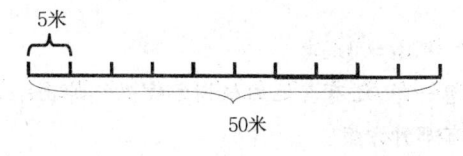

图2-47 植树问题2

生2:从头开始栽,一直栽到尾。

师:你真会倾听!这就是植树问题中"两端都栽"的情况。他还用算式进行了解答。你能结合线段图说一说"50÷5=10"这个算式求的是什么吗?

生1:50表示50米的小路,每5米1个间隔,用50÷5可以算出一共有10个间隔。

师:你能指一指这10个间隔在线段图的哪里吗?

学生1指出10个间隔。

师:这个10就表示10个间隔。

生1:再用10+1=11求出一共需要种11棵树。

师:10个间隔怎么变成10棵树了？它们之间有什么关系呢？

生1:1个间隔种1棵树,10个间隔就种10棵树。

生2:1个间隔对应着1棵树,10个间隔就对应着10棵树。

师:1个间隔对应着1棵树,这叫一一对应,为什么还要"+1"？

生1:开头那里还有1棵树,所以要加上。

师:观察得真仔细。两端都栽的情况我们已经解决完了,棵数和间隔数有什么关系呢？

生1:棵数=间隔数+1。(板贴)

师:结合你的发现,请列一个综合算式？

生1:50÷5+1=11(棵)。(板书)

师:像这样的植树情况,我们身体上也有,你能找到吗？伸出手来看一看,用手指代表树,用两指间的空隙代表间隔,5根手指间有4个间隔,这也就是我们刚刚探究的"两端都栽"的情况。

师:巡视中老师还发现有同学想到了这样的方案,我们一起来看看,你有什么发现(呈现图2-48)？

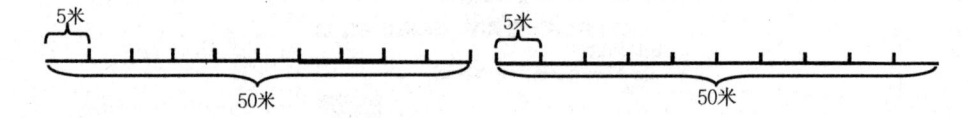

图2-48 植树问题3

生1:一个开头没有栽,一个结尾没有栽,但是它们都栽了10棵树。

师:你观察得真全面。伸出手来,还是用手指代表树,用两指间的空隙代表间隔,这种情况是怎样的？

生1用手势表示:像这样,开始一端或末尾一端不栽树,就是——"只栽一端"。

师:你能说说你的算式是怎么想的吗？

生1:每5米栽1棵树,用50÷5=10求出有10个间隔,1个间隔对应1棵树,10个间隔就对应着10棵树。

师:那你发现了什么？

生1:我发现只栽一端时,棵数=间隔数。

师:你的分析真清晰。想一想,还有其他的植树方案吗？伸出手来,还是用手指代表树,用两指间的空隙代表间隔,还会有哪种方案？

生1用手势表示:还可以两端都不栽。

师:你能先画线段图再解答吗？

生1独立先画线段图再解答。

师:谁来结合线段图说说是怎么想的(呈现图2-49)？

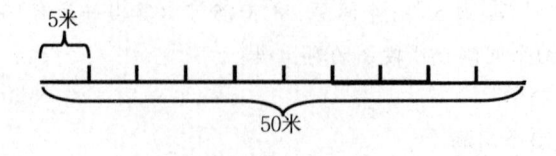

图2-49 植树问题4

生3:先用50÷5求出间隔数是10,因为1个间隔对应1棵数,10个间隔对应10棵数,但是这里有1个间隔没有对应树,所以还要再减1。

师:请你画出那个没有对应树的间隔。你发现了什么?

生3:两端都不栽时,棵树=间隔数-1。

师:你的思路非常清晰,分析的有理有据。谁来列个综合算式?

生3:50÷5-1=9(棵)

……

师:认真观察刚刚解决的两个问题,它们有什么共同点?

生1:植树问题有三种情况,两端都栽、只栽一端和两端都不栽。

生2:两端都栽时,棵数=间隔数+1;只栽一端时,棵数=间隔数;两端都不栽时,棵数=间隔数-1。

……

上述案例中,教师先引导学生借助线段图解决问题,体验棵树与间隔数之间的关系,初步抽象出植树问题的数学模型,同时又引导学生借助手指来帮助深入理解模型,让学生看到五个手指之间有四个间隔,化抽象于形象之中。棵数与间隔数之间的规律循序渐进,由两端都栽的情况存在的规律再推理至另外两种情况的规律,再通过让学生比较梳理三种植树情况中的相同点和不同点,抽象出每种情况下棵树和间隔数之间的关系,构建了植树问题的模型。

案例二 "千米的认识"教学片断

……

师:"千米"能在尺子上找得到吗?

生:找不到。

师:那我们可以想个什么好办法来感受1千米呢?

生:可以借助"1米"来感受"1千米"到底有多长。

师:我们伸开双臂,两臂之间的距离大约1米,咱班一共45人,手拉手站成一排就是多少米?

生:45米。

师:想一想,1000米是多少个小朋友手拉手的长度?

生:1000个同学手拉手的长度大约就是1000米。

师:1000米很长,可以用一个更大的长度单位"千米"来表示,比较一下,哪种记录方法更简洁?

生:1千米比写成1000米简单。

师:在表示比较长的距离时,就可以用到"千米"这个新的长度单位,更为简洁(课件出示)。这段直直的跑道长度大约就是100米,想一想几个这样长的跑道连起来就是1千米?

生:10个100米就是1千米。

师:学校跑道一圈是200,你能用这个信息给大家介绍一下1千米吗?

生:绕着200米的跑道跑5圈,就是跑了1千米。

师:走1千米需要用多长时间呢?昨天的阳光体育活动课上,同学们走100米大约用了2分钟,照这样算一算,走完1千米需要用多长时间?

生:走1千米约20分钟。

师:同学们有没有步行上学的?说一说你走路上学大约要用多长时间?

生:我走10分钟。

师:这位同学大约走了多少米?

生:大约500米。

生:我走20分钟。

师:这位同学大约走了多少米?

生:大约1000米。

……

师:甜甜也和小伙伴们在健步行走,我们一起去看看吧。甜甜说"我们走了1000步,正好走了1千米"。他的说法,你们同意吗?

生:我同意。

生:我不同意。

师:如果1000步正好走了1千米,那一步走几米?

生:一步走1米。

师:一步能不能走1米呢?我们来测一测吧。

师:二年级同学们走1米大约用2步,走10米呢?100米呢?走1千米大约要走几步?

生:走1米大约走2步,走10米大约走20步,走100米大约走200步,1千米大约要走2000步。

师:同学们,经过刚才的探究体验活动,我们通过想一想长度,算一算时间,数一数步数,对1千米的长度有感受了吗?

生:"千米"是比较大的长度单位。

师:对,生活中常用"千米"来测量比较长的距离。

……

由于无法让学生实地去测量1千米到底有多长,上述案例中教师通过鼓励学生结合自身体验体会"千米"这个长度单位的含义,帮助学生建立了"1千米"的长度表象,体会到"千米"是一个较大的长度单位。再通过借助时间和步数这两个体验活动进行推理来感知1千米的长度,在这一过程中教师充分调动了学生所有的感觉器官协同合作,在估一估、想象、推理中有序地经历了1千米这个数学长度单位模型的建构过程,使这个很不容易建立起来的长度观念直接化、具体化。

3. 及时反思,多维思考,内化模型

数学模型的建构完善,不仅需要从一点突破,更需要从多角度、多方位感知体验,进行深入的推理研究,探究知识的本质,逐步形成运用模型去进行数学思维的习惯,进一步完善模型。

案例一 "植树问题"教学片断

……

师:刚才同学们自己画线段图解决了50米长的小路上的植树问题,发现了棵数和间隔数之间的规律。我们再来看这个问题,你还会解决吗?

课件出示：在1500米长的小路一侧植树，每隔10米栽一棵，能栽多少棵？

学生独立列式解答。

师：哪位同学来交流一下你是怎样解决这个问题的？

生：有三种情况。

  两端都栽：1500÷10+1=151（棵）。

  只栽一端：1500÷10=150（棵）。

  两端都不栽：1500÷10-1=149（棵）。

师：其他同学也这样做了三种方案的举手？

大多数学生同意。

师：同学们都能考虑到植树问题的三种情况，思考问题全面周密，非常棒！

师：（呈现图2-50）回顾刚刚解决的这两个植树问题，它们有什么共同点？

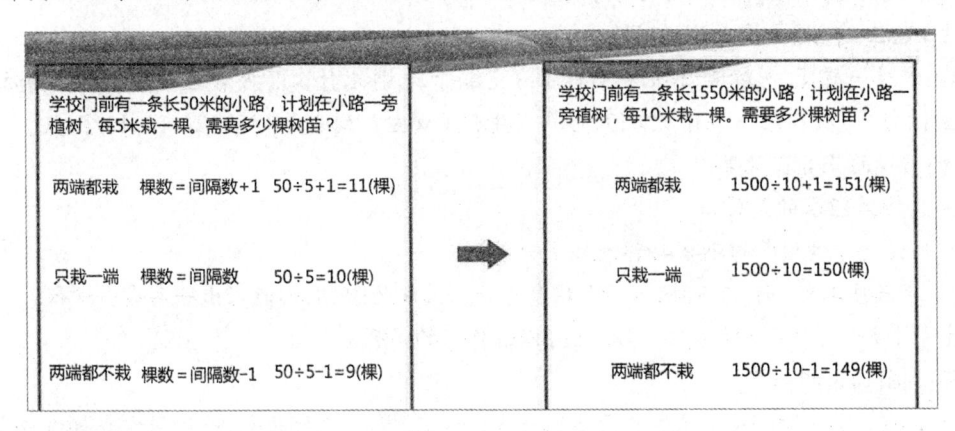

学校门前有一条长50米的小路，计划在小路一旁植树，每5米栽一棵。需要多少棵树苗？		学校门前有一条长1550米的小路，计划在小路一旁植树，每10米栽一棵。需要多少棵树苗？
两端都栽 棵数=间隔数+1 50÷5+1=11（棵）	→	两端都栽 1500÷10+1=151（棵）
只栽一端 棵数=间隔数 50÷5=10（棵）		只栽一端 1500÷10=150（棵）
两端都不栽 棵数=间隔数-1 50÷5-1=9（棵）		两端都不栽 1500÷10-1=149（棵）

图2-50 植树问题5

生1：植树问题有三种情况，两端都栽、只栽一端和两端都不栽。

生2：两端都栽时，棵数=间隔数+1；只栽一端时，棵数=间隔数；两端都不栽时，棵数=间隔数-1。

……

在设计"50米小路，每隔5米一棵"的植树方案时，学生通过思维交流碰撞，设计出符合实际的3种方案"两端都栽，只栽一端，两端都不栽"，但对每位学生而言，大多只设计了一种方案。在解决"在1500米长的小路一侧植树，每隔10米栽一棵，能栽多少棵"的问题时，每个学生都独立设计出3种方案"两端都栽，只栽一端，两端都不栽"，从3个角度思考解决同一个实际问题的不同方案。通过及时回顾反思沟通对比，学生认识到虽然小路的总米数和间隔数变化了，但种植的棵数和间隔数之间的规律是不变的，对植树问题的模型进一步深化完善。

案例二 "连乘问题"教学片断

……

师：刚才大家在讨论的时候，老师发现每个小组特别认真，很会合作，都有了很多想法。我们先来看这种方法——（4×5×3）。

师：有哪些同学是这样做的？说说吧，怎么想的？

生1：根据各摆了4行，每行5盆，就能算出每种颜色的花有多少盆；知道了每种颜色的花有多少盆，还知道有3种颜色，就能算出3种颜色的花一共有多少盆。

师：这位同学根据已知信息求出了相应问题。你能在图上圈一圈，找出求的是什么吗？

生1边在直观图上圈画边说思路。

师：再来看第二种方法——5×3×4，哪位同学这样做的？来讲解一下？

生1：根据每行5盆，有3种，能求出一长行有多少盆，列式是5×3=15。再求3种颜色的花一共有多少盆，列式是15×4=60。

师：有问题要问吗？

生2：5乘3求的是什么？

师：大胆地质疑，很勇敢。

生1：求的是3个组一长行摆了多少盆。

生1边在直观图上圈画边说思路。

师：这样一质疑，一对话，我们都明白了。先求什么，再求什么。再看这一种方法：4×3×5。

生1：先算3种颜色一共有多少行，再算一共有多少盆？列式是4×3=12（行）、12×5=60。

师：质疑的声音在哪里？

生2：4×3=12求的是什么？

生1：就是一种颜色的花有4行（对照图介绍）。

师：原来每组有4行，有3种，这两个信息也是相关联的啊，它们能求出一共有多少行。

生3：老师，我有不同的方法。4×3还可以看作求的是列。

师：到前面来指一指。

师：同学们看，两位同学观察的角度不一样，一位同学一行行的看，一位同学直接看成了列，其实求有多少行，也就是求一列是多少。两位同学都很会动脑筋，有创意！

师：这种方法是先算的什么，又算的什么，对照图和同桌说一说。

……

师：同学们，通过齐心协力，我们想到了3种方法来解决这个问题。同一个问题，可以用不同的方法解决。观察思考的角度不同，方法也就不同。我们看看这3个综合算式，你有什么发现？

生1：都是乘了一次，又乘一次。

师：这样的运算叫连乘运算，像刚刚我们用连乘运算解决的问题，就叫它连乘问题。谁能结合图示来讲一讲，连乘问题我们要怎样解决呢？

生1：可以先算3种颜色一共有多少行，再算一共有多少盆？也可以先算一长行有多少盆，再算3种颜色一共有多少盆。还可以先算一长列有多少盆，再算3种颜色一共有多少盆。

师：（呈现图2-51）这道题里有3个信息，我们找到前两个相关联的信息，就能求出每种颜色的花有多少盆，也就是求的图中这一部分；用后两个相关联的信息，就能求出一共有几行，也就是求出一列有多少盆；用第一个和第三个信息相关联的信息，就能求出一长行有多少盆，在图中看的很清楚。

……

第二章 "数学基本思想"提升的教学策略

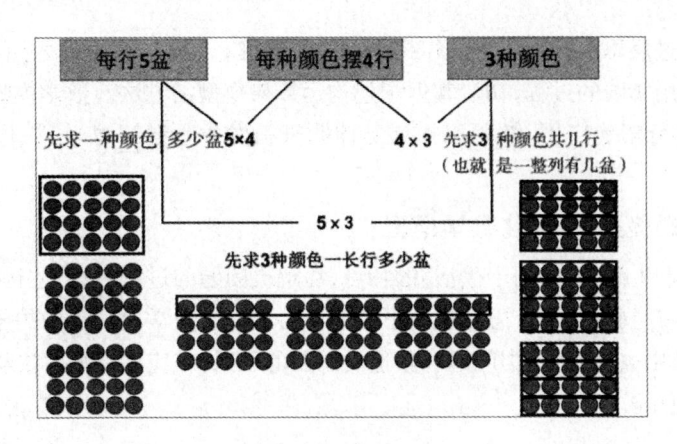

图2-51 连乘问题

解题策略并非单一,从不同的角度切入会有不同的思路,但最终都能殊途同归。上述案例,解决同一道问题的三道算式各有其不同的道理,教师引领学生借助圆点图示,依托形象思维,探寻信息两两组合的不同的解决方法,培养了学生逐步形成一种"遇抽象想形象"的稳定的思维方式。在对不同的策略进行分析及交流的过程中,让学生有根有据、有条有理地表述解决问题的方法,剖析不同解法的数量关系,初步建构连乘问题模型。

案例三 "乘法分配律"教学片断

……

师:这节课你学会了什么?

生1:学习了乘法分配律,会用乘法分配律解决问题。

生2:运用乘法分配律能使计算更加简便。

师:回顾一下,这节课我们是怎样探究出乘法分配律的?

生1:我们先观察一些算式,再猜想有没有规律,然后举例进行验证,最后得到这个运算律(呈现图2-52)。

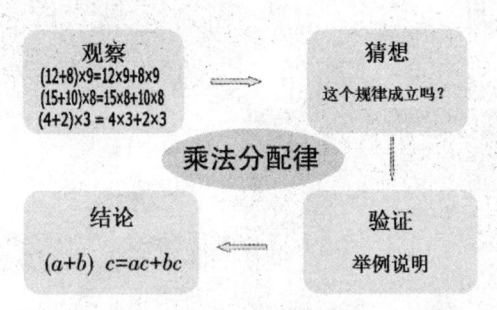

图2-52 乘法分配律

生2:我们借助点子图,把规律用字母表示出来,更加简洁。

师:这个研究问题的方法在今后的学习中我们还会用到,希望同学们遇到问题能积极思考,合理使用研究方法。根据乘法分配律我们知道$(4+2) \times 3 = 4 \times 3 + 2 \times 3$,想一想,$(4-2) \times 3$与$4 \times 3 - 2 \times 3$相等吗?$(4+2+5+\cdots\cdots) \times 3$与$4 \times 3 + 2 \times 3 + 5 \times 3 + \cdots\cdots$相等吗?自己课后可以实践一下。

……

本案例中,通过反思回顾乘法分配律模型的建构过程,让学生经历了发现问题、提出猜想、验证规律、概括并应用实践的过程,初步掌握了建构运算律模型的方法。数学模型基本建构完成之后,需要将它再进行拓展应用,教师以拓展延伸题来引发学生继续思考,深化对运算律模型的理解。

(三)应用中迁移类推,深化数学模型

数学具有"来自生活,又应用于生活"的特点,在解决问题的过程中,自主构建,再进行解释和运用,积累数学学习经验,是一个思维模型不断完善的过程。数学建模活动的核心是将数学模型再应用到现实生活中去,沟通一类问题与其他类问题的联系,在应用模型解决实际问题的过程中深化数学模型的内涵。

案例一 "植树问题"教学片断

……
师:我们今天研究了植树问题,生活当中还有没有类似植树的问题?
生1:学校门口摆放的花盆。
生2:锯木头。
生3:时间间隔问题。
师:同学们真是生活中的有心人。
师:老师还收集了一些图片(呈现图2-53),你们看看这些图片里有这些类似植树问题的问题吗?什么相当于树?这里的间隔在哪里?

图2-53 间隔问题

生1:阅兵式车队相当于树,两车之间的距离就是间隔。
生2:方队列队中,军人相当于树,两人之间距离是间隔。

师:圆形的喷泉,不再是一条直的线段,而是封闭的曲线,你还能找到对应出来吗?

生2:喷水孔相当于树,两孔间的距离是间隔。

生3:楼层扶梯,楼层相当于树,扶梯相当于间隔。

师:同学们带着数学眼光,从"植树问题"去寻找生活中的类似模型,虽然问题情境不同,但都存在点与间隔的对应关系。

师:让我们用探究出的植树问题的规律去解决生活中的问题。

1. 一条走廊长32米,每隔4米放一盆花,两端都放,一共需要放多少盆花?

师:你是怎样列式的?讲讲你的思路。

生:两端都放要用间隔数+1,列式32÷4+1=9(盆)。

2. 一根木头长15米,要锯成每段长3米的小段,每锯一次用6分钟,一共需要多少分钟?

师:刚才同学们说到锯木头也是植树问题,你能解决这道题吗?

生:锯木头是两端都不栽的问题,先求出需要锯几次,15÷3-1=4(次),再求一共需要几分钟?4×6=24(分)

3. 学校教学楼每层楼梯有24个台阶,老师从一楼开始一共走了72个台阶。老师走到了第( )层。

A. 72÷24=3　B. 72÷24+1=4　C. 72÷24-1=2

师:爬楼问题,应该怎样解决呢?你是怎样想的?可以借助画图来理解。

生:爬楼梯属于植树问题中两端都种的情况,间隔数+1,选B。

4. 5路公共汽车行驶路线全长12千米,相邻两站的距离是1千米,一共有( )个车站?

A. 12÷1=12　B. 12÷1+1=13　C. 12÷1-1=11

生:因为公交车始发站、终点站都是有站牌的。所以属于植树问题中两端都种的情况,间隔数+1,选B。

5. 为了保护一棵古树,园林处要为它做一个长30米的圆形护栏。如果每隔2米打一个桩,一共需要打多少个桩?

师:仔细读题,这道题和前四题有什么区别吗?

生:这是个圆形护栏,不是直的线段了。

师:属于哪种植树问题呢?

生:一端栽的情况,头上打了桩,末尾就不用打了。所以,桩数=间隔数,30÷2=15(个)。

师:一个圆形的曲线与我们研究的直的线段有什么联系呢?我们可以借助化曲为直的方法研究。在圆形周围植树就相当于在线段上一端栽一端不栽的情况,棵数等于间隔数。

……

本案例中,通过对比生活中类似的植树问题,让学生体会各不相同的"树",在不同之中寻找相同之处,即都存在点与间隔之间的对应关系,使学生认识到"植树问题"是一类问题的统称,学生从这些看似不同的事物中舍去个别的、非本质的属性,提炼出共同的、本质的属性,即"植树问题"模型。学生在层次递进地解决问题练习中深化了模型,获得比较完整的认知结构,使模型思想的构建有一个质的飞跃,既达到了举一反三的教学效果,又有利于培养学生透过现象揭示本质的洞察能力,体会模型思想的应用。

案例二 "路程、时间、速度"教学片断

……

师：我们认识了速度、时间和路程，并且知道了速度×时间=路程，这三个量之间还有别的数量关系吗？

生1：7200÷8=900（米/分），7200米代表路程，8代表时间，900米代表速度，所以我发现"路程÷时间=速度"。

师：为什么求速度用除法？

生1：看线段图，求速度就是把7200米平均分成8份，求其中的一份。

生2：7200÷900=8（分），7200米代表路程，900米代表速度，8代表时间，所以我发现"路程÷速度=时间"。

师：为什么求时间也用除法？

生3：求时间也就是求7200里面有几个900。

师：我们知道了速度和时间，可以求出路程。同样，我们知道了路程和时间，可以求出速度。看来，只要我们知道其中的两个数量就可以求出第三个数量。你能运用这些关系解决实际问题吗？

……

师：其实关于速度、时间、路程的关系，我们并不是第一次接触，只是我们现在系统地进行了梳理。这些题目，你能口头列式，并说出数量关系式吗（呈现图2-54）？

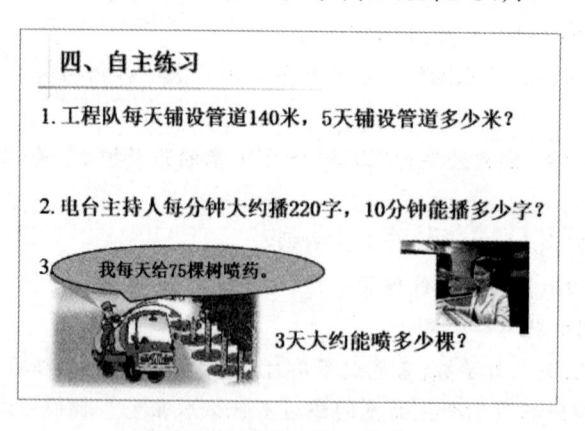

图2-54 路程、时间、速度1

生1：140×5=700（米），每天铺设米数×时间=一共铺设的米数。
生2：220×10=2200（字），每分钟播音字数×时间=一共的播音字数。
生3：75×3=225（棵），每天喷药棵数×时间=喷药总棵数。

师：同学们，仔细观察我们刚刚得到的这几个关系式，再回忆一下今天我们学习的知识，想想它们之间有着怎样的联系？

生：铺设速度、播音速度和喷药速度都相当于"速度"，时间都可以用"时间"表示，一共的米数、总字数和总棵数相当于"路程"，所以都可以用第一个关系式"速度×时间=路程"来表示（呈现图2-55）。

师：刚才这么多不同的问题，现在都可以用同一类关系式来解决它，你觉得这个数量关系式

怎么样？

生：这个数量关系式可以解决一系列类似这样路程的数学问题。

```
速度 × 时间 = 路程
每天铺设米数 × 时间 = 一共铺设的米数
每分钟播音字数 × 时间 = 一共的播音字数
每天喷药棵树 × 时间 = 喷药总棵数
```

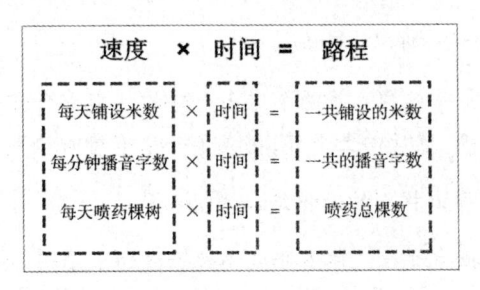

图2-55　路程、时间、速度2

师：那我们的"路程÷时间=速度"可以用来解决哪些数学问题呢？"路程÷速度=时间"呢？举例说明。

生1：3分钟跳绳跳了450个，每分钟跳几个？

生2：加工一批零件，一共150个用了6小时，每小时加工几个？

……

数学知识之间存在密切的联系，在学生建立了数学模型并运用模型解决问题的基础上，引导学生进入更深层次的总结，利于学生知识体系的完整构建。本案例中，在建构了"速度×时间=路程"这一基本数量关系式后，引导学生在解决问题的过程中结合具体例子，得出其他两个数量关系并解释其道理，构建出了"路程、时间与速度之间的关系"模型。练习的设计从易到难、层层递进，紧紧围绕基本数量关系模型进行了有效的设计，教师还引领学生沟通了"行程问题"这一类问题与其他类问题的联系，在分析比较中深化了数学模型的内涵，充分感悟了模型思想。

（四）复习中联结沟通，拓展数学模型

数学模型的建立让学生的思维更加深刻，在整理复习知识时，教师可以巧妙利用多媒体，引导学生在知识的沟联和技能方法的融通中拓展数学模型的外延。

案例一 "平面图形的面积整理复习"教学片断

……

师：同学们看我们整理的网络图，我们按顺序介绍一下它们的公式及推导过程好吗？谁先来介绍长方形的？

生1：长方形面积公式的推导过程。用边长1厘米的小正方形摆一摆、拼一拼，每行所含面积单位的个数相当于长方形的长，列数相当于长方形的宽，所以长方形的面积等于长乘宽，也就是 $s=ab$。

生2：正方形是特殊的长方形，长方形的面积公式是长乘宽，正方形的四条边都相等，所以是边长乘边长。

生3：平行四边形面积公式的推导过程，先画出平行四边形的一条高，然后沿着高线剪开，得到一个直角三角形，将这个直角三角形沿着平行四边形的底边向右平移，拼成了一个长方形，长方形的长就是原来平行四边形的底，长方形的宽就是原来平行四边形的高，所以 $s=ah$。

生4:三角形面积公式的推导过程。将两个完全一样的三角形重合在一起,将其中的一个三角形沿着它的一个顶点,旋转180度,然后向上平移,拼成了一个平行四边形,那么三角形的面积就等于平行四边形面积的一半,所以$s=\frac{1}{2}ah$。

生5:梯形面积公式的推导过程。将两个完全一样的梯形重合在一起,将其中的一个梯形沿着它的一个顶点,旋转180度,然后向上平移,拼成了一个平行四边形,那么这个平行四边形的底就是梯形上底和下底的和,所以梯形的面积是$s=\frac{1}{2}(a+b)h$。

生6:圆形面积公式的推导过程。把圆分成偶数等分的小扇形,把它分割后拼成近似的长方形,平均分成的份数越多就越接近长方形,这个长方形的长是圆周长的一半,长方形的宽是圆的半径,长方形的面积公式是长乘宽,所以圆的面积公式是$s=\pi r^2$。

师:同学们掌握的都很扎实,在平面图形面积的推导过程中(呈现图2-56),我们可以把平行四边形通过割补法转化成长方形,把三角形和梯形通过旋转、平移转化成平行四边形,圆形通过化曲为直转化成长方形,也就是说我们把新知转化成旧知,把不会的转化成会的,转化是常用的数学思想。

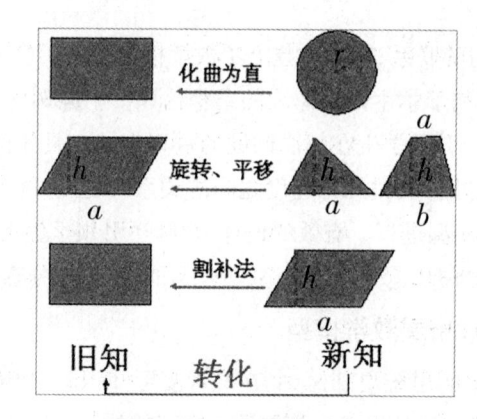

图2-56 平面图形的面积1

师:再来思考一下,在这些图形中谁的地位比较特殊?
生:长方形。
师:为什么?
生1:长方形的面积公式是学习其他图形面积公式的基础。
生2:后面的图形可以直接或间接转化成长方形。
师:长方形的面积计算方法是学习其他图形面积计算方法的基础,还有一个图形的面积公式也很特殊,那就是梯形的面积公式。有人说梯形的面积公式是万能公式,你知道为什么吗?可以猜测一下。
生2:是不是说梯形的面积公式可以用来计算所有图形的面积(呈现图2-57)?
师:我们来尝试一下,如果我们把三角形看作梯形,那么这个梯形的下底是a,上底呢?
生:0。
师:那我们运用梯形的面积公式算一算。
(课件演示计算过程)

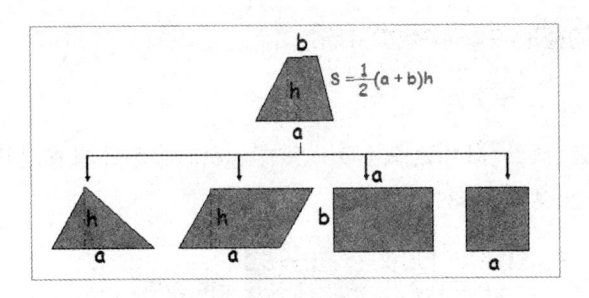

图 2-57　平面图形的面积 2

师：那其他的图形呢？你们想不想试一试？请选择其中的一个和你小组同学共同探讨。

学生利用练习纸探究。

师：谁来说一说？

生1：我想说平行四边形，$S=\frac{1}{2}(a+b)h$

$=\frac{1}{2}(a+a)h$

$=ah$

师：你是怎么想的？

生1：把平行四边形看作梯形，这个梯形的上底是a，下底是a，高是h。

生2：我想说长方形，$S=\frac{1}{2}(a+b)h$

$=\frac{1}{2}(a+a)b$

$=ab$

师：你是怎么想的？

生2：把长方形看作梯形，这个梯形的上底是a，下底是a，高是b。

生3：我想说正方形，$S=\frac{1}{2}(a+b)h$

$=\frac{1}{2}(a+a)a$

$=a^2$

师：你是怎么想的？

生3：把正方形看作梯形，这个梯形的上底是a，下底是a，高是a。

师：看来说梯形的面积公式是万能的很有它的道理。通过刚才交流我们发现，这些图形及公式之间都是融会贯通、相辅相成的，就像是世界万物一样。

……

上述案例，教师通过引导学生交流平面图形面积公式的推导过程，实现对旧知的重新组织和建构；课件的辅助播放，学生更深入地体会到"转化"的数学思想；在探索"梯形的面积公式是万能公式"的过程中，学生再次感受面积计算公式模型之间的内在联系，使学生对平面图形面积间的关系掌握的更条理化、系统化。

案例二 "立体图形的整理和复习"教学片断

……

师：长方体、正方体、圆柱、圆锥这四个立体图形体积的推导过程有联系吗？这四个图形之间又有着怎样的联系呢（呈现图2-58）？

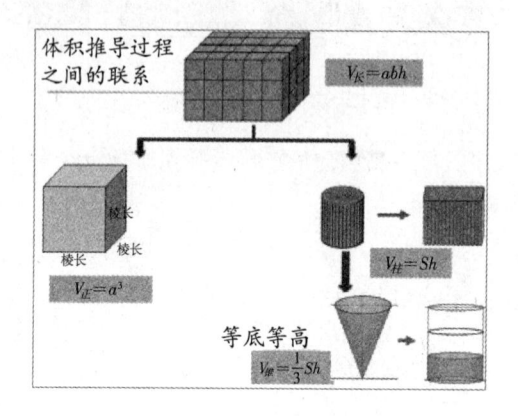

图2-58 立体图形1

生1：我觉得长方体是其他立体图形体积推导过程的基础。根据正方体是特殊的长方体推导出正方体体积，把圆柱转化成长方体推导出圆柱的体积，由圆柱的体积推出圆锥的体积。

……

师：长方体、正方体、圆柱和圆锥都有自己各自的体积公式，这四个图形中哪几个图形的体积可以用同一个公式来计算？

生1：长方体的体积公式中的长乘宽就是底面积。正方体的棱长乘棱长就是正方体的底面积，棱长也是它的高。圆柱体积也是底面积乘高。长方体、正方体和圆柱可以用同一个公式表示，就是底面积乘高（呈现图2-59）。

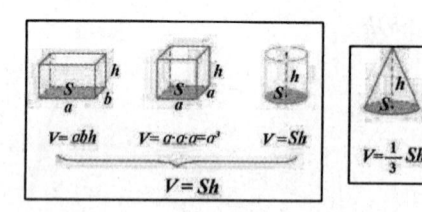

图2-59 立体图形2

师：为什么这三个立体图形的体积都能直接用"底面积×高"来计算呢？让我们观看一段微视频，了解其中的原因吧（呈现图2-60）！

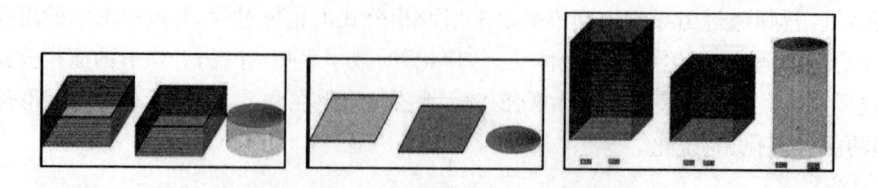

图2-60 立体图形3

生2：因为它们都是底面的垂直向上平移形成的，平移的距离就是它们的高。

师：平面图形垂直向上平移能形成立体图形，底面一定是长方形、正方形、圆形吗？还有哪些平面图形可以做底面？请将你的想法写在答题纸第2题位置处。

师：这样的底面能画完吗？

生3：画不完。

师：请你想象一下你画出的底面垂直向上平移能形成什么立体图形，它的体积能直接用底面积乘高吗？

生3：画出的图形垂直向上平移形成的立体图形的体积可以用底面积乘高。

师：请你概括一下什么样的立体图形的体积可以直接用底面积乘高？

生3：只要平面图形垂直向上平移形成立体图形，都可以用底面积乘高来求体积（呈现图2-61）。

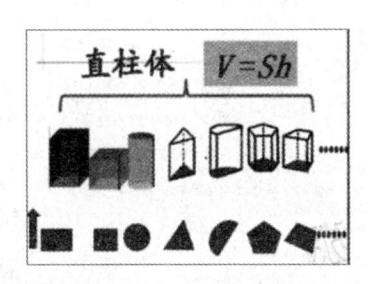

图2-61 立体图形4

师：像这样的两底面相同，直直的、粗细均匀的立体图形，统称为直柱体。直柱体可以看成平面图形垂直向上平移形成的立体图形，平移的距离就是它们的高，所以直柱体的体积都直接用底面积乘高来表示。

……

学生在五年级时学习长方体和正方体的体积，六年级学习圆柱和圆锥的体积，时间跨度比较大，在知识的呈现上是由直面的立体图形到曲面的立体图形。将知识进行分段学习，造成了知识上的割裂，在总复习时及时梳理归纳，建立体积模型是很有必要的。学生初步了解长方体、正方体和圆柱的体积公式都可以用底面积乘高来表示，但没有真正理解为什么可以，从面到体的形成方式上理解，发现它们都是由底面是长方形、正方形和圆形的平面垂直向上平移形成的，通过抽象、推理逐渐建构起直柱体的体积模型。学生的认知结构不断得以优化、更新，在"旧模型"的基础上拓展，"新模型"得以构成，并逐渐代替或统一"旧模型"。

四、"模型思想"达成度习题评价研究实践

案例 《数学》（青岛版）小学六年级下册"智慧广场""假设的策略"习题创编

运输公司为玻璃店运玻璃，每块玻璃的运费是0.7元，若打破一块，则除不收运费外，还要赔偿7元。此次运输公司要运玻璃2000块，实得运费1246元，求打破了多少块玻璃？

1. 习题测查知识点与素养点剖析

此题是《数学》（青岛版）小学六年级下册"智慧广场"（呈现图2-62）的一道创编习题。习题选取了"运玻璃"这个现实生活中的问题情境，此题的难点在于"数学模型"的分析与选择，

智慧广场

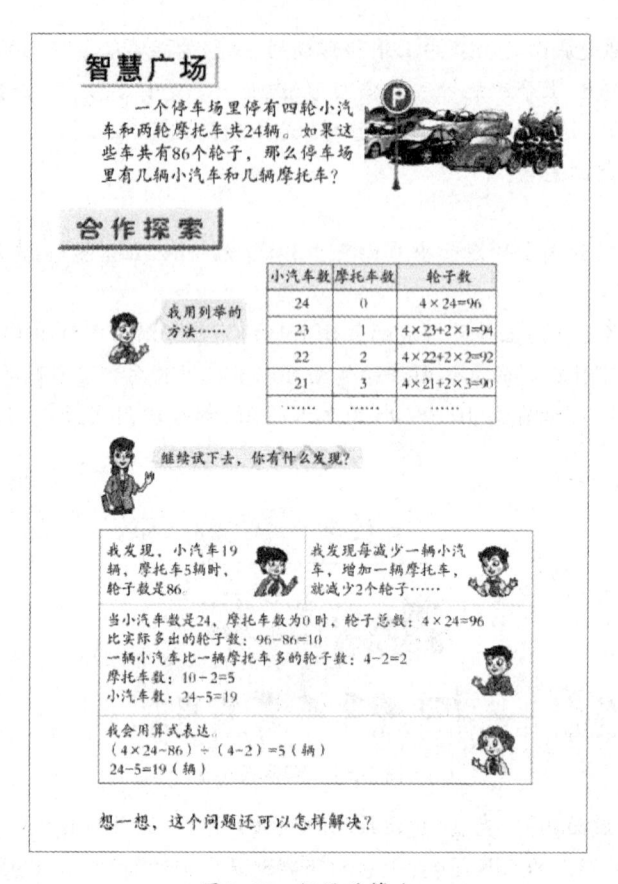

一个停车场里停有四轮小汽车和两轮摩托车共24辆。如果这些车共有86个轮子,那么停车场里有几辆小汽车和几辆摩托车?

合作探索

我用列举的方法……

小汽车数	摩托车数	轮子数
24	0	4×24=96
23	1	4×23+2×1=94
22	2	4×22+2×2=92
21	3	4×21+2×3=90
……	……	……

继续试下去,你有什么发现?

我发现,小汽车19辆,摩托车5辆时,轮子数是86。

我发现每减少一辆小汽车,增加一辆摩托车,就减少2个轮子……

当小汽车数是24,摩托车数为0时,轮子总数:4×24=96
比实际多出的轮子数:96−86=10
一辆小汽车比一辆摩托车多的轮子数:4−2=2
摩托车数:10÷2=5
小汽车数:24−5=19

我会用算式表达:
(4×24−86)÷(4−2)=5(辆)
24−5=19(辆)

想一想,这个问题还可以怎样解决?

图 2-62 假设的策略

将生活原型"运玻璃"问题,抽象成与"鸡兔同笼"同类的数学问题模型,检测学生对运用"假设的策略"这一模型掌握情况,这是一道思维含量较高的习题。

学生在选择模型时不仅要舍去非本质属性,提炼出本质属性,再运用"假设"模型,解决"鸡兔同笼"这一问题模型,而且还要理解将"未破损"调整成"破损"或将"破损"调整成"未破损"时的差价到底是多少。过程十分抽象,思维含量很高,这对学生来说,是一个挑战。

解答此题需要运用的知识有:

(1)单价、数量、总价三者之间的关系;

(2)乘法的意义;

(3)"假设"数学模型的理解与应用。

解答这道习题,学生要经历四个阶段:第一,根据信息,分析数量关系并选择合适的数学模型;第二,根据数学模型,确定假设对象;第三,调整假设对象,找到正确结果;第四,代入原题,验证结果。这道题目不仅要求学生掌握"假设"的模型,还要求学生能对假设过程中的调整过程理解透彻,这就需要学生的思维达到一定的抽象、概括和反省水平。学生在建模、用模的过程中,既培养了应用意识,又发展了思维能力,同时又提高了建模能力和抽象能力。

2. 学生答题情况及素养点达成度解析(表2-7)

表2-7 典型习题学生答题状况及素养达成度分析

学生答题情况	素养达成度剖析
不会做，或者只列一个毫无依据的算式或者是一一列举、方程等其他方法	不会将生活原型"运玻璃"问题抽象成"鸡兔同笼"的同类问题，在运用模型上存在困难。一一列举和方程的其他方法，没有体现假设策略的育人价值，没有体现"假设"这一模型思想的应用
假设玻璃全部没破 2000×0.7=1400(元) 1400-1246=154(元) 破损:154÷7=22(块) 答:破损了22块	学生具有初步的模型思想，能初步运用假设的模型，先假设全部没破损，接着算出多的钱，再用多的钱除以破损的钱，就是破损的块数。但是不能理解多的钱数与破损玻璃之间的关系，在用模过程中，没有"替换"的意识，"假设"的模型并没有真正的掌握
假设玻璃全部没破 2000×0.7=1400(元) 1400-1246=154(元) 7-0.7=6.3(元) 破损:154÷6.3≈25(块) 答:破损了25块	学生具有初步的模型思想，能初步运用假设的模型，知道先假设全部玻璃都未破损，算出与总钱数的差价。也注意到破损与未破损的关系，但是在替换的过程中出现问题，只是机械地在模仿"原模型"。在用模过程中对"替换"理解不透
假设玻璃全部破损 2000×7=14000(元) 14000-1246=12754(元) 未破损:12754÷7=1822(块) 破损:2000-1822=178(块) 答:破损了178块	先假设全部没破损，接着算出多的钱，再算出破损与未破损的差价，用多的钱除以7元，求出的就是未破损的块数，用总块数减去未破损的块数，就是破损的块数，赔的钱数和实际赚的钱数的差距不清。说明学生具有一定的模型意识，但在算实际差距与替换过程中，出现问题，显现学生在运用模型的过程中灵活度不够，对模型存在机械性地套用现象
假设玻璃全部破损 2000×7=14000(元) 14000+1246=15246(元) 7+0.7=7.7(元) 未破损:15246÷7.7=1980(块) 破损:2000-1980=20(块) 答:破损了20块	学生有运用模型的意识和能力，先假设全部破损，接着算出多的钱，再算出破损与未破损的差价，用多的钱除以7.7元，求出的就是未破损的块数，用总块数减去未破损的块数，就是破损的块数。只是运用模型的灵活性不够，在估范围环节缺失，根据实得运费1246元，说明没破损的比破损的多，假设全部没破损比较好，正因为缺少估范围这一意识，导致走了弯路
假设玻璃全部没破 2000×0.7=1400(元) 1400-1246=154(元) 7+0.7=7.7(元) 破损:154÷7.7=20(块) 答:破损了20块	学生能够运用"假设"的模型思想解决"鸡兔同笼"的同类问题模型，先假设全部没破，接着算出多的钱，因为假设全没破，所以破的没算，破的不仅得不到运费0.7元，还要赔7元，所以多的钱是破的要赔的钱和运费钱，所以要用154÷7.7=20(块)，就是破的块数。具有建模的意识并且能正确运用模型，分析理由充分，逻辑性强。这种解答方式显现学生在问题抽象、建立模型、解释和应用模型方面比较强

五、基于"数学模型"提升的习题教学策略

建立和求解模型的过程包括模型分析、建立模型、模型求解、模型检验以及模型应用，体现从"一题多模"到"多题一模"的思维过程。

策略1:利用"图式建模"，深入理解模型

"图式建模"是学生将问题所提供的信息用图式的形式表征出来，从而在头脑中构建数学模型。根据皮亚杰的认知发展理论，小学生思维水平处于具体运算阶段和形式运算阶段，在解决问题过程中需要通过绘图的形式直观地感受物体间的相互作用和数量变化，以期达到知识上、思维

上转变的目的。因此,在解决问题时,合理运用"直观图像"的教学手段能够帮助学生快速找对思维方向,有效建立数学模型。案例中习题较为抽象复杂,可以引导学生利用图式来表示出"赚"与"赔"之间的关系,帮助学生真正理解假设之后多的钱数与破损玻璃块数之间的关系,借助直观形象的图式辅助理解,有利于学生主动构建数量关系的模型,利用"数形结合"可以使这个抽象的数学问题直观化、生动化,从而让学生真正地理解、巩固模型。

策略2:原型结构抽象出数学结构,深化用模能力

综观国内外数学家对数学模型的描述,其共同点可以简化、归纳为一句话:由原型结构抽象出数学结构。从某种意义上说,模型思想要求我们将一个问题解决,拓展为一类问题的解决。课堂教学中,教师引导学生建立模型后,并不是所有同学都真正理解模型,因为有的同学只是机械地记住模型和操作方法,所以,练习时不仅要有与课堂讲授的同样思维的题目,还需要有一些变式练习,检测、引导学生多角度理解模型。通过对比生活中类似的"假设"问题,比如,鸡兔同笼、龟鹤同游等类似习题,进行"多题一解"与"一题多变",让学生体会它们的不同之处,体会到应用"假设"的模型可以解决这一类问题,学生在层次递进的变式练习中深化了模型,获得了完整的认知结构,使模型思想的构建有一个质的飞跃,既达到举一反三的效果,又有利于培养学生透过现象看本质的能力,体会到模型思想的应用,深化了用模能力。

策略3:多元表征模型,不断内化模型

模型有多种表征方式,在建构模型的过程中,学生可以用图形、语言和符号等形式来表征模型。教师可以引导学生经历从直观模型到抽象数学模型的建构过程,可以从图形表征逐渐抽象进行语言或符号等形成表征模型。数学学习一定要让学生自己讲解,才能实现日常经验和直观感知的必要超越。数学思想的教学不同于知识传授,也不同于技能操练,模型思想的建构和提升更需要"感悟和理解",感悟和理解是一个不断内化的过程,注重学生有条理的阐述模型,能用简洁的数学语言表达模型,是帮助学生内化的一个好办法。所以可以采用同桌或小组交流合作的方式,将建模和用模的过程有条理地互相阐述,深入内化模型。

模型思想一直伴随学生的数学学习,在小学数学中渗透模型思想,不仅要了解模型思想的基本内涵及其教育价值,弄清用数学模型方法分析和解决问题的一般过程和主要特点,而且要结合小学数学的具体内容进行渗透,灵活地加以应用。学生建模的过程中,不是呆板地记忆,而是灵动地感悟、理解、内化,数学模型的构建是为了解决实际的问题,数学问题的解决过程就是"用不变的数学思想方法解决不断变换的数学问题",形成源于生活而高于生活的数学模型。

第三章 「数学关键能力」提升的教学策略

第一节　运算能力

"数的运算"贯穿于整个数学领域,是数学学习的一条主线。运算能力是数学素养不可或缺的重要组成部分,不仅是一种数学的操作能力,更是一种数学的思维能力。

一、"运算能力"含义解读

运算能力是数学学科所独有的关键能力。《义务教育数学课程标准(2011年版)》明确指出:"运算能力主要是指能够根据法则和运算律正确地进行运算的能力。培养运算能力有助于学生理解运算的算理,寻求合理简洁的运算途径解决问题。"运算能力的核心要素就是正确运算、理解算理、寻求合理算法。"会算"是"运算能力"的显性表现,而如何灵活计算、有效解读运算过程,则是"运算能力"的隐性表现。由此可见,运算能力并非一种单一的、孤立的数学能力,而是运算技能与逻辑思维等的有机整合。

二、小学生"运算能力"的培养价值

从小学数学学习内容容量分布来看,占比最大的是数的认识和数的运算。运算能力的培养是小学阶段的重要教学任务,加强和提高学生的运算能力已成为国际数学教育改革的重要内容之一。

(一)有助于学生良好学习习惯的养成

曹培英老师曾指出,在计算教学中首先要让学生养成全面审题的习惯,在拿到计算题后不要急于开始动笔计算,要先看清楚是什么运算,数据呈现出怎样的特点;其次还要让学生养成做完题后自觉检验的习惯,通过多途径验证确认答案;再次要让学生养成自觉择优的习惯,在审题、检验的基础上,要进一步反思,自己解题是否用了最优化的方法,这培养的其实是孩子的策略评价意识。运算能力的两大显性要素即运算速度和运算正确率。要提高运算正确率和运算速度,学生就要养成认真仔细审题、专心致志计算、反复检查验算的习惯,为后续的理科学习奠定坚实基础,受益终身。

(二)有助于学生思维品质的提升

运算能力具有抽象性、敏捷性,对于学生思维发展具有重要意义。学生通过将生活问题抽象成逻辑计算,在此过程中培养了学生的逻辑思维能力,也在不断运算练习过程中发展了数感,提高了思维的敏捷性。运算能力不仅是数学学科独有的关键能力,而且蕴含着抽象、推理、模型等基本的数学思想。在"数学运算"教学过程中可以逐渐渗透相关的数学思想,帮助学生更好地理解数学知识的本质,积累学习经验,逐步提升学生掌握数学知识的综合能力,促进思维品质的提升。

(三)有助于感受数学的应用价值

学习数学最重要目标是应用知识解决生活中的问题。现实生活中,人们几乎每天都会遇到各种各样与计算相关的实际问题,像购买生活中的用品、最佳路线的选择、吃喝住行等生活的各

个方面无一不渗透着数学运算。数学科学具有螺旋上升的特点,在"数与代数"数学知识的几大领域也都有计算的存在,都需要用到计算,每一个阶段的运算能力都会对后续知识的学习有着直接的影响。运算能力在学生的学习和生活中具有至关重要、无可替代的作用。

三、"运算能力"提升的教学策略

运算能力的形成可以分成两个阶段。第一阶段,能够按照一定的程序与步骤进行正确运算,称为运算技能,运算技能的特征是正确熟练。第二阶段,不仅会正确熟练地进行运算,而且能根据题目条件,寻求合理简洁的运算途径来解决问题,这个阶段称为运算能力。在小学阶段提升学生的运算能力,具体策略有以下几方面。

(一)注重直观操作,明晰算理,掌握算法

理解算理和掌握算法是运算能力的"一体两翼",算理是计算过程中的道理,算法是计算的具体操作程序。算理为计算提供了正确的思维方式,保证了计算的合理性。算法为计算提供了快捷的操作方法,提高了计算的速度。计算的算理往往是隐性的、抽象的,算法是具体的,教师在教学中要依托直观,借图明理,帮助学生理解算理、掌握算法。

案例一 "两位数加减两位数"教学片断

……

师:同学们可以运用我们以前学过的知识或借助小棒摆一摆、用计数器拨一拨,来解决第一个问题"亮亮和东东一共浇了多少棵花"(呈现图3-1)。

图3-1 两位数加减两位数1

学生独立探究,然后小组内交流。

师:有答案了吗?谁能说说你的想法。

生1:要求"亮亮和东东一共浇了多少棵花",就是把亮亮和东东浇的花的数量合起来,所以我列的算式是26+3=29。

师:你是怎么得出29的呢?

生1:我是运用以前学过的数数的方法,26继续往下数3个数27、28、29,所以26+3=29。

师:你能够运用我们以前学过的知识来解决新的问题,真会学以致用!谁还有不同的算法?

生2:我是用摆小棒的方法算出来的(边摆边说),2捆加6根小棒就表示26,再拿来3根小棒,6根加3根就是9根,所以20+9就等于29。

师：为什么要把6根和3根合起来？

生2：因为6根加3根得9根，9根加2捆就是29根。

师：6根表示的是6个几？3根呢？

生2：6根表示6个一，3根表示3个一，把它们合起来就是9个一。2捆表示2个十，所以得29根。

师：说得真清楚，谁能把这个同学刚才摆小棒的过程用算式表示出来？

生3：6+3=9，20+9=29。

师：真好！看来摆小棒能帮我们大忙呢！还有不同的想法吗？

生4：我是用拨计数器算出答案的。我先从个位拨6颗珠子表示6，在十位拨2颗珠子表示20，这就是26，然后我又在个位上拨了3颗珠子，这样十位上有2颗珠子，个位上有9颗珠子，所以26+3=29。

师：加的这个3，你为什么要在个位上拨3颗珠子，而不是在十位上拨3颗珠子呢？

生4：因为个位上的1颗珠子表示1个一，加3是表示加3个一，所以在个位上拨3颗珠子；而十位上一颗珠子表示1个十，拨3颗珠子的话就表示加3个十，就不是加3了。

……

儿童的智慧往往产生在指尖上，操作活动是思维的基础和源泉，通过操作活动可以把抽象的数学知识具体化、形象化。上述教学案例中，学生通过边摆学具边陈述自己的思考与发现，在操作中引发冲突、产生怀疑、触发需求，由需求促进思维的发展，促进对知识的建构。学生在操作后的交流表达是将操作过程中所获得的形象和表象进行分析、比较、综合、抽象和概括，能促进对算理的内化理解，实现算理与算法的融合。

案例二 "两位数除以一位数的笔算"教学片断

……

师：63÷3=？，同桌合作，利用手中的小棒摆一摆，并把自己的想法记录在①号作业纸上。

学生活动，教师巡视指导并收集资源。

师：哪一个小组愿意到前面来展示汇报？

学生合作汇报，一位学生摆小棒，另一位学生说摆的过程。

生1：我们是先分了6捆，每份是2捆；再分了3根，每份是1根。每份就是2捆1根，就是21根（呈现图3-2）。

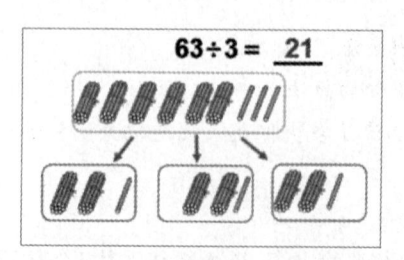

图3-2 两位数除以一位数的笔算1

师：和这个同学分得一样的举手？把刚才摆的过程用算式记录下来，应该怎样写呢？你们小组能接着说说吗？

生1：先分6个十，每份是2个十，正好分完；再分3个一，每份是1个一，也正好分完，这样每一份就是21(呈现图3-3)。

师：同意吗？大家看，不管是用小棒分，还是用算式记录，都是先分6个十，再分3个一，最后把两次算得的结果合起来。

师：同学们能不能也在竖式中算一算两次分的过程呢？试着写一写。

学生自主尝试，全班交流。

师：有同学想办法表示出了分的过程，能看懂吗？分别是怎么计算的？

生2：第一幅作品是分了6个十和3个一(呈现图3-4)。

师：你觉得分了几次？

生2：分了1次。

生3：不同意，是分了2次。

师：到底是分了1次还是2次？第一幅作品表示的就不是特别清楚了。那第二幅作品呢？

生3：他是先分6个十，再分3个一(呈现图3-5)。

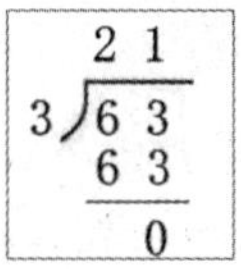

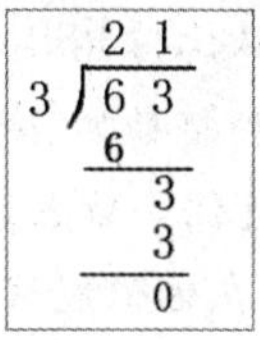

图3-3 两位数除以一位数的笔算2　图3-4 两位数除以一位数的笔算3　图3-5 两位数除以一位数的笔算4

师：是呀，分2次的过程特别清楚，我们的除法竖式一般就这样写，让我们一起来写一写。2为什么写在十位上？1为什么写在个位上？

生3：把6个十平均分成3份，每份2个十，2写在十位；把3个一平均分成3份，每份1个一，1写在个位。

师：(边指板书也再次提问)6怎么来的？求的是什么？

生3：每份分得2个十，有这样的3份，2×3=6求的就是分走的6个十。

师：再算什么？

生3：要分6个十，分走了6个十，整十的分完了。再算6-6=0。

师：0省略不写。再分单根的，把个位的3落下来，接下来算什么？

生3：再算3÷3=1，1×3=3表示分走的3个一，3-3=0，单根的分完了。

师：同学们，刚才在计算63÷3时，我们可以用小棒分一分，也可以用口算和竖式算一算，那这三者之间有怎样的联系呢？同桌两人可以先讨论一下。

生1：都是先分6个十，再分3个一。然后把两部分合起来。

生2：口算要用加法算式表示合起来，竖式的结果一眼就看出来了。

……

上述案例中，小棒操作为口算和笔算的思维过程提供形象支撑，教师借助直观手段，让学生的思维经历了"动手操作—图像表征—符号抽象"的渐变过程，学生经历了一个不断修正、充实完善的过程，借助直观操作、数形结合，沟通了直观操作、口算与竖式笔算三者间的联系，聚焦三个连接点，完成了理解算理与构建算法之间的转换，达到内化于心、外化于形的深刻程度。

(二)注重沟通联系,探寻运算本质

数学作为一门抽象性、逻辑性、结构性很强的学科,数学知识之间具有很强的关联性,郑毓信教授强调:数学基础知识的学习,不应求全,而应求联。教师在计算教学中应带着联系的观念,有思考性地把新知置于旧知的结构之中,从而促进计算法则模型的构建。

案例一 "小数加减法"教学片断

……

师:通过刚才的学习,我们利用小数加法的计算经验解决了小数减法,还知道用以前学到的知识来解决计算过程中遇到的新问题,你们觉得在计算小数加、减法时要注意什么?

生:小数点要对齐。

师:为什么小数点要对齐呢?

生:小数点对齐,相同数位就对齐了。

师:这种简洁有效的方式很好地帮助我们解决了准确对位的问题,那怎样计算呢?

生1:从低位算起。

生2:和整数加、减法没什么区别。

教师遮住小数点让学生观察、感受,并进行板书。

师:现在你们能试着说一说整数加减法和小数加减法有什么联系吗?

同桌互说,集体交流。

生:都要相同数位对齐。

师:为什么要相同数位对齐?

生1:这样相加或相减的两个数的计数单位才能相同。

生2:只有计数单位相同,才能相加减。

师:计数单位相同的两个数相加减后,所得结果的计数单位有没有变?

生:没有。

师:实质上相加减的是什么?

生:相加减的是计数单位的个数。

师:的确,不管是整数加减法还是小数加减法,它们计算的实质是一样的,就是计数单位始终不变,相加减的就是计数单位的个数。

……

案例二 "异分母分数加减法"教学片断

……

生:我先通分,后计算:$\frac{2}{5}+\frac{1}{2}=\frac{4}{10}+\frac{5}{10}=\frac{9}{10}$。

师:为什么要通分?你们是怎么想到这种方法的?

生:通分是为了把异分母分数转化成同分母分数。分数单位不同,不能直接相加,上节课学习了通分,可以将异分母分数转化成同分母分数。

师:上节课学的通分现在马上发挥作用,知识之间就是这样环环相扣、紧密联系。那转化成同分母分数加法,你会计算吗?

生:分母不变,分子相加。

师:上节课我们借助数形结合的方法来理解知识,这节课我们再借助这种方法看一看。请你根据这幅图(呈现图3-6)具体地说一说是怎样由分数单位不同的数转化成了分数单位相同的数。

生:原来每份的大小不一样,也就是分母单位不一样,$\frac{1}{4}$的分数单位是$\frac{1}{8}$,$\frac{1}{16}$的分数单位是$\frac{8}{16}$,不能直接相加,我们把它们都平均分成十份,每份的大小就一样,分数单位也就一样了,$\frac{4}{16}$+$\frac{2}{16}$=$\frac{1}{16}$。

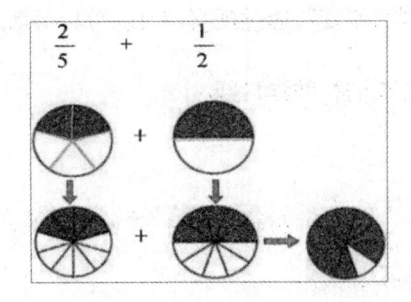

……

图3-6 异分母分数加减法1

师:今天我们共同探究了异分母分数加减法,小学阶段我们还学过哪些加减法?

生:整数加减法、小数加减法。

师:对比一下它们的计算过程,你有什么发现(呈现图3-7)?

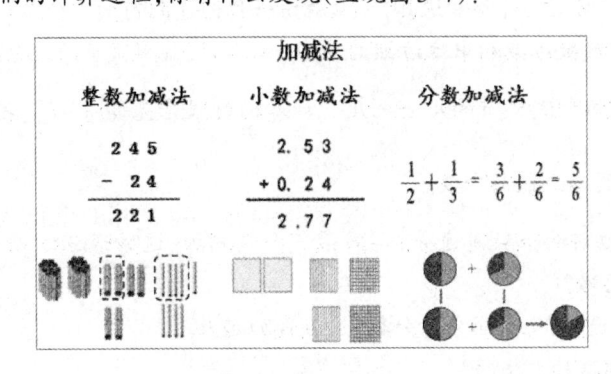

图3-7 异分母分数加减法2

生:不管是整数加减法、小数加减法还是分数加减法,都是相同计数单位相加减。

……

看似和整数加、减法不太一样的"小数点对齐"其实和"末位对齐"一样,都是为了确保"相同数位对齐",而相同数位对齐背后的道理就是"相同计数单位的个数才能直接相加减"。分数加减法与整数、小数加减法也有相同之处,分数单位不变,也就是分母不变,就是把分数单位的个数相加减,也就是分子相加减。实际上,它们的实质都是保证相同计数单位的数相加减,因为加减法的运算本质就是相同计数单位的个数的相加或相减。

上述案例中,通过对比沟通小数加减法、整数加减法、分数加减法的计算道理,感知加减法的计算实质是相同的,引导学生构建小学阶段加减法计算完整知识体系,培养了学生"透过现象看本质"的理性精神。整数乘法、小数乘法、分数乘法,实际上都是计数单位和计数单位的个数相乘。与乘法运算相对照,无论是整数除法、小数除法还是分数除法,商中的计数单位就是被除数与除数计数单位的商,商中计数单位的个数,也是被除数与除数计数单位个数的商。运算的实质都可以看成是对运算结果的计数单位和计数单位个数的探寻与确定。

(三)注重迁移类比,内化方法,感悟思想

数学中相关知识内容通常是由浅入深、由易到难、循序渐进呈现的,其内部联系相当紧密。我们要善于引导学生思考每一个数学知识本身及它的来龙去脉,会运用递进类推策略,进行知识的类推迁移。学习一种新的计算方法,常常需要转化为学过的计算方法来研究,在转化中要善于抓住转化前后两种运算的"变"与"不变",通过观察、对比、分析等活动探索出新的计算方法。

案例一 "异分母分数加减混合运算"教学片断

……

师:仔细观察这个算式 $\frac{1}{5}+\frac{1}{2}+\frac{1}{10}$,和我们之前学过的分数算式有什么不同?

生:这是一个异分母分数连加算式。

师:上节课我们研究的是一步的异分母分数加法, $\frac{1}{5}+\frac{1}{2}+\frac{1}{10}$ 这个异分母分数的连加还会计算吗?

学生尝试计算。

师:老师看到同学们交流得非常认真,下面就请一位同学到前面来介绍一下他的算法。

生1:我是先求的轻微污染和中度污染的城市一共占被监测城市的几分之几,再求受交通噪音污染的城市一共占被监测城市的几分之几。计算的时候是先算 $\frac{1}{5}+\frac{1}{2}$,把他们通分计算出结果后再加上 $\frac{1}{10}$,结果再约成最简分数。

师:这个同学是把前两个数先通分,再同第三个数相加,这种通分方式可以叫作分步通分。谁还有不同的做法、思路?

生2:把三个分数通分,变成同分母分数,然后再加起来。

师:你是怎样想到这种方法的?

生2:前面学习一步的异分母分数加法也是先通分再计算。

师:非常好,你已经懂得运用迁移把前面学到的方法运用到这节课上。

……

生1:我是这样做的:$1-\frac{1}{2}-\frac{1}{3}=\frac{6}{6}-\frac{3}{6}-\frac{2}{6}=\frac{1}{6}$。

师:你用了连减的方法解决这个问题,你先求什么?再求什么?运算顺序是怎样的?

生1:我用单位"1"减去生活噪音,再减去交通噪音,剩下的就是影响城市环境的其他噪音占

几分之几了。按从左到右的顺序依次计算的。

师：在计算的时候,你为什么要把1转化成$\frac{6}{6}$呢？

生：因为$\frac{1}{2}$和$\frac{1}{3}$通分的公分母是6,所以要把1转化成$\frac{6}{6}$。

师：听明白了吗？他讲的怎么样？

生：他的思路清晰,有理有据。

师：非常好,和这个方法一样的请举手,还有其他的做法吗？

生2：我的方法是$1-(\frac{1}{2}+\frac{1}{3})=1-\frac{5}{6}=\frac{1}{6}$。我先算生活噪音和交通噪音一共占几分之几,再用单位"1"减去它们的和,就求出影响城市环境的其他噪音占几分之几了。

师：这种方法的运算顺序是怎样的？

生2：先算小括号里面的,再算括号外面的。

师：回答得非常全面,请坐。

我们来观察$1-\frac{1}{2}-\frac{1}{3}=\frac{6}{6}-\frac{3}{6}-\frac{2}{6}=\frac{1}{6}$和$1-(\frac{1}{2}+\frac{1}{3})=1-\frac{5}{6}=\frac{1}{6}$,它们的运算顺序是怎样的呢？

生：$1-\frac{1}{2}-\frac{1}{3}$是从左往右依次计算,而$1-(\frac{1}{2}+\frac{1}{3})=1-\frac{5}{6}=\frac{1}{6}$是先计算括号里面的,再计算括号外面的。

师：刚才我们所说的这样的运算顺序,以前遇到过吗？

生：整数、小数加减混合运算的运算顺序也是这样的。

师：看来,整数加减混合运算的运算顺序不仅适用于小数,同样也适用于异分母分数加减混合运算。这就是我们今天要学习的异分母分数加减混合运算。

……

师：用你喜欢的方法计算$\frac{1}{3}+\frac{1}{21}+\frac{2}{3}=(\quad)$。

学生独立完成,集体交流。

师：谁能说一下你是怎样计算的？

生1：$\frac{1}{3}+\frac{1}{21}+\frac{2}{3}=\frac{7}{21}+\frac{1}{21}+\frac{14}{21}=\frac{22}{21}=1\frac{1}{21}$。

生2：$\frac{1}{3}+\frac{1}{21}+\frac{2}{3}=\frac{1}{3}+\frac{2}{3}+\frac{1}{21}=1+\frac{1}{21}=1\frac{1}{21}$。

师：你为什么这样做？

生：我看到$\frac{1}{3}$和$\frac{2}{3}$分母相同,可以直接相加,比较简便。前面也学过加法交换律。

师：你非常善于观察数据的特点。请再次观察"$1-\frac{1}{2}-\frac{1}{3}$"和"$1-(\frac{1}{2}+\frac{1}{3})$"这两个算式,你有什么感觉？熟悉吗？

生：这也是一个运算律,是减法的运算性质。

师：你能用字母表示一下这个运算规律吗？

生：$a-b-c=a-(b+c)$。

师：同学们看屏幕,整数、小数和分数加减混合运算有什么相同的地方(呈现图3-8)?

$$\begin{aligned}
&126-59-41 \quad 0.37+2.58+0.42 \quad \frac{1}{3}+\frac{1}{21}+\frac{2}{3}\\
&=126-(59+41) =0.37+(2.58+0.42) =\frac{1}{3}+\frac{2}{3}+\frac{1}{21}\\
&=126-100 \quad =0.37+3 \quad =1+\frac{1}{21}\\
&=26 \quad =3.37 \quad =1\frac{1}{21}
\end{aligned}$$

整数加减混合运算　小数加减混合运算　分数加减混合运算

运算顺序相同

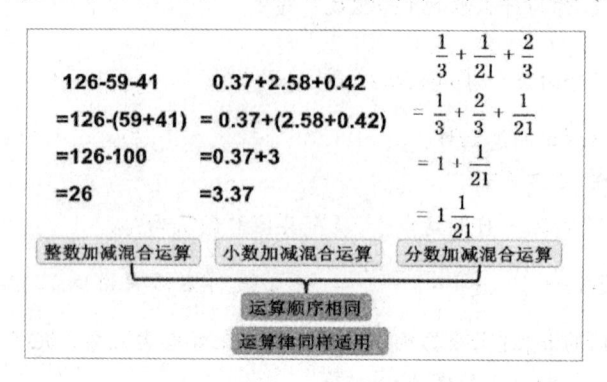

运算律同样适用

图3-8　异分母分数加减混合运算1

生：整数、小数、分数加减混合运算不仅运算顺序相同,运算律也同样适用。

……

上述案例中,教师引领学生多次迁移旧知,自主探究新知,并注重新旧知识之间的联系沟通。第一次迁移是将上节课异分母分数加减法的学习过程迁移到本节课的异分母分数加减混合运算学习中;第二次迁移是沟通了异分母分数加减混合运算的运算顺序同整数加减混合运算的顺序;第三次迁移是将整数、小数的运算律运用到分数运算中。在交流过程中,既注重提升学生的迁移和概括能力,还发展了学生严谨缜密的思维品质和有序的语言表达能力。

案例二　"除数是小数的除法"教学片断

……

师：$38.5 \div 2.2$的精确结果到底是多少呢?请你结合上节课的学习经验,自己独立计算,完成之后和小组同学交流各自的想法。

学生自主探究,小组合作交流。

生1：我是换算单位来算的。38.5米=385分米、2.2米=22分米、$385 \div 22=17.5$。

师：你真有办法。看来,除数是小数的除法也可以用单位换算的方法解决。还有其他想法的吗?

生2：我们是根据商不变的性质,把38.5和2.2同时扩大到原来的10倍计算,$385 \div 22=17.5$。

师：有理有据!大家听明白了吗,他这样计算的依据是什么?

生：根据商不变的性质,被除数和除数同时乘或除以相同的数(0除外),商不变。

师：你听的真认真,刚才同学们用了两种方法计算$38.5 \div 2.2$,比较这两种方法,它们有什么共同点?

生：虽然方法不同,但实质上都是把除数转化成整数进行计算。

师：你真会发现!又用到了转化,这节课的转化和上节课的有什么不同(呈现图3-9)?

生：上节课是把被除数转化成整数进行计算的。

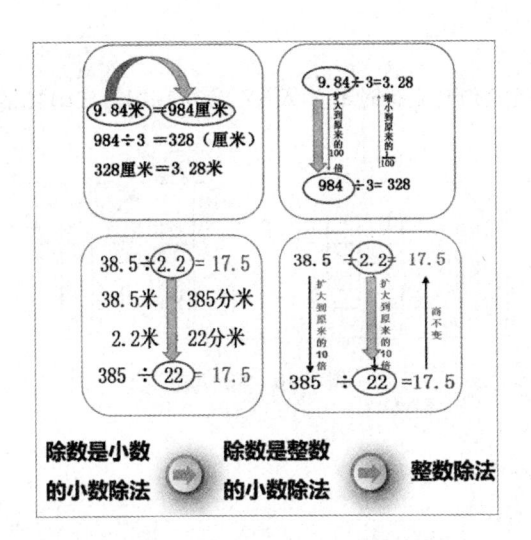

图 3-9　除数是小数的除法 1

师：上节课我们是把除数是整数的除法转化成整数除法进行计算的。这节课呢？

生：这节课我们是把除数是小数的除法转化成整数除法进行计算的。

师：对，知识之间是密切相关的，今天遇到的新问题，只要我们能想办法把其转化为以前学过的旧知识，那么问题就可以迎刃而解了。

……

除数是小数的除法是在除数是整数的除法的基础上进行教学的。上述案例中，教师通过在重点处启发引导，帮助学生调动已有的认知结构，找到新旧知识之间的关联，较好地沟通整数除法与小数除法的算理及算法，把新知识纳入已有的知识结构之中，渗透了转化这一数学思想。

案例三　"8加几"教学片断

……

师：老师发现很多同学想出了好方法，请把你的好方法在小组内交流一下好吗？

学生小组讨论交流，教师巡视。

师：谁愿意代表自己的小组来说说想法？

生1：先摆8根小棒，再摆7根，从7根里面拿出2根给8，凑成10根，再加上5根就是15。

师：为什么从7根里拿出2根给8？

生：从7根拿出2根是为了和8根凑成10。

师：为什么要凑成10？

生：这样一眼就能看出答案是几。

生2：我是先算8+2=10，再算10+5=15。

师：2从哪儿来的？

生2：把7分成2和5，就能把2和8凑成10。

师：这种方法你熟悉吗？

生2：我们学9加几的时候就是用的"凑十法"。

师："凑十法"真是一个好方法，帮我们将8+7转化成了10+5。

……

师：同学们请看，这是我们刚刚做过的算式(呈现图3-10)，仔细观察这几个算式，你能发现哪些规律？

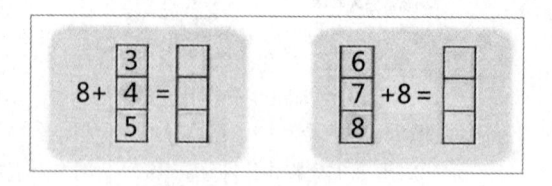

$$8+\begin{array}{|c|}\hline 3\\\hline 4\\\hline 5\\\hline\end{array}=\square \qquad \begin{array}{|c|}\hline 6\\\hline 7\\\hline 8\\\hline\end{array}+8=\square$$

图3-10　8加几1

生1：一个加数都是8。

生2：第二个加数一个比一个大1。

生3：和一个比一个大1。

师：刚才我们是从上往下观察的，那从下往上又是怎样变化的呢？

生4：一个加数不变，另一个加数一个比一个小1，和也一个比一个小1。

生5：和的十位都是1，个位数都比第二个加数少2。

师：谁听懂了他的发现，能上来指着说一说。

生6：和的十位都是1，个位上的数比这个加数少2。

师：少的2去哪了？

生6：和8凑成10了。

师：之前我们学9加几的时候，也发现了其中的规律，和我们今天学的8加几的有什么不同呢？

生：9加几和的个位上的数比第二个加数小1，而8加几的小2。

师：为什么9加几和的个位上的数比第二个加数小1，而8加几的小2？

生：因为9和10相差1，8和10相差2。

……

从上例可以看出，运算能力不光体现在"会计算"方面，更体现在学生能主动把握"算理"的内涵，利用旧知进行主动迁移、类比、推理，把学习"9加几"的学习经验有效地迁移类推到"8加几"，巩固"凑十法"和"推算法"。在梳理"8加几"算式规律这个环节，教师引导学生通过观察、分析、比较，找到加数与和的关系，并引导学生沟通"8加几"和"9加几"的不同，加强知识间的联系，帮助学生积累数学活动经验。

(四)关注数据特点，寻求合理简洁的运算方法

学生能寻求合理简捷的运算途径进行计算是运算"快"的关键。寻求合理算法，具体有两个方面的含义：一是解决纯数值计算问题时，可以是在探索多样算法基础上的优化，探寻并获得基本算法，也可以是找寻符合运算律(性质)的简便算法；二是解决与生活密切联系的实际问题时，运算方式是选择估算还是精算，选择怎样的方法估算，或者是采用怎样的方法精算。"寻求合理算法"不可或缺，它与"算理与算法"是共同支撑运算能力的核心概念与关键要素，是运算能力的重要内涵。

案例一　"异分母分数加减法"教学片断

……

师：$\frac{2}{5}+\frac{1}{2}=$？请同学们自己算算试试。

生1：我是把异分母分数转化成小数，$\frac{2}{5}=0.4$，$\frac{1}{2}=0.5$，所以$\frac{2}{5}+\frac{1}{2}=0.4+0.5=0.9$。

生2：我是先通分，后计算$\frac{2}{5}+\frac{1}{2}=\frac{4}{10}+\frac{5}{10}=\frac{9}{10}$。

……

师：请大家计算这道题$\frac{1}{3}+\frac{1}{2}=($　　$)$。

生：先通分，后计算$\frac{1}{3}+\frac{1}{2}=\frac{2}{6}+\frac{3}{6}=\frac{5}{6}$。

师：没有转化为小数再计算的同学吗？为什么大家都用通分的方法呢？

生1：把分数化成小数比较麻烦，并且有一定的局限性。

生2：通分的方法比较简单，是通用的。

……

上述案例，在探究$\frac{2}{5}+\frac{1}{2}$的计算方法时，学生都想到了借助学习小数加法和同分母分数加法来计算，教师并没有强调优化算法。而是让学生利用自己喜欢的方法进行计算$\frac{1}{3}+\frac{1}{2}$，学生在解决问题的过程中，自己感受到计算时要根据数据的特点，去选择合适的方法，通分方法的普适性及计算方法的优化都是学生自己主动习得的，这就促进了学生运算能力的提升。

案例二　"估算"教学片断

……

师：在生活中也经常用估算来解决实际问题（课件呈现习题）。音乐厅一共有12排，每排35个座位，一年级有350名同学来听课，座位够吗？

师：怎样才能知道座位够不够呢？想一想，记录在题纸上。

投影展示：（估大）　　　　　　　　（估小）

　　　　　　40　　　　　　　　　　10

　　12×35≈480（个）够　　　12×35≈350（个）够

师：同学们出现了两种不同的情况，请说说你们的想法。

生1：我们把35估成40，结果是480，座位够了。

生2：把35估成40，估大了，实际没有480个座位，还不一定够。我们认为应该估小。估小了都够了，实际座位比350多。

师：你同意哪个观点？

生3：我同意估小的方法，把12估成10，估小了是350，实际座位比350多，肯定够了。

师：判断座位够不够，要用估小的方法。大家再来看这个问题，（课件出示）王老师要给山区的小朋友买36个书包,每个书包58元,王老师要准备多少钱才能够?

师:解决这个问题要怎么估呢?

生:要估大,多带钱,免得不够。

师:如果你是收银员,要收多少钱?这要怎么估呢?

生:不能估,要求出准确结果。

师:看座位够不够,要往小估;带钱购物要往大估;付钱又不能估算,到底怎么来判断和选择呢?

生:根据实际情况判断、选择估算方法。

师:的确,解决生活中的问题要根据实际情况来判断、选择合适的计算方法。

……

结合现实生活中学生比较熟悉的"座位"和"购物"的具体情境,通过练习让学生对是否需要精确计算进行深入的判断与思考,让学生了解什么情况下不需要精确计算,通过估算就能够解决;什么情况下需要估大,什么情况下需要估小,什么情况下不能估算而需要精确计算,从而培养学生根据具体情境灵活判断与选择方法的意识和能力。

(五)关注练习效率,夯实运算基本功

《义务教育数学课程标准(2011年版)》指出,"运算能力是在不断地运用数学概念、法则、公式,经过一定数量的练习而逐步形成的。"有效的计算练习,是学生巩固所学计算知识,形成技能、技巧,发展思维,提升运算能力的重要途径。

1. 夯实基础,重视口算技能提升

口算是运算能力的一个重要组成部分,是笔算、估算的基础。笔算、估算技能的形成直接受到口算准确和熟练程度的制约。因此,要加强口算的教学和训练,切实打牢计算基础。

(1)沟通联系,逐层推进。计算练习的内容与新知识的学习一样,是呈螺旋上升的,运算能力的提升,也需打好地基,层层递进。"20以内的加减法"和"表内乘除法"是计算教学的根,而"20以内进位加法"中的"数的组成"训练,"20以内退位减法"中的"退位"训练,又是提升"20以内加减法"正确率的关键知识点。"20以内加减法"又是提升"100以内加减法"计算正确率的基础。"同数连加"又是"表内乘法"的重要基础。夯实这些基础知识,才能有效提升运算能力。

(2)持之以恒,熟能生巧。每节课可根据教学内容,课前安排2~3分钟时间进行口算训练,包括视算、听算、抢答、口算游戏等,每过一段时间进行口算比赛。一些常用的数据,在理解的基础上要求学生熟记。如$\frac{1}{2}=0.5$,$\frac{1}{4}=0.25$,$\frac{1}{8}=0.125$,$\frac{3}{8}=0.375$,$\frac{5}{8}=0.625$等,在学生理解的基础上逐步达到自动化的程度,这些数据要熟记于心。

(3)分析错例,针对性提高。错题不改,下次还会错,只有找出原因才能进步。教师在教学中应避免一刀切,寻找错误中的诊断点,建立错题档案,对于学生易出错的题目,组织学生通过小组交流,发现问题,分析根源,找出病因,然后让学生独立订正错误。教师再有针对性地设计一定数量的仿例练习,有的放矢进行训练,切实克服常犯的计算毛病,降低学生再犯类似错误的概率,提高计算的准确率。

2. 关注习惯养成,促进技能提升

(1)认真审题的习惯。审题要细心,计算时先观察题目的特征,看清每个原始数据和运算符号,分析数据特点与运算之间的关系。一要审数字符号和运算符号,二要审运算顺序,三要审计

算方法的合理简便。

(2)检查验算的习惯。检查是计算过程中不可缺少的一部分。检查验算不仅可以看出计算过程和结果是否正确,还能培养学生自我评价能力,深化反思意识。检查不是重写,第一,检查解题是否符合题目的要求;第二,看看有没有抄错符号和数字;第三,检查计算顺序;第四,检查每步计算结果是否准确。良好的学习习惯是提高计算能力的重要条件。

四、"运算能力"达成度习题评价研究实践

案例一 《数学》(青岛版)小学四年级上册第三单元"三位数乘两位数"习题(呈现图3-11)

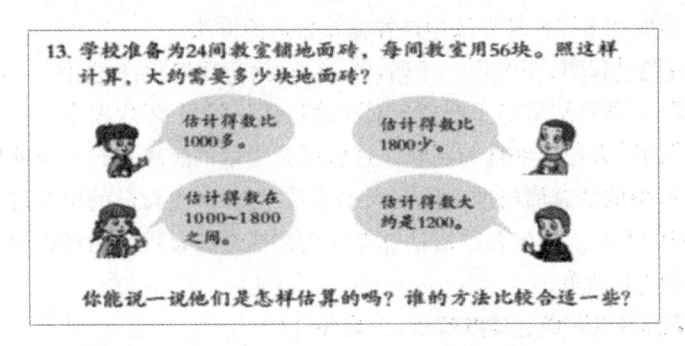

图3-11 "三位数乘两位数"习题1

1. 习题测查知识与素养点剖析

此题是在学习了图3-12例题内容后对估算方法的进一步巩固和拓展。

图3-12 "三位数乘两位数"习题2

习题选取了"教室铺地面砖"这一具体问题情境,引导学生对给出的四种不同估算结果进行讨论。首先,根据估算结果想到估算方法;然后,判断估算策略是否合理,这道习题测查了学生的估算能力水平。估算是运算能力不可缺少的组成部分,它反映了学生是否会分析运算条件及能否灵活选择估算方法,这种数学操作能力体现了学生运算能力水平的高低。

学生解答此题要运用的知识有:

(1)"小估凑整十"估算;

(2)"大估凑整十"估算;

(3)"四舍五入法"估算;

(4)根据估算值确定取值范围。

解答此题的难点是题目呈现了四种不同的估算结果,学生要针对估算结果逐一思考与之对应的估算方法,最后要在多种估算方法中选择比较合适的方法。

在解答这道习题过程中,要经历三个阶段:第一,化简数据,目的是便于口算;第二,口算求值;第三,调整结果,使估算结果趋于合理。对于这道估算问题,不仅要求学生掌握估算技能,还要求学生能对估算的结果做出推理和判断。这就需要学生的思维达到一定的抽象、概括和反省水平,学生要反思所得的估算值与准确值的大小关系,然后调整自己的思维过程,尽可能缩小估计值与准确值之间的差距。学生在感悟估算方法的多样性和合理性的过程中,既能发展运算能力,还能促进推理能力的提升。

2. 学生答题情况及素养点达成度解析(见表3-1)

表3-1 典型习题学生答题状况及素养达成度分析

学生答题情况	素养达成度剖析
24×56=1344,把精确值与题目中的四种估算结果比对,发现误差大,所以都不合适	估算意识弱,估算方法没掌握
24×56=1344,把精确值与题目中的四种估算结果比对,发现"1200"最接近1344,所以"估计得数大约是1200"比较合适	估算意识弱,估算方法没掌握。但明白估算值应该接近于准确值
24×56可以这样估算:24≈20,56≈60,20×60=1200,所以24×56≈1200。然后精确计算24×56=1344,发现估算值与精确值较接近,所以"大约是1200"比较合适	能够使用"四舍五入法"将一个数往大估,将另一个数往小估进行估算,但是过于依赖精算
24×56可以这样估算:24≈20,56≈60,20×60=1200,所以24×56≈1200。一个因数往大里估,另一个因数往小里估,这样估算结果既不会偏的太大,也不会偏的太小,会在1200上下,所以"大约是1200"比较合适	能够使用"四舍五入法"将一个因数往大估,将另一个因数往小估进行估算,也能对估计值与精确值进行比较、分析与判断,做到有理有据。但是忽略了估算结果可以多样性,没有全面分析每一种估算方法的科学性和估算结果的合理性
24×56可以这样估算:24≈20,56≈50,20×50=1000,所以24×56≈1000。因为是把24和56都看小了,所以所得的估算值比精确值偏小,所以"比1000多"比较合适	能够使用"小估凑整十"进行估算,也能对估算值与精确值进行比较、分析与判断。但是不能灵活运用多种估算方法加以分析与判断,使得估算值偏离精确值较大
24×56可以这样估算:24≈30,56≈60,30×60=1800,所以24×56≈1800。因为是把24和56都看大了,所以所得的估算值比精确值偏大,所以"比1800少"比较合适	能够使用"大估凑整十"进行估算,也能对估算值与精确值进行比较、分析与判断。但是不能灵活运用多种估算方法加以分析与判断,使得估算值偏离精确值较大

续表

学生答题情况	素养达成度剖析
24×56既可以把24和56往小里估得到24×56≈1000;也可以把24和56往大里估得到24×56≈1800。所得结果肯定比1000大、比1800小。所以"1000～1800"比较合适	能够使用"大估凑整十""小估凑整十"两种估算方法找到精确值所在的范围,估算能力较强,但是忽略了估算结果可以多样性,没有全面分析每一种估算方法的科学性和估算结果的合理性
认为这四种都比较合适	掌握了"小估凑整十""大估凑整十""四舍五入法",根据估算值确定取值范围等估算方法,也知道估算结果的不唯一性,但是不能进行再反思、再调整,把估算值落在更趋于合理的位置上
用"四舍五入法"将一个因数往大估,将另一个因数往小估进行估算,这样估算结果既不会偏的太大,也不会偏的太小,会在1200上下,所以"大约是1200"也比较合适	能够根据具体情境用多种不同的估算方法进行估算,通过不断反思和调整,能全面分析每一种估算方法的科学性和估算结果的合理性,把估算值落在更趋于合理的位置上,更好地解决实际问题

案例二 创编习题

一辆汽车行驶100千米的平均耗油量为8.5升,要行驶420千米,40升油够不够?

1. 习题测查知识与素养点剖析

此题是对教材习题的巩固和拓展。教材习题6(呈现图3-13)是巩固用"小估"的估算方法解决实际问题,既可以小估一个数,也可以小估两个数。教材习题7是用"大估"估算方法解决的实际问题。教材如此用心的安排,就是引导学生通过横向与纵向的比较与分析,让学生能够根据具体的情境和解决实际问题的需要,选择合适的估算方法,使估算的灵活性和选择性得到有效提升。

> 6. 儿童剧院有24排座位,每排能坐36人。实验小学有600名学生能坐下吗?
>
> 7. 从北京到济南每张火车票195元。一个旅游团有28人,准备6000元买火车票够吗?

图3-13 创编习题

但是,像这样的估算练习比较集中地出现在了青岛版教材四年级上册的第三单元和第五单元,其他年级涉及较少,建议教师在每个学段设计此类练习。创编习题可以在学生学习了小数乘法(五年级上册)之后,考查学生是否能根据题目需要选择估算方法解决实际问题。

学生解答此题要运用的估算知识有:

(1)"小估"估算法;

(2)"大估"估算法;

(3)"四舍五入"估算法。

解答此题的难点:

(1)选择估算还是精算;

(2)如果用估算,选择哪种估算方法能够解决实际问题;

(3)通过比较、分析估算值与精确值的大小关系,怎样做出合理的判断。

要解决"够不够"的问题,并不是只能针对题目所给条件算出具体耗油多少升,然后进行比较,而是要求学生把解决问题的途径进一步拓宽,唤醒估算经验,能根据问题情境提供的数学信息做出合理的预测和判断。在估算时,学生会用到以往的估算经验,把复杂的数据估计成方便口算或计算的数据,根据估计值、精确值和40的大小关系进行合理判等。能灵活选择估算方法、准确进行口算和计算是运算技能的培养;能够有理有据地分析并做出判断是数学逻辑思维能力的培养。

2. 学生答题情况及素养点达成度解析(见表3-2)

表3-2 典型习题学生答题状况及素养达成度分析

学生答题情况	素养达成度剖析
420÷100×8.5 =35.7(升) 35.7<40 答:40升油够了	估算意识弱,不会根据题目的问法选择合适的估算方法解决实际问题,但是能根据题意列式并精算得到正确结果
420÷100×8.5 =4.2×8.5 ≈4.2×9 =37.8(升) 37.8<40 答:40升油够了	能根据题意列式,并根据题目的问法选择"大估"的方法进行估算,能想清楚平均每100千米的耗油量如果变大所得结果都比40小,多以精确值肯定比40小。得到正确的判断
8.5÷100×420 =0.085×420 ≈0.09×420 =37.8(升) 37.8<40 答:40升油够了	能根据题意列式,并根据题目的问法选择"大估"的方法进行估算,能想清楚平均每100千米的耗油量如果变大所得结果都比40小,多以精确值肯定比40小。得到正确的判断
420÷100×8.5 =4.2×8.5 ≈4×9 =36(升) 36<40 答:40升油够了	有估算意识,能够使用"四舍五入法"将一个因数往大估,将另一个因数往小估进行估算,但是对估计值与精确值进行比较、分析与判断的意识较弱,36与40很接近,一个估大一个估小很可能会影响结果的判断。虽然结论对了,但是这种估算法不严谨
420÷100×8.5 =4.2×8.5 ≈5×9 =45(升) 40<45 答:40升油不够	有估算意识,能根据题目的问法选择"大估"的方法进行估算,但是如果把两个因数都变大,估计值比精确值要大,估计值也比给定的40大,通过这两个大小关系,没有办法明确精确值与40的大小关系,因此出现判断错误
8.5÷100×420 =0.085×420 ≈0.085×400 =34(升) 34<40 答:40升油够了	有估算意识,能根据题目的问法选择"小估凑整百"的方法进行估算,但是将一个因数变小,所得的估计值比精确值要小,估计值也比给定的40小,通过这两个大小关系,没有办法明确精确值与40的大小关系,虽然结论对了,但是这种估算法不严谨

五、基于"运算能力"提升的习题教学策略

《义务教育数学课程标准(2011年版)》对估算提出了明确要求:要求第一学段的学生"能结合

具体情境,选择适当的单位进行简单估算,体会估算在生活中的作用",在第二学段提出"在解决问题的过程中,能选择合适的方法进行估算"。这一要求,使得估算在数学教学中的地位得到了加强,也使估算教学逐步从"边缘"走向"常态"。当学生面对一个实际问题,为了寻求问题的答案需要计算时,学生能否根据问题的情境合理地选择使用估算、心算、笔算和计算器来算,需要教师重点加以关注。

策略1:掌握估算方法,提高估算技能

估算教学不仅是教会学生解题,还要让学生掌握估算方法。估算的方法是多样的,不仅可以把数往小估、往大估、往中间估,还可以用四舍五入法和看成整十、整百估等方法。教师应该从学生的实际出发,尊重学生的个性特征,允许不同的学生从不同的角度认识问题,采用不同的方式解释估算的过程,促使学生进行比较和优化,实现用多样的估算方法解决实际问题,真正引导学生根据具体的情境和解决实际问题的需要,选择合适的估算方法。

策略2:对比感悟,体验估算策略的使用价值

当学生明确了这道题使用估算方法更为简洁时,可能会出现"大估""小估""四舍五入估"等不同的估算方法,此时,估算教学的好时机又产生了。教学时,不能侧重于估算技能的训练,应该引导学生根据具体情境选择合适的估算方法并做出合理分析与判断。教师可以将不同的估算方法进行展示,引导学生对比"到底哪一种估算方法更合理?"鼓励学生在交流时合情推理,在倾听时提出质疑,在思辨中进一步明确"小估"方法的不合理性、"四舍五入"估法的不确定性,只有"大估"方法才能有理有据地做出正确判断,但是"大估"方法也要注意把握"度"的问题,如果将两个因数都"大估"使得估计值太大,就会没有办法明确精确值与事实的大小关系。教师就要在对比上做足了"文章",适时给估算教学增加"营养",使估算教学有更多的载体,进一步使学生体验不同估算策略的使用价值。

策略3:有效评价,反思估算方法的科学性和估算结果的合理性

在估算教学中,我们经常会听到"比一比谁估得最准""××同学最聪明,估的结果最接近准确值"等类似的评价。其实在估算时,并不是估算结果与精确值越接近的就越好,在评价学生多样性的估算结果时,要注意把握以下三点。

(1)关注估算要求的阶段性。不同年龄段的学生,对估算要有不同的评价标准。如低年级学生刚接触估算时,估算结果允许落在一个较大的区间内,高年级学生已经有了一定的估算经验,就要引导他们不断进行再反思、再调整,把估算的结果能落在更趋于合理的位置上。

(2)关注估算过程的策略性。学生用估算方法解决实际问题时,其方法具有多样性。如何评价学生的多种答案,对教师是一种挑战。学生阐述自己的方法后,教师要引导学生组织"二次反思",比较各种估算方法的优势与不足,及时调整自己的思维过程,充分体现教学过程的开放性。

(3)关注问题解决的合理性。一方面从估算能力的培养角度看,学生在解决问题之前必须首先要作出判断:该"估算"还是"精算"? 在充分的思维活动中,学生慢慢明晰"估算"在什么时候用,"精算"又在什么时候用。正如著名特级教师吴正宪所言:教师要设计出好问题,让学生体会到估算的必要性,引导学生在问题情境的对比中选择估算或精算。另一方面由于估算的方法并不唯一,要根据具体问题灵活地选用合适的估算方法,所以教学时,不局限于学生估算结果的呈现,而是要给学生交流、解释估算过程的机会。每个学生都有不同的估算思路,只要恰当合理都可以,都要进行鼓励。

虽然在日常生活中用到估算的例子很多,可是适合学生、贴近学生现实生活的教学素材却不常见。在解决案例二中的创编题目时,学生肯定会出现精算和估算两种解决方法。教师不要急于评价孰对孰错,可以引导学生对比这两种不同的计算方法,讨论交流每一种方法的优势与劣势,从中体会哪种方法更为简便。在辩论中,学生会进一步感悟"什么时候要用估算""为什么要用估算来解决"。在平时的教学中,教师如果能充分利用教材资源,不断挖掘现实素材,创设适当的问题情境,提出有价值的问题,有效创设估算氛围,就能够引导学生在具体情境中选择估算或精确计算来解决问题,培养学生的估算意识。

运算技能不是一朝一夕就能形成的,需要一个循序渐进的、扎实有效的训练过程巩固。在培养学生运算能力的过程中,需要引导学生在明确算理的过程中掌握计算方法,需要学生把外显的直观操作活动与抽象的数学思维相沟通,在学习运用中不断地理解和内化,还需要培养学生良好的计算习惯,恰当地对学生进行有效评价才能逐步提高。

第二节 空间观念

空间观念是指物体的形状、大小、位置在人脑中的表象,是一个人对周围环境和实物的直接感知。空间观念是重要的数学思维能力,具有高度的抽象性和概括性,是构成数学核心素养的主要内容,发展学生的空间观念是数学教学的核心任务。

一、"空间观念"含义解读

《义务教育数学课程标准(2011年版)》中阐述:空间观念主要是指根据物体特征抽象出几何图形,根据几何图形想象出所描述的实际物体;想象出物体的方位和相互之间的位置关系;描述图形的运动和变化;依据语言的描述画出图形等。这是一个包括观察、想象、比较、综合、抽象分析,由低到高不断向前发展的、认识客观事物的过程,是建立在对周围环境直接感知基础上的、对空间与平面相互关系的理解和把握。

小学生空间观念的表现,主要就是在所学几何形体的现实原型、几何图形与它们的名称、特征之间建立起可逆的"刺激—反应(联想)",包含了图形的抽象、图形的识别、图形性质的再现以及立体图与三视图、展开图的转换。会抽象、会想象、会描述是学生空间观念发展的重要标志。

二、小学生"空间观念"的培养价值

空间观念的建立与形成,能帮助学生观察事物、了解社会、认识世界,是促进学生学会观察、学会思考、全面发展的基本素养。

(一)有利于学生创新精神的培养

空间观念是学生创新所需的基本要素,没有空间观念,几乎谈不上任何发明创造,因为许许多多的发明创造都是以实物的形态呈现的,作为设计者要先从自己的想法出发,画出设计图,然后根据设计图做出实物模型,再根据模型修改设计,直至最终完善成型,这是一个充满丰富想象和创造的探究过程,也是人的思维不断在二维和三维空间之间转换,利用直观进行思考的过程。不把脑子

里的新想法(空间)写成文字、画成图纸(平面),新想法就无法实现;不能通过文字图纸(平面)读懂设计者的想法(空间),再好的设计也只是纸上谈兵。由此可见,明确空间观念的意义,认识空间观念的特点,发展学生的空间观念,对培养学生具有初步的创新精神和实践能力是十分重要的。

(二)有利于深度发展学生的数学思维能力

从心理学视角看,与空间观念有着紧密联系的概念有空间知觉、空间表象、空间想象和空间能力。一般来说,从知觉到表象,到想象,这三种认知水平是递进发展的。空间能力是以空间形式为主要对象,以空间知觉、表象和想象为主要心理活动过程,在头脑中进行几何抽象、分析与综合、判断与推理的思维能力。简言之,所谓空间能力主要是特定领域内的思维能力。众多研究已经表明:空间能力对从事数学研究和科学、技术工作甚至一般工作的人来说,都是重要的,经过一定的训练可以提高数学高阶思维水平。因此,小学生空间观念的培养对于提高空间能力,深度发展学生的数学思维能力具有重要意义。

(三)有利于培养学生用数学的眼光看世界的意识

空间观念是认识世界的重要能力。人类的生存依赖于空间,新生儿睁开眼的一刹那,最先感知到的就是空间,儿童生活在现实空间,现实是想象的基础。空间观念是现实世界中的物体的形状大小、位置关系及运动变换在人脑中的映象,来自现实生活中真实存在的图形让学生了解到学习数学的意义。以实物为例,每天使用的毛巾的反应联想是,这是一个长方形、它的对边相等、四个角都是直角等。看到蛋糕盒,头脑中会出现它的立体图、三视图以及展开图,想到它的顶点、棱、面等特征。学生通过空间想象,能看到更为广阔的想象世界,空间观念的发展有助于他们更好地生存、活动和成长。

三、"空间观念"提升的教学策略

皮亚杰的认知发展理论指出:"儿童空间观念的演化是在知觉水平和思维水平上进行的。"小学生的空间观念具有很强的直观依赖性,学生通过观察、操作等直观感知可以建立丰富的表象,对这些表象再进行加工,形成空间想象。空间表象是空间观念发展的起点,空间想象是形成空间观念的助推要素。

(一)通过观察感知,形成空间表象

观察是思维的"触角",是一种有目的、有顺序、持久的视觉活动,它是小学生获得初步空间观念的主要途径之一。表象是客观事物经过主体观察感知之后在头脑中所留下的形象,表象是形象思维的基础元素。通过对实物、模型、图形进行充分的观察活动,能从整体上感知数学对象,逐步积累丰富的几何表象。图形认知的观察注重让学生形成"观察一类图形—发现共同特征—形成几何概念"的思维模式,而对图形关系的观察,应注意在观察中思考图形之间的联系,凭借数学直觉得出结论。学生通过观察,能逐步获得有关几何形体的表现,建立起正确的几何概念,从而形成良好的空间观念。

案例一 "长方体和正方体的认识"教学片断

……

师:老师这里有一个土豆,仔细观察,我竖着切一刀,你发现了什么?

生:出现一个面。

师:你来摸一摸,什么感觉?

生:这个面平平的。

师:我再切一刀,观察一下,又有什么新的变化?

生1:又多了一个平面。

生2:多了一条边。

师:这条边是怎么形成的?

生:是由两个面相交而成的。

师:两个面相交的线叫作棱。

师:切第三刀,观察又有什么新变化?

生1:多了两条棱。

生2:多了三个角。

生3:又多了一个点。

师:谁来指一指新增的点?数一数它是由几条棱相交而成的?

生:三条棱相交而成的。

师:三条棱相交的点叫作顶点。

……

以上教学环节,将数学知识的学习以最原始的状态呈现给了学生,学生感受得真切,体验得真实。通过观察活动,学生形象、生动地经历了面、棱、顶点逐渐生成的过程,既认识了长方体的面、棱、顶点,还了解了点、线、面、体之间的内在联系,逐步建立了长方体的空间表象,并与抽象思维结合,初步形成概念。

案例二 "角的认识"教学片断

……

师:小明同学从这幅图上(呈现图3-14)看到了三角板上有角,请大家都拿出你的三角尺,能找到它上面的角吗?它在哪里?

图3-14 角的认识

学生找三角尺上的角。

师:用手摸一摸你三角尺上的角,有什么感觉呢?我们一起来交流一下。

生1:我摸了摸这里(顶点处)尖尖的,扎手,还有点疼。

生2:我摸了摸这里(两条边),很平,很直。

……

师：你能用手中的小棒摆一个角吗？

学生用小棒摆角，摆完后和同桌交流一下。

师：你为什么这样摆呢？这个地方（顶点处）分开行不行？

生：不能分开。

师：你们能用线做一个角吗？

两位同学到台前，用线做一个角。

师：如果线松一下，弯曲了行不行？

生：不行，必须是直直的。

师：下面我们尝试用尺子来画一个角。

教师示范，学生尝试画角。

师：谁能说说角是由什么组成的？

生1：角有一个顶点。

生2：角有两条直直的边。

……

上述教学片断中，教师给学生提供充分的探究空间，让学生在指一指、摆一摆、做一做、画一画、说一说等活动中，感悟、体验、认识角的组成和特点。学生对"角"的描述，更多的是运用日常生活经验的语言来描述的，借用生活经验中的"角"，说"角"是"尖尖的"，但这也呈现出学生由实物认知最后抽象成图形的过程，学生的空间观念也在这一过程中逐步发展提升。

案例三 "梯形的认识"教学片断

……

师：你能判断一个图形是不是梯形吗？将下列图形中（呈现图3-15）的梯形圈起来。

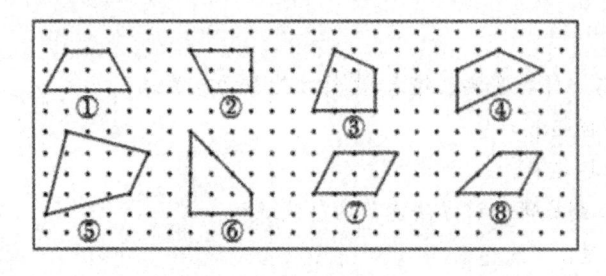

图3-15 梯形的认识1

师：哪位同学能说说哪些图形是梯形？

生：①②④⑥⑧是梯形。

师：为什么这些图形是梯形？

生：因为它们都是只有一组对边平行的四边形。

……

师：图3-16中的图形中，（   ）是三角形，（   ）是平行四边形，（   ）是梯形。

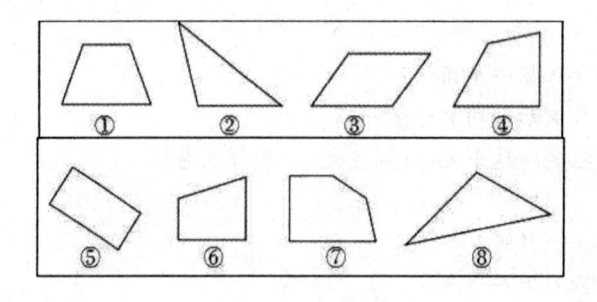

图3-16 梯形的认识2

学生练习。

……

数学表象以感知为基础,学生感知的素材越丰富,建立的表象就越具有概括性。学生对图形的感知,往往还偏重于观察对象较强的直观性的属性特征,比如,对水平放置的梯形的特征识别得比较准确,而对一些"斜置"的梯形变式图形的识别就会感到不那么肯定。上述案例中,教师在新授环节借助"标准图形"让学生观察图形的本质特征,练习中丰富了素材,呈现了性质同构的多种"变式图形",学生在观察比较中感悟图形特征,正确建立了图形表象。

(二)注重操作体验,构建空间表象

皮亚杰说过:空间观念的形成不像拍照,要想建立空间观念,必须有动手做的过程。摆实物、做模型、画图形等动手操作活动,能调动多种感官,将眼前的物体、画出的图形、头脑中的表象有机地联系在一起,更直观地凸显出几何图形、形体的特征,使学生并不是一味地识记那些形状、名称或规则,而是通过自己的操作活动,经历尝试、想象、推理、验证、思考的过程,才能把握几何概念或几何图形的本质,逐渐推进形成空间观念。

案例一 "长方体和正方体的表面积"教学片断

……

师:老师想把两本一样的字典包起来,怎样才能节约包装纸?

生1:把两本字典摞起来。

生2:把书竖起来摞起来。

师:听明白了吗?到底哪一种方法能节约包装纸?

生1:有点不太清楚。

生2:最好摆出来看一看。

师:看来只是去听同学们讲述用包装的方法,还不是很清晰。请同学们以小组为单位,借助教师给提供的两本字典来实践操作研究一下有哪些不同的包装方法?

学生利用两本词典探究包装的方法。

生1:两个大面重合在一起。

生2:两个中面重合在一起。

生3:两个较小的面重合在一起。

师:这三种方案大家都听明白了吗?

生:清楚。

师:找出了这三种方案,哪一种方案比较节省包装纸?还需要大家怎样?

生:需要测量算一算。

……

从上例可以看出,在遇到新问题时,学生习惯性地用语言去描述自己的想法,动手操作对于用语言难以表述清楚之处,具有更直观清晰的优势,进而还能起到启发学生思维、发展空间想象力的作用。在这个过程中,学生结合动手操作对形成的表象进行描述、思考、比较,有效促进了学生空间观念的发展。

案例二 "长方体和正方体的认识"教学片断

……

师:我们找到了长方体的6个面,那长方体的这6个面都有什么样的特征呢?长方体是立体的,看起来比较麻烦,你能不能想个办法便于我们研究?

生:把长方体放到纸上描下它的面就容易研究了。

师:对,咱们在学习长方形时,就是把面从长方体上"请"下来研究的。你能想到学过的方法真棒!老师为每位同学准备了格子纸,你能不能把长方体的面画在格子纸上(呈现图3-17)?

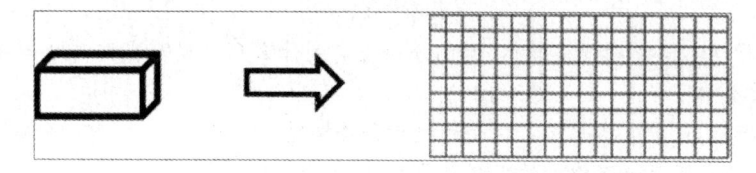

图3-17 长方体和正方体的认识

(1)把长方体的"面"画到格子图上。

(2)在画出来的"面"内用"(   )×(   )"的形式表示出来。

学生独立尝试画面。

师:画完的同学仔细观察画出的面,看有没有什么发现?小组内交流一下。

生:长方体有6个面,每两个面是一样的。

师:你怎么知道这两个面是一样的?

生:我从数据上知道,这两个面长的格子数和宽的格子数是一样的,说明这2个面大小、形状都一样。

师:这两个面大小、形状都一样,我们就说这两个面完全相同。你能在长方体学具上指出这些完全相同的面吗?

学生边指长方体学具边交流:上面和下面是完全相同的面,左面和右面也是一组相同的面,前面和后面是一组相同的面。

师:我们找到了3组完全相同的面,你发现这些相同的面有什么特征呢?

生:都是相对着的。

师:这3组相对的面完全相同。大家看,这位同学画的6个面是什么形状的?

生:这6个面都是长方形。

师:大家来看,这个同学只画了3个面,你能说说想法吗?

生：因为相对的面完全相同。

师：因为相对的面完全相同，所以相对的面只画一个就可以了，你真是爱思考的孩子。

师：来看看这个同学画的，为什么只画2个面呢？

生：我发现6个面里面，有2个是完全相同的正方形，有4个完全相同的长方形，所以只画一个长方形，一个正方形就可以了。

师：能不能拿着你的长方体学具展示给大家看看（学生展示）。

师：看来还有一些特殊的长方体，它有2个相对的面是正方形。（板书：有时有2个相对的面是正方形）同学们手中有没有这样的长方体？互相看看。

师：研究到现在，你知道长方体的面都有哪些特征？

……

有目的的观察、操作等活动才能够加深学生对空间的知觉，三维图形与二维图形的相互转换是培养学生空间观念的主要途径。上述案例中，学生带着"长方体的6个面都有什么样的特征呢？"这一问题，将长方体的面画在格子纸上，从而将三维图形转换为二维图形，突破了教学难点，降低了学生的学习难度，学生在积累了丰富的知觉经验后，在头脑中逐步形成相关表象。

案例三 "观察物体"教学片断

……

师：3个同学从不同方向观察物体，他们分别会看到什么形状呢？我们借助学具，自己来观察一下，好吗？请看学习指南（呈现图3-18）。

出示学习指南，让学生根据学习指南的提示合作探究。

师：哪个小组来展示一下你们的观察结果？

请一个小组到讲台上展示。

生1：我是从上面观察的，我观察到的形状是这样的（呈现图3-19）。

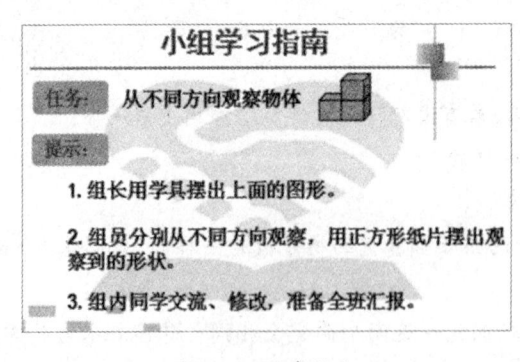

图3-18 观察物体1　　　　　　图3-19 观察物体2

生2：我是从侧面观察的，我观察到的形状是这样的（呈现图3-19）（用正方形磁片板贴）。

生3：我是从前面观察的，我观察到的形状是这样的（呈现图3-19）（用正方形磁片板贴）。

师：同学们，从上面看，这两个正方形明明不在一个平面上，你为什么摆出这样（呈现图3-19）的形状？

生：我是想象的，把下面的往上移一移，把上面的往下移一移。

师：刚才这个同学用想象的方法移动一下，把下面的面向上拉一拉，想象出来了吗？

生：想象出来了。

师：还有其他的方法吗？
生：我把上面的面这样向下压，也能想象出来这个形状。
师：同学们，从侧面看，这两个面也不在一个平面上，请同学们伸手比画着理解一下。
生伸手活动。
师：刚才，我们从不同方向，观察了同一个物体，看到了不同的形状，想想看，你有什么发现？
生：从不同方向观察一个物体，看到的形状有可能是不一样的。
师：同一个物体，从不同的角度观察，观察的结果是不同的。
……

动手操作活动与思维活动紧密结合，更有利于学生空间观念的形成。上述案例中，教师让学生从不同方向观察3个小正方体搭成的物体，并用小正方形摆出看到的形状。"观察实物—想象图形—摆出形状"，这是一个充满观察、比较、想象和抽象的过程。借助具体形象的操作活动，能把抽象的知识具体化，促进学生空间观念的提升。

（三）重视转化默想，发展空间想象

想象是以表象为基础，以直感为手段产生新的表象。图形想象是以已有的几何图形表象为基础，通过直感对其进行加工和改造，产生新表象的过程。空间观念的本质是空间想象力，学生在想象中提升，才能深化空间观念。孙晓天教授指出：空间观念中的空间着眼的是对实体的空间想象，而不是要依赖于实体本身。要发展空间观念，不能一味地应用直观感知和操作，也要有意识地构建感知的"空间站"，让学生将感受到的直观形象和初步建立的空间表象在头脑中进行"回忆"，通过默画、默述、默记、默想等手段，在二维空间和三维空间的双向转换中进一步促进学生空间观念的发展。

案例一 "长方体和正方体的认识"教学片断

……

师：请同学们观察桌子左上角上的长方体学具（呈现图3-20），从同一个方向你最多能同时看到几个面？
生：3个面。
师：哪3个面？
生：前面、上面、右面。
师：根据它的特征，请同学们试着将这个长方体模型画在本子上。
学生尝试，展示学生作品（呈现图3-21）。

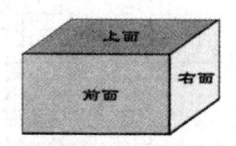

图3-20 长方体和正方体的认识2 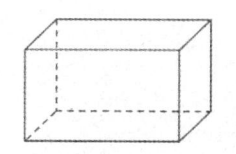　　图3-21 长方体和正方体的认识3

师：为什么你只画出三个面？其余的三个面为什么用虚线表示？
生：长方体相对的面是完全一样的，前面会挡住后面，右面会挡住左面，上面会挡住下面，最多只能看到三个面，另外三个面是看不到的，所以用虚线表示。

师:这个长方体学具的六个面不是都是长方形吗?为什么上面和右面你画的是平行四边形?

生:学习素描时老师告诉我这是透视原理,虽然画在平面上的是平行四边形,实际上还是长方形。

师:你懂的真不少,请同学们也像他这样试着把长方体模型画在本子上。

学生尝试画长方体透视图。

师:请同学们观察自己画的立体图形,试着在脑中想象出它实际的样子。

……

在学生已经掌握了正方体、长方体的特征的基础上,引导学生思考:如何将一个长方体实物模型"画"在平面上呢?这既是引导学生用透视的眼光去观察与思考,透视的眼光指的是由表及里地看待事物,不仅关注表面,而且能够透视出感官所观察不到的内容。立体图形的六个面以水平视线来观察,是不能完全看到的,最多只能看到三个面,而且这三个面还有两个得"变形"成平行四边形才行。通过画出的立体图形,回头再去想象实际物体的样子,这样当学生再次看到平面上印刷的立体图形时,就更容易得到直观的空间表象了,二维空间与三维空间之间的交互转换是培养学生空间观念的有效途径。

案例二 "长方体和正方体的认识"教学片断

……

师:如果去掉一条棱,能想象出长方体原来的样子吗?再去掉一条?再去掉一条呢?还能想象出长方体原来的样子吗?(课件演示,依次去掉长方体的一条棱、两条棱……)

师:只保留这3条棱可以吗(呈现图3-22)?

生:可以。

师:由相交于一个顶点的三条棱,就能想象出长方体原来的样子。相交于一个顶点的三条棱的长度分别叫长方体的长、宽、高。拿出你的长方体学具,指一指、说一说它的长、宽、高。

……

师:图3-23中,哪几个面能围成长方体?

学生自主完成,全班交流。

师:你是怎么想的?

……

师:你能试着把这个长方体画出来吗?

生尝试,师课件演示。

图3-22 长方体和正方体的认识4　　　　图3-23 长方体和正方体的认识5

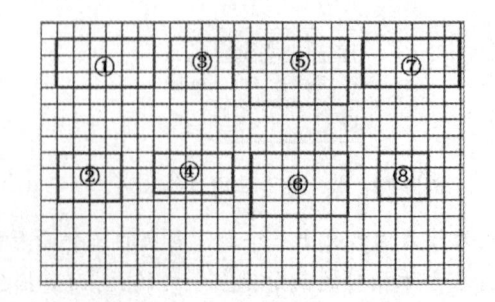

……

上述案例中的两个探究活动,都给学生带来了丰富的想象空间。一个长方体的形状和大小,是由一点出发引出的三条棱,即长、宽、高的长度来决定,也就是说由从一点出发的三条棱的长度,可以想象出这个长方体的形状和大小。学生依据长方体棱长的特征,开展想象活动,由整体到部分,再由部分回想整体,这一默想转换过程,即是发展空间想象力的过程。而"哪几个面能围成长方体?"这一练习题,学生需要根据长方体的特征,分析面与面的关系,从长方体的几个面,想象长方体的形状,这些教学活动都促进了学生空间想象能力的提升。

案例三 "长方体和正方体的表面积"教学片断

……

师:请你观察这两幅图(呈现图3-24),哪幅图可以看成长方体的展开图?哪幅图不是长方体的展开图?

学生观察、交流。

生:第一幅图可以看成长方体的展开图,第二幅图不是长方体的展开图。

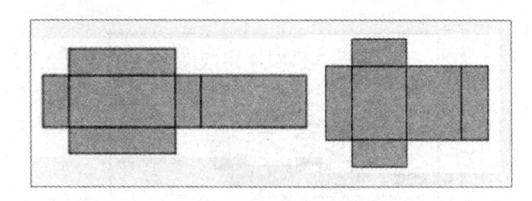

图3-24 表面积展开图

师:你是怎样判断的?

生:把长方体的表面展开,相对的面都不会直接连在一起的。在第二幅图中,相对的面直接连在一起了,所以不是长方体的表面展开图。

师:说得很好!面与面直接连在一起,应该是长方体中怎样的两个面?

生:应该是相邻的两个面。

师:在第二幅图中把哪个面移动一下位置,它就能成为一个长方体的表面展开图呢?

根据学生的回答,教师利用课件演示。

师:请大家对照着这两幅图,找一找想象到的长方体相对的前面和后面、左面和右面、上面和下面。

学生探究活动。

师:请大家在这幅长方体的表面展开图中,先测量它的有关边的长度,再计算出这个长方体的表面积和体积。

学生测量、计算、汇报。

……

从上例可以看出,把握实体与相应的平面图形或几何体与其展开图、三视图之间的相互转换关系,不仅是一个空间想象过程,也是一个围绕"转换"进行实际操作的过程。空间观念的一个关键要素就是能在头脑中对图形或物体进行"操作"。学生虽然认识了长方形和长方体,但对"形"与"体"的区别,还是比较模糊的。对立体图形的认识,不能只在平面上看到象征性的立体图形,要对这些"表象"进行想象操作,从二维空间观念发展到三维空间观念,这是对图形认识一个质的飞跃,能促进学生对空间与平面相互关系的理解,认知层次由低到高不断向前发展。

(四)基于生活经验,丰富空间想象

北京师范大学教授曹才翰指出:空间想象力是以现实世界为背景,对几何表象进行加工改造,创造新的形象的能力。学生的空间知识来自丰富的现实原型,学生在实际生活中已经积累了大量数学几何知识的经验,这些表象和经验正是学生理解和发展空间观念的重要资源。

案例一 "体积和体积单位"教学片断

……

师:注意看,棱长为1厘米的正方体,它的体积就是1立方厘米。请大家用手攥一攥你手中的小正方体,感觉一下大小。同时互相说一说什么是1立方厘米?

学生活动。

师:生活中哪些物体的体积大约是1立方厘米?

学生举例(呈现图3-25)。

图3-25 体积和体积单位

……

师:不知不觉中我们就创立了一个测量体积的标准"立方厘米",其实它就是一个体积单位。

师:要测量这个鞋盒的体积用立方厘米还合适吗?

生:不合适,用立方分米!

师:1立方分米有多大?闭眼想象一下,然后比画给同桌看看。我们桌面上也有1立方分米的正方体,赶快量量它的棱长。

生:棱长是1分米。

师:你能看着这个正方体,说一说什么是1立方分米吗?用双手捧住它,来感受它的大小。把立方分米移开,再比画一下。

学生活动。

师:用1立方分米测量这个鞋盒的体积,行吗?先估计这个盒子的体积是多少?小组合作再实际测量一下。

生1:体积是6立方分米。

生2:内部还有缝隙,而且皮也占空间,准确地说是比6立方分米多一点。

师:实际上鞋盒的体积比6立方分米多一些。老师也做了计算,实际上这个鞋盒的体积是7.7立方分米。

师:生活中哪些物体的体积用立方分米测量比较方便?

生1:奶盒。

生2:啤酒箱。

……

师:用立方分米为单位测量收纳箱行吗?行李箱呢?

师:测量集装箱方便吗?那应该用哪个体积单位来测量?

生:立方米。

师:你能试着说说什么是1立方米吗?

生:棱长是1米的正方体,它的体积是1立方米(板书:立方米 m³)。

师:1立方米的空间究竟有多大呢?你能想象出来吗?

学生比画举例。

师:这就是1立方米大小的模型(呈现实物模型),和你想象的大小怎么样?生活中哪些物体的体积大约是1立方米?

生1:装29英寸电视机的纸箱的体积大约是1立方米。

生2:洗衣机的体积大约是1立方米。

……

立方厘米的创立,主要是通过测量—表述—感受—举例—应用等一系列活动,让学生真正经历一个扎扎实实的体积单位表象的形成过程。当立方厘米成功创立后,教师又给了学生独立创建新的体积单位的机会,学生利用知识迁移,成功创建了立方分米、立方米,并通过看一看、量一量、捧一捧、闭眼想一想、用手比画一下等活动感受这些体积单位的大小,从而建立正确的体积观念。1立方厘米和1立方分米这两个体积单位的建立,可以利用学具为学生直观展示,较容易理解,而1立方米因为体积较大,学生要借助熟悉的事物建立起关联,把想象的成果通过直观表现出来,初步在头脑中建立1立方米表象,实现了想象与空间表象之间的沟通,培养了学生的空间观念。

案例二 "平移和旋转"教学片断

……

师:同学们想象一下,画面中(呈现图3-26)哪些物体能够动起来?它们分别是怎样动的?你可以用手势来表示一下它是怎样动的。

生1:风扇都是这样转圈运动的。

生2:传送带是这样平着左右运动的。

生3:大门也是平着左右运动的,还有升降机是上下运动的。

师:同学们太会观察了,空间想象能力也非常棒!我们一

图3-26 平移和旋转

起再来用手势模拟一下这几种物体的运动方式。

师：你能根据运动方式给这些物体分分类吗？

生1：我是把大门和传送带分成一类，因为它们都是横着左右移动的。升降机分成一类，因为它是竖着上下移动的。

师：听懂了吗？这位同学还说出了自己分类的依据，有理有据！还有不同的分法？

生2：我把大门、传送带和升降机分成一类。虽然大门、传送带是在左右移动，升降机是上下移动，但它们都是直直地在移动。

师：听明白了吗？用手势再比画一下。像大门、传送带、汽车、升降机的运动都是沿着直线运动的，我们把这种运动现象叫作平移（板书：平移）。

师：再来看第二类，同学们都同意把吊扇、排气扇、车轮分为一类，它们是怎样运动的呢？

生：转着运动。

师：是怎样转的？随便转的吗？

生：不是，都是绕着一个点旋转。

师：这样的运动方式我们可以起一个形象的名字，叫作？

生：旋转。

师：对，像这样绕着一个点或一个轴转动就叫作旋转（板书：旋转）。

师：在生活中你见到过哪些物体的运动是平移或是旋转呢？

生1：电梯、滑梯都是平移运动。

生2：缆车、汽车、火车的运动是平移运动。

生3：车轮、钟表的指针、摩天轮的运动都是旋转运动。

……

教师借助丰富的情境图，通过让学生想象并演示物体是怎样运动的，激活了学生已有的知识和生活经验。这些实例，学生在生活中都曾看见或亲身经历过，对这些物体的运动有深刻的认识，这些经验会直接帮助学生认识平移、旋转的特征。通过借助手势等方式表示物体的运动方式及分类等活动，对平移、旋转的感知更加直观、更加深刻。

空间观念是从现实生活中积累的丰富几何知识体验出发，从经验活动的过程中逐步建立起来的，发展学生空间观念的基本途径应当是多种多样。但无论何种途径，都是以学生的经验为基础。因而在教学中要借助学生已有的生活经验，来促进学生空间思维的发展。

（五）多媒体助力，完善空间想象

传统的教学手段，比如，挂图、幻灯片、粉笔黑板演示等，呈现给学生的都只能是平面的表象。如果光靠传授、讲解、观察，学生很难建立三维空间观念，而恰到好处地利用几何画板和希沃软件这些多媒体技术，通过把图形旋转、展开、拼组……能使数学知识由静态变为动态，化抽象为具体，使学生对知识的理解达到一个新的高度，可以比较容易地帮助学生发展空间观念。

案例 "圆的面积"教学片断

……

师：刚才有同学想到可以把圆平均分成若干个小扇形，再把这些小扇形拼成学过的图形，这种思路可以吗？请同学们在小组内尝试一下。

学生合作探究,全班展示交流。

组1:我们组把圆平均分成8份,把圆平均分成8个小扇形,8个小扇形可以对着拼成一个平行四边形。

组2:我们组把圆平均分成16份,每份就是1个小扇形,16个小扇形可以对着拼成一个平行四边形。

生1:底边弯弯曲曲的,只是个近似平行四边形。

生2:可以再平均分得份数更多一些,就接近平行四边形了。

师:这其中的一份和三角形差的确实比较大。请大家观察,老师手中的圆形纸片平均分成了32份。

生:每一个小扇形很接近三角形了。

师:和大家想的一样,把圆分的份数越多,其中的一份越接近三角形。三角形的底可以看成这段弧,三角形的高可以看成是圆的半径。

……

师:现在如果老师让你把圆剪成128份,有什么感觉?

生:太麻烦了。

师:我们让电脑来帮忙。大家看,老师在电脑上把这个圆平均分成了32份,拼成新的图形,你有什么发现呢(呈现图3-27)?

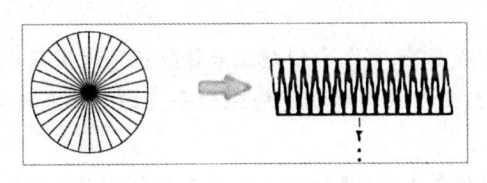

图3-27 圆的面积

生:拼成的图形更接近于平行四边形。

师:如果把圆平均分成64份呢(教师课件演示)?

生:更接近于平行四边形了,有些像是长方形了。

师:大家想象一下,如果把圆分的份数再增多呢?

生:拼成的图形更接近长方形。

师:大家请看屏幕,把圆平均分成128份,拼成的图形看起来很像长方形了,分的份数再多呢?

生:简直就是长方形了。

师课件演示:把圆平均分成256份……

师:得到的图形越来越接近于长方形。这样就把求圆的面积转化成了求长方形的面积。

……

上述案例,先让学生操作实验,把圆平均分成4、8、16份后,拼插得到一个近似的平行四边形,学生看到所拼成的近似平行四边形的底边还是波浪形的,理解能力强的学生可以从教师演示的过程中想到变化的趋势,把它想象成一个长方形,可是还有部分理解能力不强的学生很难想象出这个变化的过程和趋势。通过多媒体动态演示将圆细分,平均分成手工难以完成的64份、128份等,拼插得到的图形越来越近似一个规则的平行四边形或长方形,最后引导学生观察拼成的长方形与原来圆的关系,水到渠成地推导出圆的面积公式,学生体验到图形转化的思想,感受到数学的严谨性,培养了学生的空间观念。

(六)沟联织网,发展学生空间观念

数学学科的知识结构是一个完整的、纵向和横向连接的网状结构,教师应着眼于知识的整体结构,侧重引导学生沟通几何形体知识间的内在联系,采取对比的方式将相似的知识点进行区分,将不同的知识内容建立联系,使学生更加深刻地认识各种形体的本质特征,弄清楚知识间的联系和区别,编织成一个条理清晰的知识网络,发展空间观念。

案例 "梯形的面积"教学片断

……

师:同学们,回想一下我们探究梯形面积计算公式时,经历了怎样的探究过程?

生:经历了"转化图形—找出关系—推导公式"这一过程。

师:梯形面积公式的推导过程跟三角形、平行四边形是完全一样的,都经历了"转化图形—找出关系—推导公式"这样的过程。想一想,这3个图形在探究面积公式的过程中是怎样转化的?在转化的过程中存在怎样的关系呢?你能借助老师给你们提供的图形,摆一摆找出他们的关系吗?

学生小组合作探究。

师:老师发现同学们都摆完了,哪个小组想上来边摆边给大家说说你们的想法?

生:我们组是这样摆的,三角形的面积是转化为平行四边形来研究的,梯形的面积也是转化为平行四边形来研究的。

师:是这样吗?我们一起来看看(课件演示三角形和梯形转化的过程)。看来,这样摆放的确能够清晰地展示这3个平面图形的面积在转化过程中存在的关系(呈现图3-28)。

师:那平行四边形又转化成了什么?

生:长方形。

师:那正方形呢?谁来试试看?

生:正方形并没有转化成长方形,它是由长方形的面积推导出来的(呈现图3-29)。

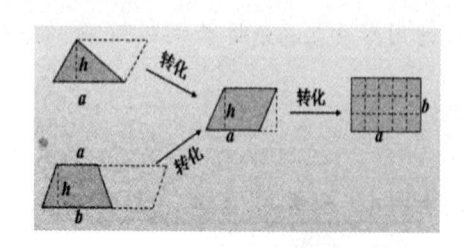

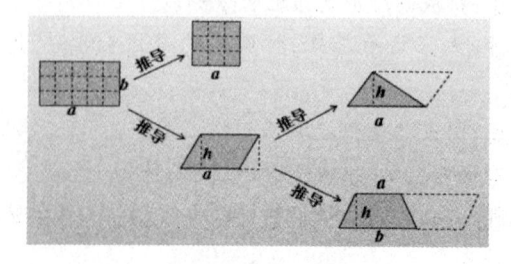

图3-28 梯形的面积1

图3-29 梯形的面积2

师:这些图形在转化的过程中存在着密切的关系,那想一想,长方形、平行四边形、三角形和梯形在推导公式的过程中又存在怎样的关系呢?请小组合作再摆一摆并找出关系。

学生小组合作探究。

师:哪个小组想上来摆给大家看?

生：我们组是这样摆的（呈现图3-30）。由长方形的面积公式推导出平行四边形的面积公式，由平行四边形的面积公式又推导出了三角形的面积公式和梯形的面积公式。

师：同学们，观察图3-29和图3-30这两个网络图，你们发现了什么？

生：三角形和梯形都转化成了平行四边形，平行四边形又转化成了长方形，反过来由长方形的面积公式推导出了平行四边形的面积公式，又推导出了三角形和梯形的面积公式（呈现图3-31）。

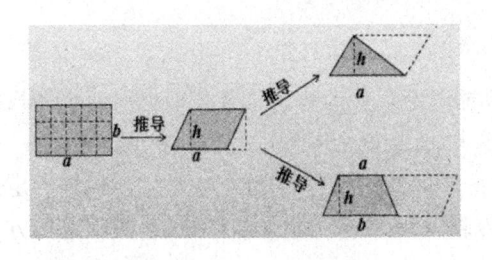

图3-30　梯形的面积3

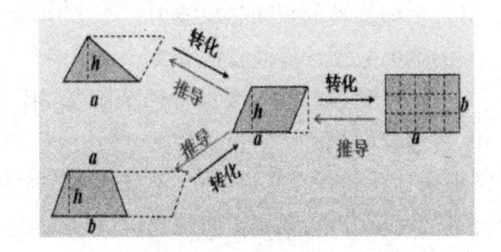

图3-31　梯形的面积4

师：条理清晰，有深度，真棒！

……

对平面图形的面积计算，有的同学死记公式，有的同学记错公式，究其原因都是不清楚图形面积公式的由来及蕴含其中的道理与方法。上述教学案例，通过对"平面图形面积的知识"进行自主梳理这一活动，引发学生以整体的视角重新审视原有知识，沟通知识之间的联系，尝试把知识串起来形成一个整体，并回顾探究的过程和探究时所用到的思想方法，让学生在交流方法的同时感受平面图形的内在联系，形成知识网络，发展空间观念。

四、"空间观念"达成度习题评价研究实践

案例　《数学》（青岛版）五年级上册第五单元"多边形的面积"创编习题（呈现图3-32）

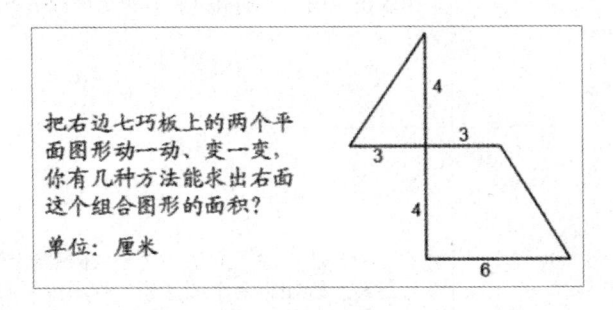

图3-32　多边形的面积习题

1. 习题测查知识点与素养点剖析

此题是《数学》（青岛版）五年级上册第五单元信息窗4"组合图形的面积"的一道创编练习题。习题选取了学生爱玩的七巧板这一问题素材，借用七巧板能动会变的特点，通过引导学生观察与空间想象，将静态的多个图形动态、直观地进行变换，形成新的图形，是一道综合性强、具有思维灵活性的练习题。

对于五年级学生来说,求出这个组合图形的面积并不难,难点在于让图形"动起来",才能得到多种不同的解答方法,而这些方法的关键所在就是图形的变换组合。这就需要学生根据两个图形中提供的数据特点,在头脑中进行合理的空间想象,通过平移和旋转等运动把两个图形组合成一个新的图形。

解答此题要运用的知识有:

(1)三角形、梯形、长方形和平行四边形面积的计算方法;

(2)平移旋转的空间想象能力;

(3)选取数据计算面积的能力。

解答这道习题,学生要经历两个阶段:第一,根据图形现在的静态位置分别求出两个图形的面积,再求总面积;第二,借助翻转、平移或用割补等方法,把两个图形进行合理变形,转化成一个新图形来计算面积。这道题目,不仅要求学生能将静态的知识动态化,还要求学生能根据给定的数据进行比较分析,运用空间想象,以图形的运动为载体,将抽象的概念直观化,解决问题的方法多样化,提升学生思维的灵活性与创造性。

2. 学生答题情况及素养点达成度解析(见表3-3)

表3-3 典型习题学生答题状况及素养达成度分析

学生答题情况	素养达成度剖析
4×3÷2=6(平方厘米) (3+6)×4÷2 =9×4÷2 =18(平方厘米) 6+18=24(平方厘米)	只用一种方法。分别求出三角形和梯形两个图形的面积,再求出总面积,不会将图形进行变换与重组,缺乏空间想象力
(图:大梯形,上底3,高4,下底3+6) (3+3+6)×4÷2 =12×4÷2 =24(平方厘米)	用了两种方法,除方法一之外,想到将三角形向下平移,与原有梯形组成一个大梯形。能将两个图形通过简单地平移拼组成一个大梯形来求出总面积。明确变换重组后的图形外形变了,但面积不变
(图:大三角形,高4+4,底6,中间标3) (4+4)×6÷2=24(平方厘米)	用了三种方法。除了方法一之外,还想到图形运动的两种方式:平移与旋转。既能将两个图形通过简单地平移拼组成一个大梯形来求出总面积,还能够将两个图形通过翻转拼组成一个大三角形来求出总面积。空间想象能力较强

续表

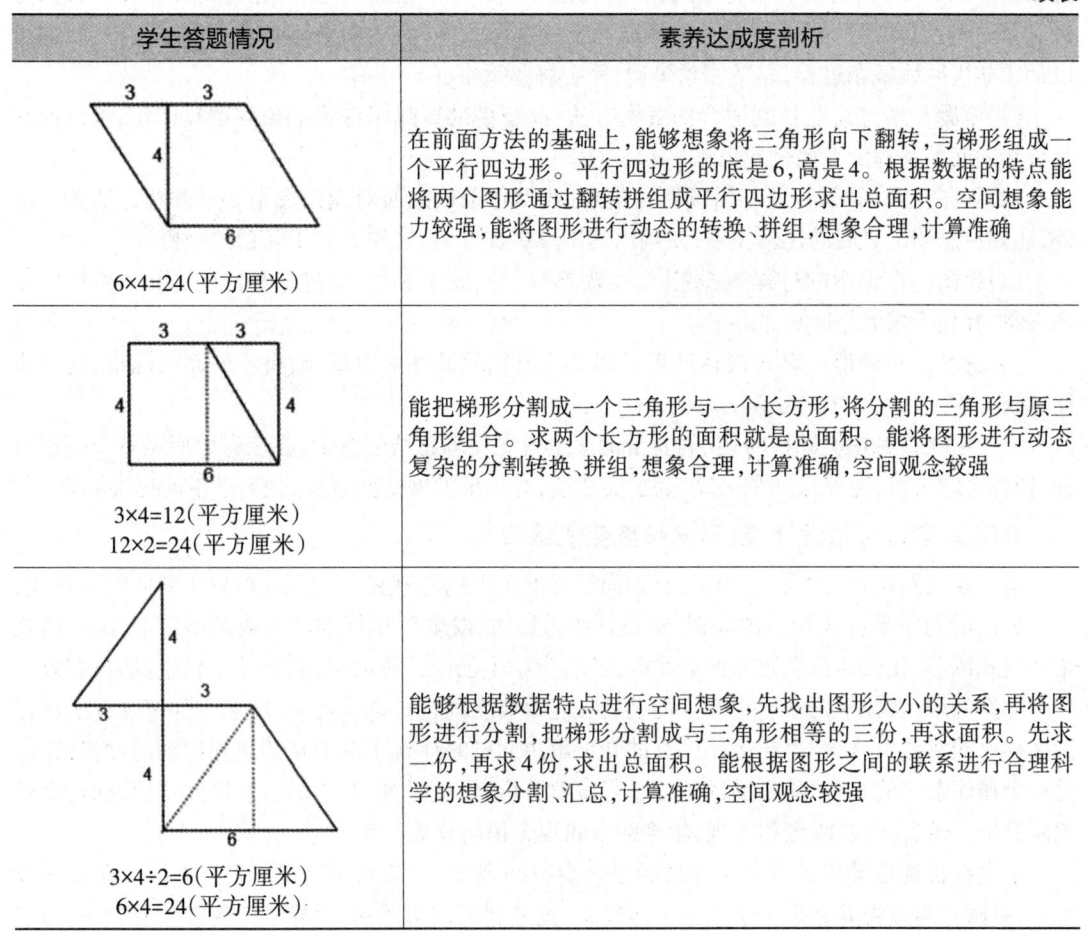

学生答题情况	素养达成度剖析
（图：平行四边形，上底3+3，高4，底6） 6×4=24（平方厘米）	在前面方法的基础上，能够想象将三角形向下翻转，与梯形组成一个平行四边形。平行四边形的底是6，高是4。根据数据的特点能将两个图形通过翻转拼组成平行四边形求出总面积。空间想象能力较强，能将图形进行动态的转换、拼组，想象合理，计算准确
（图：长方形分割，上边3+3，高4，底6） 3×4=12（平方厘米） 12×2=24（平方厘米）	能把梯形分割成一个三角形与一个长方形，将分割的三角形与原三角形组合。求两个长方形的面积就是总面积。能将图形进行动态复杂的分割转换、拼组，想象合理，计算准确，空间观念较强
（图：三角形与梯形组合分割） 3×4÷2=6（平方厘米） 6×4=24（平方厘米）	能够根据数据特点进行空间想象，先找出图形大小的关系，再将图形进行分割，把梯形分割成与三角形相等的三份，再求面积。先求一份，再求4份，求出总面积。能根据图形之间的联系进行合理科学的想象分割、汇总，计算准确，空间观念较强

五、基于"空间观念"提升的习题教学策略

《义务教育数学课程标准（2011年版）》要求第一学段学生经历从实际物体中抽象出简单几何体和平面图形的过程，了解一些简单几何体和常见的平面图形；掌握初步的测量、识图和画图的技能。要想达成这一目标，习题教学要注重以下几点。

策略1：借助直观图示解决问题，发展空间观念

画图是解决较复杂问题的有效工具。通过画图，可以将抽象的数学语言形象直观化，丰富几何认知，促进空间观念的发展。如案例中题目所给的信息较多，仅凭语言无法做到准确的判断，容易造成条件的混淆。巧妙地借助直观图示可以开拓学生思维，变静为动。在进行这类题目的练习时，我们可以先让学生进行自主尝试，然后再提出"先画一画，再解答"的具体要求，通过对比交流，使学生充分感受直观图示在解决问题中的重要性和便捷性，从而产生主动用图的意识，发展空间观念。

策略2：加强反思，梳理策略，发展空间观念

由于学生思维活动具有内隐性和自动化的特点，目前大多数学生在思考问题时很少意识到

自己的思维过程,缺乏对解题过程的梳理,无法形成具体的解题策略,从而使得知识体系较为零散。及时地反思梳理,可以帮助学生形成完整的解题策略,有效突破难点。在此案例中,我们可以带领学生回顾解题过程,总结注意事项,完善解题策略:

(1)审题。通过读题找到适合的解题方法,此题借助直观图像将抽象问题具体化,可以使毫无头绪的问题条理清晰地呈现出来。

(2)画图。在画图时,仔细研读题目信息,找到每条信息所对应的图形要素并标记清楚。此外,还要注意图形之间的比例关系,使画出的图形更加准确,这样更利于问题的分析。

(3)识图。在识图的过程中,多让学生观察、讨论、发表意见,通过分析比较可使学生形成正确表象,有利于发展空间观念。

(4)解答。正确地用算式表达计算过程是这道题的最终呈现形式,有了前面的铺垫,这一步便水到渠成。

当学生在接触这类题目时,我们要帮助学生树立反思总结的意识,在反思中回顾整个解题过程,梳理解题策略,能够做到举一反三、触类旁通,有效地发展空间观念,提升学生的思维品质。

策略3:丰富习题设计,从不同维度变式练习

学生在空间观念的形成过程中,有偏向于标准图形的心理特点,比如,相对于斜向的平行线,水平方向的两条平行线较易被掌握,在设计练习题时,既要注重标准图形或题型教学,还应适当增加变式练习,比较和标准题型的联系与区别,为学生创设思维的空间,让学生自主探索,有效发展。如案例中,教师根据学生喜欢玩的七巧板能动会变的特点创编习题,将单一的解题方法转化为多样化的解题策略,学生在运用已有的知识解决问题时体现了图形从静止到运动的过程,这也是一个循序渐进的过程,从不同的角度进行观察分析,发散思维,学生的自主探究意识、创新意识不断升华。通过变式、联想和再现,学生的空间观念得到有效的发展。

学生在长期活动中形成的个体经验是感受空间观念、理解几何直观的有力支撑。在数学教学中,教师应当重视并立足于学生的个体经验,充分利用数学活动,引导学生观察、操作。但是丰富学生的感知,不能靠大量的、单一的材料简单重复,而是要多方位、多种形式、多种感官参与感知,运用观察、操作等方法,把听觉、视觉、运动觉等协同起来充分感知,并渗入抽象思维的成分,才能在学生头脑中建立正确而丰富的数学表象,发展空间观念。教学中需要教师准确把握学生的思维脉搏,基于学生真实的数学感觉,根据现有资源、有的放矢地去引导学生在动手操作、想象、综合运用的过程中逐步建立,可以促进空间观念的发展提升。

第三节 应用意识

数学的产生和发展就是源于人类文明发展过程中的需要,因而具有广泛的应用性。数学应用意识是现代社会公民科学思维与文化素质不可或缺的内涵,也是数学课程的主要目标。

一、"应用意识"含义解读

数学应用意识,简单地说就是应用数学知识、思想方法的自觉心理倾向性,表现为主动从数学角度解释现实现象、解决现实问题,沟通数学知识与现实联系的主动思考。

《义务教育数学课程标准(2011年版)》对数学应用意识作了具体化的描述:"为了适应时代发展对人才培养的需要,数学课程还要特别注重发展学生的应用意识和创新意识。"应用意识有两个方面的含义:一方面,有意识地利用数学的概念、原理和方法解释现实世界中的现象,解决现实世界中的问题;另一方面,认识到现实生活中蕴含着大量与数量和图形有关的问题,这些问题可以抽象成数学问题,用数学的方法予以解决。

曹培英老师把这两方面的含义解读为:一方面是从数学到现实(具体化过程),也可以理解为应用数学的意识(包括用数学解释现实现象的意识,用数学解决实际问题的意识);另一方面是从现实到数学(数学化过程),也就是理论联系实际的意识。

二、小学生"应用意识"的培养价值

学生学习数学知识最终要应用于生活,要用来解决生活中的实际问题。数学教育要有助于学生建立对数学全面、正确的认识,让学生能运用所学的知识和思想方法去思考和处理问题,从而具有适应生活和社会的能力。

(一)有助于学生树立正确的数学观

著名数学家华罗庚曾对数学的应用有着精彩的描述:宇宙之大、粒子之微、火箭之速、化工之巧、地球之变、生物之谜、日用之繁等各个方面,无处不有数学的重要贡献。计算机和现代信息技术的飞速发展,极大地推进了数学应用的发展,数学的应用几乎渗透到了每一个科学研究领域以及人们生产生活的方方面面。数学作为整个科学体系的基础,作为推动科学发展和社会进步的重要力量,在人类发展史上发挥了不可替代的作用,并将在未来的社会发展中做出更大贡献。这就要求,数学的学习不能仅仅停留于知识的掌握与领会层面上,教学中要引导学生逐步学习用数学的眼光去看待身边的事物,用量化的观点去认识生活中的某些现象,用获得的数学知识去解决生活中遇到的实际问题,感受数学在生活中的重要性,强化学生的数学应用意识,树立正确的数学观。

(二)有助于增进学好数学的信心

数学教育的目标并不仅仅是让学生学到一些数学知识,更重要的是要让学生在这个充满疑问、有时连答案都不确定的世界中学会生存的本领,能够用量化的观点去认识生活中的某些现象,在日常生活中获得大量的数学信息,并且能够把数学知识应用于现实世界,既能用数学的思维方法分析面对实际问题,还能利用已掌握的数学知识去寻求问题的解决方法。当学生运用所获得的知识和方法解决问题时,发现那些看似很复杂的问题,瞬间变得简单了,能增加学生学习数学的积极情感,提高学习数学的兴趣,充分发挥学习的主观能动性。

(三)有助于学科知识间的整合建构

数学既是一门基础科学,同时也是一门应用科学,数学的基本思想方法可以被广泛应用到中小学各门学科知识的学习中去。数学在中学物理、化学、生物等学科知识学习中的广泛应用是不言而喻的,就连小学语文、科学、艺术、体育等学科的学习也要受数学的影响。如循环小数中循环节的不断重复出现的特点与音乐节奏相似;成语"朝三暮四"与加法交换律也有相通之处。加强数学与其他学科知识之间的相互渗透和沟通,不是形式,而是一种价值观的引领。它有利于学生从更广泛、跨学科的背景中去把握学习内容,培养学生敏锐的数学眼光以及适应新问题、接受新知识、综合运用各学科知识解决实际问题的能力,形成学生对数学的整体认识。有效的学科整合能凸显学科之间的本质联系与区别,丰富数学建构的达成通道,让数学学习变得生动、丰富且深刻。

三、"应用意识"提升的教学策略

数学教学的根本目的在于使学生获得解决在日常生活和工作中遇到的数学问题的能力。简言之,就是使学生能"学以致用",让学生自觉运用"数学化"的思维去描述、分析和解决问题。

(一)基于生活情境,提出数学问题

小学数学的许多概念原理在现实中都能找到其原型,如果把生活中的问题变为数学学习的对象,学生就会在将现实问题转换为数学问题的过程中,体会到数学与生活实际的联系,从而认识到把现实中的具体问题转换为数学问题来研究,能更清楚地认识事物的特征和变化规律,体会学习数学的价值。

教学中,教师要善于引导学生用数学的眼光观察世界,让生活走进数学课堂,从数学的角度进行描述,找出与数学有关的因素,让学生从情境中自己提取有用的数学信息,将生活问题抽象成数学问题,让学生在探究其中的规律或寻求数学的解决方法的过程中,树立数学应用意识。

案例一 "平行四边形的面积"教学片断

……

师:大家看工人们正在忙碌着为楼梯扶手加装玻璃,这位叔叔测量出了这块玻璃的相关数据(课件分别显示邻边数据、高的数据)(呈现图3-33)。

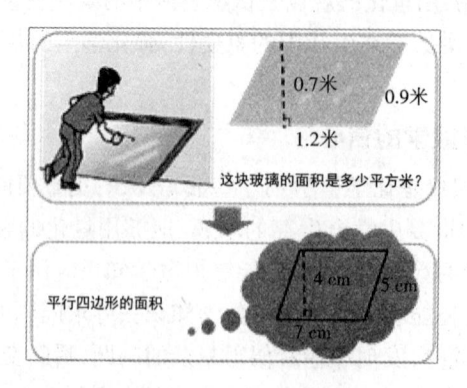

图3-33 平行四边形的面积

师:根据这些数据你能提一个数学问题吗?
生:这块玻璃的面积是多少平方米?
师:求这块玻璃的面积其实就是求?
生:求平行四边形的面积。
师:这节课我们就来研究研究平行四边形的面积。为了方便探究我们就借助这张平行四边形纸片,这是这张平行四边形纸片的相关数据。

……

上述案例,教师基于"给楼梯加装玻璃"的生活情境展开教学,引导学生将"求这块玻璃的面积是多少平方米"这一生活问题转化为"求平行四边形的面积"这一数学问题,让学生感受到数学问题在生活中都有原型存在,这即是培养学生应用意识的第一步。

案例二 "等量代换"教学片断

……

(呈现图3-34)

图3-34 等量代换

师:小曹冲聪明在哪儿?
生1:把大象换成了石头。
生2:用许多石头代替大象,在船舷上刻画记号,再一次一次称出石头的重量。
师:就像你们分析的这样,小曹冲找到了大象和石头之间的等量关系,用等量代换的办法,解决了大人们都无法解决的问题。
师:生活中你有没有见过这种换一换的现象?
生1:教室里的星级评价,10颗星换一个月亮,5个月亮换一个太阳。
生2:10张十元的人民币可以换1张百元大钞。
师:的确,留心观察,等量代换的方法在生活中应用的很广泛。这节课我们就一起来研究等量代换的有关知识。

……

上述案例,教师从学生熟悉的《曹冲称象》的故事引入"等量代换"的概念,然后用生活中的事例让学生真切地感受到"等量代换"在生活中随处可见,引起学生共鸣,这样能够消除学生在学习抽象数学知识时产生的厌烦和恐惧心理,同时还能引导其积极体验生活,自然而然地渗透模型思想,营造愉悦、轻松、生动的课堂氛围,提升学生的数学素养。

(二)经历解决问题过程,寻找解决问题策略

现代教育心理学研究指出:学生的学习过程不应该是一个被动接受知识的过程,而应该是一个发现问题、分析问题、解决问题的过程。张奠宙教授强调,用建立数学模型的观点加以诠释、设计的课堂更有利于理解和掌握相关的知识技能,感悟数学思想、积累活动经验,更有利于提高发

现和提出问题的能力、分析和解决问题的能力,增强应用意识。

1. 运用图示,化抽象为直观

数学学习最终给学生的不只是数学知识与技能,更重要的是通过数学学习所获得分析问题的思维方式和解决问题的策略方法。数学学习的过程是从直观到抽象、再由抽象到实践的过程。教学中要培养学生借助图形解决问题的良好习惯,让学生在面对复杂抽象的数学问题时,能自觉主动地想到把数学信息与问题用画图的方法直观形象地呈现出来。学生通过可视的、外化的"图示"把不可视的、内在的数量关系、数学本质形象地表示出来,借助图形的直观特性来使问题简单化、具体化,能有效地发展学生的应用意识。

案例一 "分数四则混合计算"教学片断

师:这道题会做吗? $\frac{1}{2}+\frac{1}{4}+\frac{1}{8}+\frac{1}{16}=?$ 在题纸上试一试。

学生尝试计算,展示交流。

生1: $\frac{1}{2}+\frac{1}{4}+\frac{1}{8}+\frac{1}{16}=\frac{8}{16}+\frac{4}{16}+\frac{2}{16}+\frac{1}{16}=\frac{15}{16}$。

师:这位同学在计算时运用了什么策略?

生1:转化。

师:怎样转化的?

生1:先通分,把异分母分数转化成同分母分数再计算。

师:通分是一种很好的转化方法,把异分母分数转化成同分母分数,这是计算中的转化。还有谁有其他想法。

生2: $\frac{1}{2}+\frac{1}{4}+\frac{1}{8}+\frac{1}{16}=1-\frac{1}{16}=\frac{15}{16}$。

师:请这位同学说说你的想法。

生2:我是借助图形来计算的,我先画一个正方形(呈现图3-35),平均分成两份,其中一份就是 $\frac{1}{2}$,再把空白的一份平均分成两份,其中的一份就是 $\frac{1}{4}$,再把空白的平均分成两份,其中一份就是 $\frac{1}{8}$,再把空白的平均分成两份,其中一份就是 $\frac{1}{16}$,就是求阴影部分的总和。也就是求单位1减去空白部分对应的分数 $\frac{1}{16}$,所以加法算式可以转化为减法算式 $1-\frac{1}{16}$。

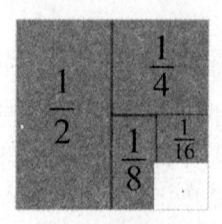

图3-35 分数四则混合计算

师:这是一道计算题,你怎么想到画图形的?

生2:以前学过画图可以解决一些复杂的问题,这道计算题数挺大的,我就想有没有简单点的方法。

师：非常善于思考！刚才这位同学的分析,你们听明白了吗？借助图形帮助计算也是解决问题中的重要的一种策略与方法——数形结合。

师：这个算式可是有规律的,你们发现了吗？

生齐：分母都是前一个分数分母的2倍。

师：顺着这个规律,如果这个式子再加一个数,应该加多少？结果是？

生齐：加$\frac{1}{32}$,结果是$\frac{31}{32}$。

师：如果再加一个数,加多少？结果是？

生齐：加$\frac{1}{64}$,结果是$\frac{63}{64}$。

师：做得这么快,你们是用什么办法快速算出这种题的结果？

生齐：单位"1"减最后一个分数。

师：非常善于思考与总结！借助图示,把数转化成形,把阴影部分转化成整体减空白部分,把加法算式转化成减法算式,这样换个角度思考问题,往往能巧妙地解决问题。

……

上述案例中,学生借助"形"的直观来研究"数"的复杂运算,这样的解题过程,可以使抽象的数学问题变得形象直观,化繁为简,使学生思维获得深度发展,在培养学生的创造性思维的同时,促进数学应用意识的提升。

案例二 "相遇问题"教学片断

……

师：能不能想办法把题中的信息和问题在线段图上表示出来呢(呈现图3-36)？

学生尝试画线段图,交流展示。

生1：首先在这条线段上找到相遇点物流中心,又因为两货车都行驶了4小时,所以把两段线段分别平均分成4小段(呈现图3-37)。

图3-36 相遇问题1　　　　图3-37 相遇问题2

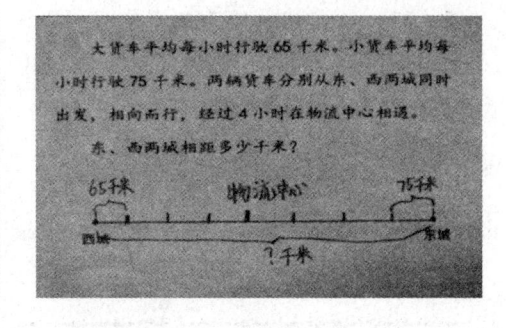

师：还有没有同学想补充？

生2：每一小段表示货车的速度,最后再把所求问题标上。

师：有没有什么问题想问的？

生1：相遇点为什么没画在中间？

生2：因为大货车比小货车每小时开得慢。

师：能不能看出这两辆车都(各)跑了4小时？

生齐：能！表示出了4小时。

师：回顾线段图完成过程。对照着完善自己的线段图(呈现图3-38)。

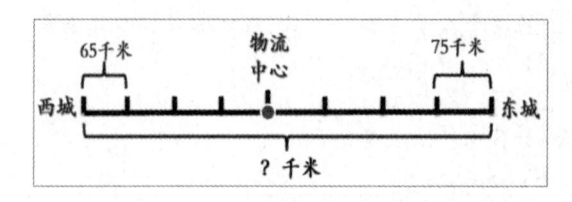

……

图3-38 相遇问题3

生1：先求每辆车4小时行驶的路程，再求两辆车4小时共行驶的总路程，就是东、西两城的距离。列式就是：65×4+75×4＝260+300＝560(千米)。

师：谁再上来给大家指一指65×4求的是线段图中的哪一段？75×4呢？(呈现图3-39和图3-40)

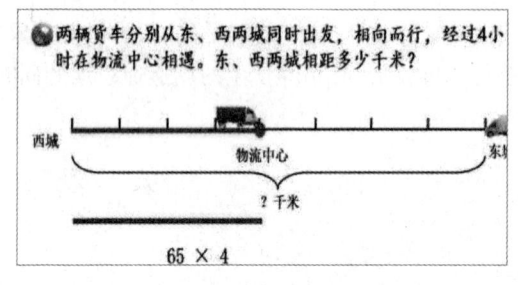

图3-39 相遇问题4　　　　图3-40 相遇问题5

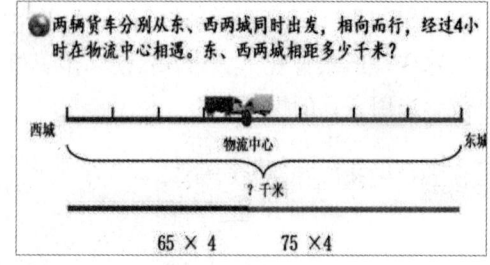

生2：这位同学的方法是先求大货车行驶的路程，再求小货车总共行驶的路程，相加求出两辆车行驶的总路程，也就是东、西两城的距离。

生3：我是先求两辆车1小时共行驶的路程，再求它们4小时行驶的总路程。

(65＋75)×4＝140×4＝560(千米)

师：65+75指的是线段图中的哪部分？

生对图讲解(呈现图3-41和图3-42)。

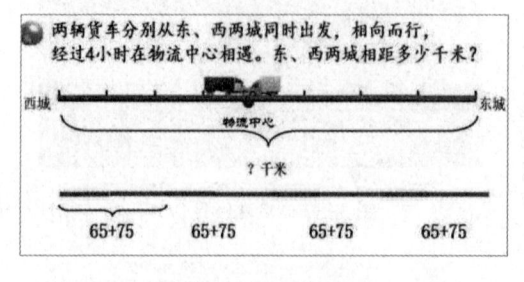

图3-41 相遇问题6　　　　图3-42 相遇问题7

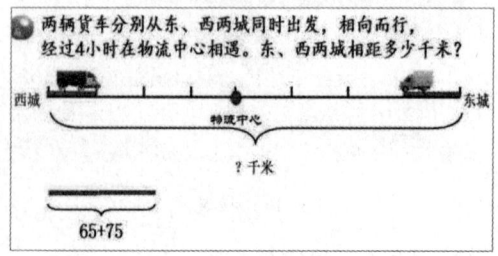

师：这位同学是怎样解答的？谁再来概括一下？

生4：她是先求了两辆车每小时一共行驶的路程，都行驶了4小时，就有4个这样的(65+75)，所以相乘再求出两辆车行驶的总路程，也就是东、西两城的距离(呈现图3-43)。

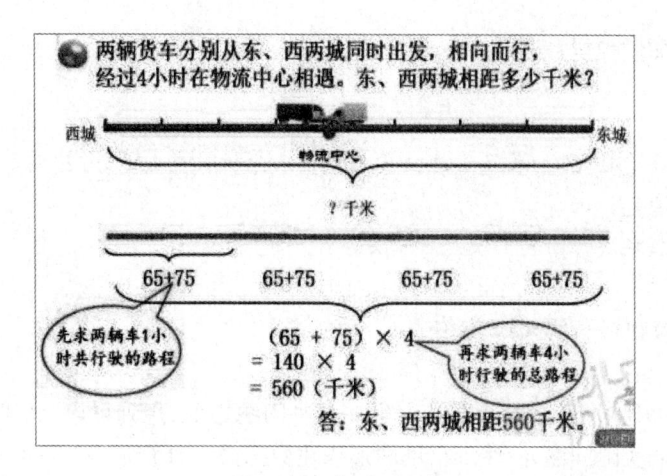

图3-43 相遇问题8

师：这两种方法在解题思路上有什么不同之处（呈现图3-44）？

生1：第一种方法是先分别求两货车的路程，再加起来，就是它们走的总路程。

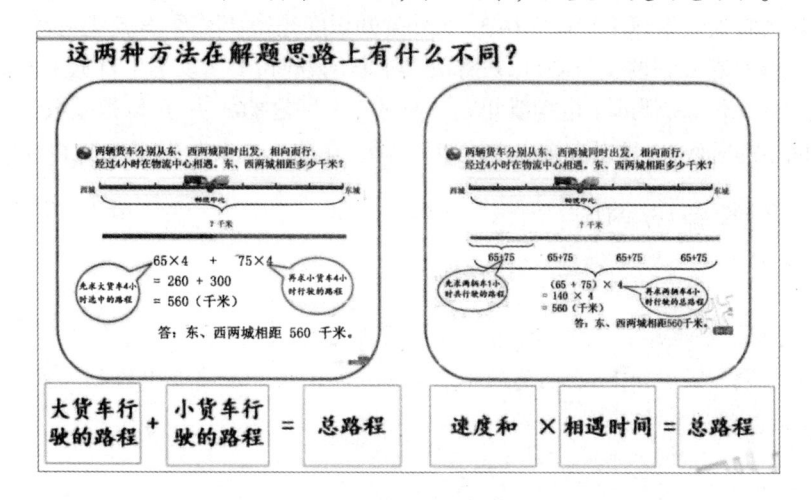

图3-44 相遇问题9

生2：第二种方法是先求两货车一小时一共走的路程，再求它们4个小时走的总路程。

师：解决此类问题，可以先分别求出两辆车行驶的路程，合起来，即"路程①+路程②=总路程"；还可以先求出两辆车的速度和，乘上相遇时间，求出它们的总路程，即"速度和×相遇时间=总路程"。不管用哪种方法，我们首先都要看清题意，想清楚数量关系，明确先求什么，再求什么。

……

线段图以其直观、清晰、简洁的特点在解决问题中占据重要的一席之地。上述案例中，借助线段图，教师引领学生构建了"速度和×时间=总路程"和"路程①+路程②=总路程"的相遇问题的数学模型。学生在解决问题的过程中，感受到利用线段图将抽象的文字描述变成直观的图形表征，将题中蕴含的抽象数量关系以形象、直观的方式表达出来，对数量关系的理解就会变得清晰。在这两种方法模型的对比过程中，线段图发挥了直观便于分析理解的优势作用，使学生基于当前数学问题的探究，进一步验证、完善了数学模型，充分体现出线段图在构建数量关系模型上的优势。

案例三 "解决问题"教学片断

……

师：在理解题目意思时，如果只看着抽象的文字来分析数量关系，你感觉怎样？

生：不容易看清楚。

师：可以用什么方法帮助我们表达数量关系？

生：画线段图。

师：如果画线段图的话，你想先画什么？

……

上述案例，教师通过问题的引领，让学生在解决问题之前，想到可以用"线段图"这一直观工具，帮助解决复杂的实际问题，感受到借助图形描述数据是一种直观、有效的形式，借助线段图可以帮助他们更好地分析数量关系，自觉把"画线段图"内化为自己的解题策略，提高解决问题的能力。

2. 检索迁移，化新知为旧知

数学学科的特点是知识不是孤立存在的，数学知识间是密切联系、螺旋上升的。学生头脑中的已有知识经验是新知识的生长基点，在解决一个新问题时，要引发学生自觉主动地回忆、获取或提取相关的知识储备，帮助学生探新究究。通过一个问题的解决，可以建立数学模型，当后面再遇到同类问题的时候，就可以直接应用模型来解决，在这一过程中，应用意识得以发展与提高。

案例一 "按比例分配"教学片断

……

师：老师看到每个组都有了自己的想法，哪个小组先派代表展示？

生1：我们组想到的方法是，把明明的体重平均分成5份，水分占其中的4份，所以求水分就是用30÷(4+1)×4(呈现图3-45)。

```
总份数：4+1=5
水  分：30÷5×4=24（千克）
其他物质：30÷5×1=6（千克）
```

图3-45　按比例分配1

师：他们组借助了以前学的什么知识解决了这个问题？

生2：整数除法。

师：哪条信息让你们联想到了整数除法这个旧知识？

生齐：儿童体内水分和其他物质的比是4:1。

师：现在我们结合线段图来看一看(呈现图3-46)，他根据水分和其他物质的比是4:1这个关键信息，联想到水分有4份，其他物质有1份，这样体重就被平均分成了5份。这个知识大家熟悉吗？在哪里见过？

[图:30千克,水分?千克 水分有4份,其他物质?千克 其他物质有1份]

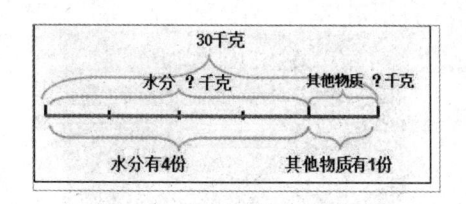

图3-46 分数四则混合运算1

生齐:这就是整数除法。

师:其他同学听明白了吗?还有其他方法吗?

生3:根据儿童体内水分与其他物质的比是4:1,推想出水分占体重的$\frac{4}{5}$,求水分就是求30的$\frac{4}{5}$是多少(呈现图3-47)。

师:你们有什么问题要问吗?

列式: 水分: $30 \times \frac{4}{4+1} = 24$(千克)

其他物质: $30 \times \frac{1}{4+1} = 6$(千克)

图3-47 分数四则混合运算2

生2:你根据什么要乘$\frac{4}{5}$的?

生3:因为水分和其他物质的比是4:1,水分是4份,其他物质1份,一共就是5份。因为水分占体重的$\frac{4}{5}$,要求水分,就是求体重的$\frac{4}{5}$是多少,所以用$30 \times \frac{4}{5}$。

师:你对他的回答满意吗?同桌互相再来说一说为什么用$30 \times \frac{4}{5}$?

师:对比这两种方法,你有什么新的发现?

生1:一种是把比看作平均分得的份数,用"总数÷总份数",先求出一份再解答;

生2:另一种是把比化成分数,转化成求总数的几分之几,用分数乘法来解答;

生3:两种方法都用到了转化。

师:第一种方法是转化成二年级学的整数除法问题;第二种方法是转化成刚刚学习的分数乘法应用题。都是把新知识转化成旧知识。

……

上述案例,教师不仅关注学生解决问题的结果正确与否,还注重引导学生思考是如何解决问题的?是运用哪些知识解决的?学生通过回顾以前学过的整数除法、分数乘法知识,在充分理解的基础上解决了按比例分配的问题。在这一历程中,学生积累的解决问题经验是:在遇到新问题时,在头脑中检索有联系的旧知识,想办法实现新知识向旧知识的转化,找出数量关系,解决问题。

案例二 "分数四则混合运算"教学片断

……

师:(呈现图3-48)根据信息你能提出什么数学问题?

生:北京故宫的占地面积比天坛公园的$\frac{1}{4}$多4公顷,北京故宫的占地面积是多少公顷?

师:哪个小组先来交流?

北京故宫的占地面积比天坛公园的 $\frac{1}{4}$ 多4公顷。

图3-48　分数四则混合运算3

生1：我是列分步算式，$272 \times \frac{1}{4} = 68$（公顷），$68 + 4 = 72$（公顷）。先算天坛公园面积的 $\frac{1}{4}$ 是多少，再加上多的4公顷。

生2：我是列综合算式，解题思路是一样的。

$272 \times \frac{1}{4} + 4$
$= 68 + 4$
$= 72$（公顷）

师：大家同意吗？其他小组有补充吗？还能想到哪些以前学过的知识？

生2：联想了以前学的求比一个数的几倍多几是多少？

师：你根据哪句话联想到这个旧知识？

生2：比天坛公园面积的 $\frac{1}{4}$ 多4公顷。

师：利用这个旧知识解决新问题，行吗？我们来看看（呈现图3-49和图3-50）。根据这个信息，联想到了三年级学过的求比一个数的几倍多几是多少的问题，再用旧知识的解题思路解决这个新问题。真会学习！谁还有其他想法？

图3-49　分数四则混合运算4 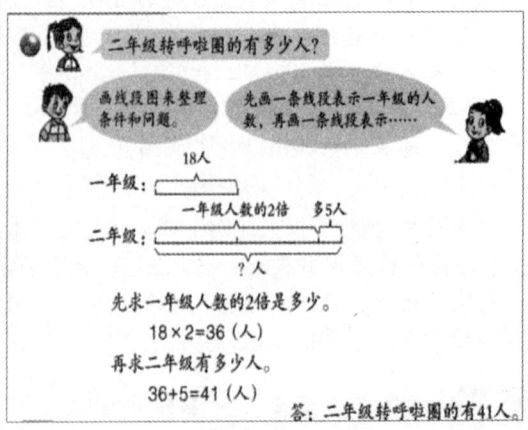　　图3-50　分数四则混合运算5

生3：联想到求一个数的几分之几是多少？

师：用这个旧知识解决，可以吗？根据这个信息，联想到刚刚学过的求一个数的几分之几是多少的问题，利用这个旧知识也能解决这个新问题（呈现图3-51）。

……

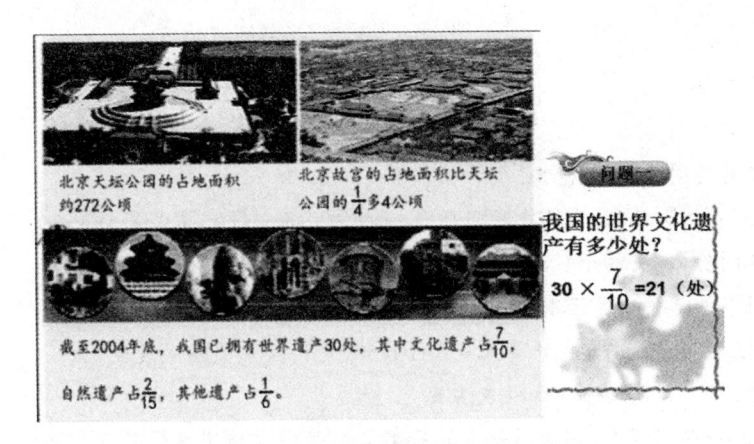

图 3-51　分数四则混合运算 6

上述教学案例中，教师引领学生基于当前所掌握的知识，展开有意识的回忆及丰富的联想，自觉联想并综合运用所学的数学知识去尝试探究，从不同角度、不同方向，理性地解决新问题，实现"从旧知到新知"的正向迁移，并完成"新知向旧知"的转化。反过来，在新、旧知识的对比中，使学生充分认识到数学学习中存在一致性的逻辑模型，获得一种"举一反三"的效果，为学生养成良好的自主学习习惯打下基础。

3. 比较归纳，抽象数量关系模型

法国数学家拉普拉斯说："在数学里，发现真理的工具是归纳和类比。"比较归纳是思维理解和逻辑推理的基础，比较归纳能让知识融会贯通。没有比较归纳，学生的学习只是识记水平，而不能达到理解的层次。

案例 "单价、数量和总价的关系"教学片断

……

师：（呈现图 3-52）福利院的孩子需要一些笔记本、钢笔和水果，老师也采集到了相关的单价信息。下面请同学们做做采购员，完成学习卡 2（呈现图 3-53）。

图 3-52　单价、数量和总价的关系 1　　图 3-53　单价、数量和总价的关系 2

师：买之前还需要确定什么？
生齐：需要知道买的多少？
师：同学们根据自己的想法，买多少自定，买什么物品自定。

学生独立完成。

组内交流、完善。

全班交流、质疑。

师：购买文具的同学先说说自己的方案。

生1：我买了4个笔记本，要解决的问题是一共要用多少钱？算式是5×4=20(元)，数量关系式是"每个笔记本的价格×买的个数=总钱数"。

师：哪位同学也是买的笔记本？

生2：我买了10个笔记本，我的算式是5×10=50(元)，数量关系式没变。

师：数量增多了，关系式为什么没发生变化？

生2：都是购买的笔记本，都是用每本的价格乘本数就求出了总钱数。

师：有买钢笔的吗？再说说你的想法。

生3：我买了8支钢笔。我的算式是8×20=160(元)。关系式是"每支钢笔的价格乘支数=总钱数"。

师：买水果的是怎么购买的？

生4：我买了6千克苹果，是用每千克的苹果价格乘千克数，求出总钱数。

师：照这样的方法，谁来推想一下买橙子的关系式？

生5：每千克橙子的价格乘千克数等于总钱数。

师：观察我们购买文具及水果的方案，这些关系式有没有相同的地方？

生1：都是用每本或每支的价格乘买的数量，就求出了总钱数。

生2：不管是买文具还是买水果，我们都用的乘法，可以根据乘法的意义想到一个关系式。

师：其实，根据我们的生活需要，我们还可能需要购买很多的东西(板书：加省略号……)，为了方便，我们把这些关系式概括一下，用一个更简洁的式子来表示可以吗？组内商量一下，概括出一个简洁的式子。

生齐：单价×数量=总价。

……

上述案例，教师创设了"为福利院的孩子购买水果和文具"这一情境，学生经历了一个自选物品、自定数量的自主购物体验过程。购买的过程中自己提出要解决的问题，培养了学生的问题意识。在交流分析方法的过程中，学生感悟到购买同一个物品的数量变了，关系式没变。虽然购买的是不同的物品，但都有一个类似的关系式来表示，这些关系式又有相通之处，通过教师适时提出的问题引领，引导学生找一个最简洁的式子表示这所有的关系式，学生很自然地能想到可以用单价、数量、总价来表示它们的关系。学生经历了由关系式的多样到逐步抽象归纳的过程，对"单价×数量=总价"这一基本数量关系模型有了非常深刻的理解。

4. 表述思维，强化数量关系模型

数量关系是解决问题的基础和关键，是解决问题的引擎与动力所在。教学中要引导学生能用语言有条理地表述解决问题的思维过程，学生表述思考的过程就是其在头脑中抽象数量关系的过程。

案例一 "两位数除以一位数的笔算"教学片断

……

师:工人师傅们正在制作燕子风筝。观察情境图(呈现图3-54),从图中你发现了哪些数学信息?根据这些信息,你能提出一个数学问题吗?

生1:一组平均每小时做了多少只燕子风筝?

生2:平均每人做了多少只燕子风筝?

师:这个问题怎么解决?

图3-54 两位数除以一位数的笔算1

生齐:63÷3=31。

师:为什么用除法?

生齐:3小时做了63只燕子风筝,要求每小时做多少只,就是把63平均分成3份,求每份是多少,用除法。

……

上述案例中,教师先让学生说说已知的条件和问题,这一过程就是辨别信息、梳理条件和问题之间匹配性的重要过程。在学生列式之后的追问"为什么要这样列式",目的就在于引导学生用加减乘除法的意义以及数量关系式进行解释,长此以往,学生读完题后,自然就会抓住题目中的生命线——数量关系,把解题经验上升为数学方法,学生的思维才能从无序走向有序、从混沌走向清晰,数学思维能力才会有质的提高。

综合法(从条件想起)和分析法(从问题想起)是解决问题的两种基本方法。从条件出发,通过对题目的已知信息的梳理,形成解决问题的思路流程图。从问题出发,寻找解决问题所需要的相关信息。一般解决问题时,我们需要把综合法和分析法结合起来考虑:从条件出发时,随时注意问题,使已知条件向问题延伸;从问题出发时,密切关注条件,使所求问题向条件靠拢(呈现图3-55)。

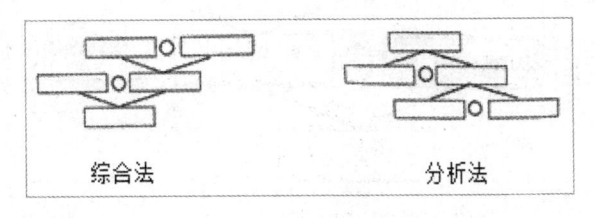

图3-55 两位数除以一位数的笔算2

案例二 "解决问题"片断

……

师：春天正是大珠山旅游的最佳季节，观察情境图(呈现图3-56)，你发现了哪些数学信息？

生1：小汽车停了3排，每排7辆。

师：这组信息与什么有关？

生1：这组信息与汽车有关。

师：你还能找到与汽车有关的信息吗？

生2：停了9辆大汽车。

师：除了汽车的信息，你还找到了哪些数学信息？

生2：我还找了与人数有关的信息，9人一组，分了4个组。还剩5人。

师：根据这两组信息，你能提出什么数学问题(呈现图3-57)？

生1：旅游团一共有多少人？

生2：小汽车和大汽车一共有多少辆？

生3：小汽车比大汽车多多少辆？

……

图3-56　解决问题1

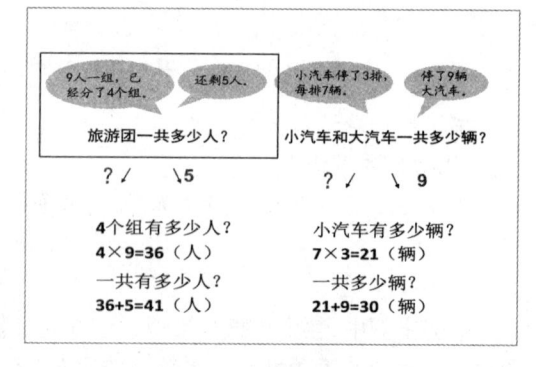

图3-57　解决问题2

师："旅游团一共有多少人？"这一问题你要怎样解决呢？先自己想一想，再在练习本上写一写，写完后和同桌交流交流你的想法。

师：哪位同学能说说你的想法？

生1：根据"9人一组，分了4个组"这两个信息，我先求出4个组的人数，再加上剩下的5人，就求出了旅游团一共有多少人(呈现图3-58)。

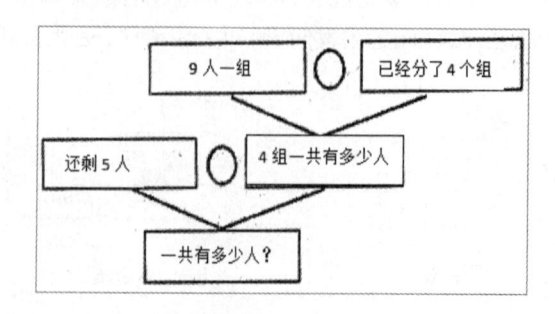

图3-58　解决问题3

师:哪位同学能再来有条理地说说先求什么？再求什么？

生2:先求4个组的人数,9×4=36,再求一共有多少人,36+5=41。

师:还有同学有不同的想法吗？哪位同学能再来说一说？

生3:要求一共的人数,得知道4个组的人数和还剩的人数,而还剩下的人数已经告诉我们了,所以要先求出4个组的再用4个组的人数加上还剩下的人数就求出一共的人数(呈现图3-59)。

师:为什么大家都要先求4个组的人数呢？

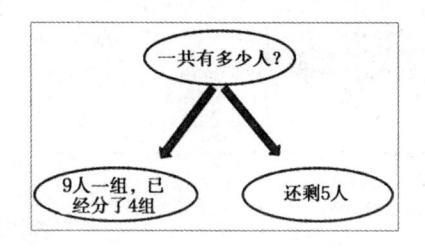

图3-59 解决问题4

生齐:因为4个组的人数不知道。

师:听明白了吗？这位同学是从哪儿想起的？

生1:先想问题是要求什么。

师:在解决问题的过程中,可以看已知信息想可能求什么问题；也可以从问题出发,寻找解决问题所需要的相关信息。

师:要解决"小汽车比大汽车多多少辆"这个问题,你打算怎样分析？先自己想想,再和同桌交流。

生1:我根据"小汽车停了3排,每排7辆"这两个信息,先求出小汽车的数量,再减去大汽车的数量,就是它们相差的数量。

生2:要求小汽车比大汽车多多少辆,必须知道小汽车有多少辆和大汽车有多少辆。大汽车有9辆,所以要先求出小汽车有多少辆。

……

上述案例,教师基于学生的年龄特点,注重引导学生有条理地叙述自己解决问题的思考过程,在说解题思路的过程中,让学生感悟分析法和综合法这两种分析解决问题的方法。树形图的适时呈现,进一步加深了学生对两种计算解决问题思路的理解,从而实现解题策略的有效构建。

5. 适时反思,内化策略方法

尽管数学知识有所不同,但在作为整体的数学中,使用着相同的逻辑工具,即使是在学习内容的不同部分之间,也有大量的相似之处。在学生解决问题之后,教师要引导学生及时反思,将有效的经验及时内化,梳理出对自己今后独立解决问题有指导意义的一般性方法。

案例一 "长方体和正方体的体积"教学片断

……

师:大家还记得我们是怎样求出饮料箱体积这一实际问题的思路吗(呈现图3-60)？

生1:因为饮料箱是长方体的,所以想到要求长方体的体积。

生2:要想求出长方体的体积,可以摆一摆、拼一拼、数一数、算一算。

师:你真会学习,那接下来呢?

生3:我们总结出了长方体的计算公式,然后求出了长方体的体积,也就求出了饮料箱的体积。

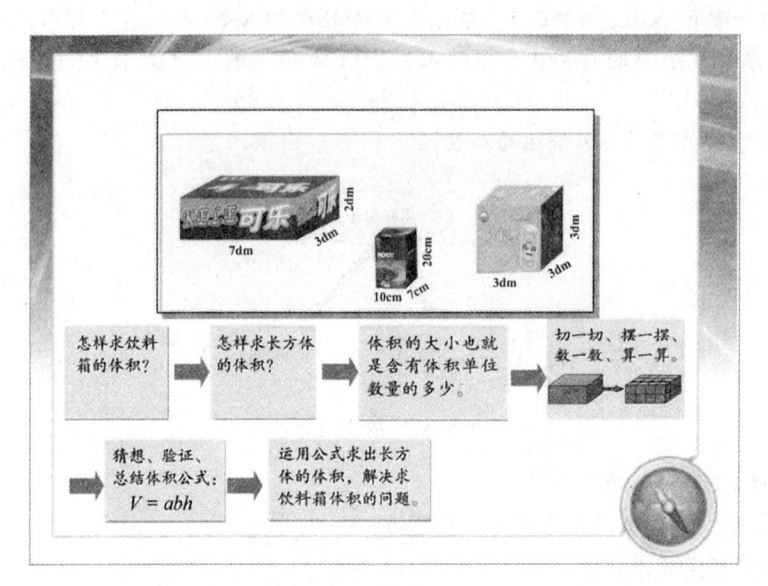

图 3-60 长方体和正方体的体积1

师:多清晰的思路呀!同学们想起来了吗?让我们再一起看书来回忆一下。

学生看书回顾思路(呈现图3-61)。

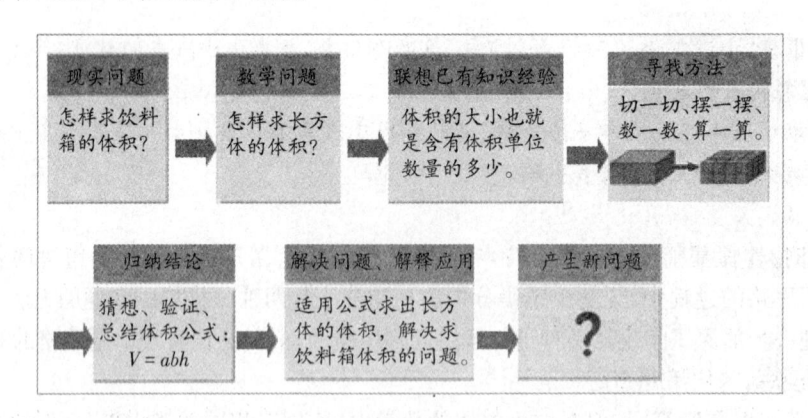

图 3-61 长方体和正方体的体积2

师:谁能再完整地说一说这个思路?

指名说一说思路。

师:其实我们解决的很多现实问题都用到了这样的思路(课件呈现)——把现实问题转化为数学问题,再联想已有的知识经验寻找方法,归纳得出结论,从而解决问题、解释应用。

……

学会灵活运用解决问题的方法需要一个循序渐进,日积月累的过程,我们不能让策略仅仅停留在技巧层面,而应内化为一种思维方式、一种思维习惯。上述案例,通过引导学生对表面积、体积公式的推导以及解决求饮料箱体积这一现实问题的解决方法和思路的反思回顾,让学生构建统一的解决问题的思维模型,使学生自主提炼方法、感受方法、运用方法,从而发展学生的思维,提高应用意识。

案例二 "长方形和正方形的认识"教学片断

……

师:刚才我们是怎样探究长方形的特征的?

生:通过观察看到长方形有四条边、四个角。接下来从边、角两个角度进行研究。

师:我们用什么方法研究的?

生:我们用了量一量、折一折的方法发现了长方形的特征(呈现图3-62)。

师:那接下来,我们就用研究长方形特征的方法来探究正方形。

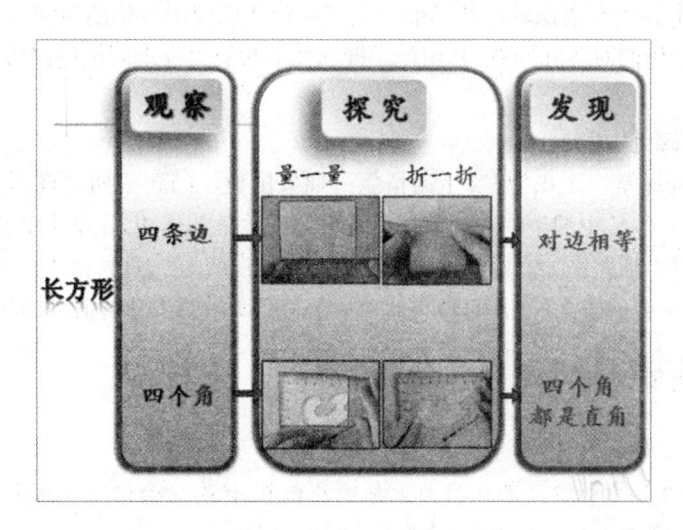

……

图3-62 长方体和正方体的认识

上述教学案例中,在学生经历了长方形特征的建模过程之后,教师适时引领学生回顾探究长方形特征的历程,梳理构建了"观察—探究—发现"这一学习方法模型,学生运用这一方法模型在探究正方形特征的过程中,策略得到了进一步内化。

案例三 "立体图形的表面积和体积复习"教学片断

……

师:请同学们回想一下,我们是怎样复习立体图形的体积的?经过了一个怎样的学习过程?先在小组内相互说一说。

生:我们先复习了立体图形体积的推导过程,然后寻找了推导过程中的联系,对这几种立体图形体积公式进行了归纳,统一为底面积乘高,并把公式进行了拓展,得出直柱体的体积都可以用底面积乘高。

师:我们学过的哪种立体图形的体积公式是底面积乘高?

生:圆柱体积等于底面积乘高。

师:看来圆柱的体积公式能够代表直柱体的体积公式。圆柱的表面积和侧面积公式能够代表直柱体的表面积和侧面积公式吗?请同学们带着这个问题,按照我们回顾整理体积的这四个步骤,课后对表面积的知识进行回顾整理。

……

上述案例,教师引领学生回顾了长方体、正方体和圆柱的体积都可以用底面积乘高来计算的道理,沟通了知识间的联系,又拓展了思维的广度和深度。学生在反思回顾的过程中体验了蕴含其中的数学抽象、数学推理,并由问题引领,运用本节课所得的方法模型,去自主尝试表面积的复习,这一活动体验作为学生的方法助力学生后续知识的学习。

(三)学以致用,应用模型,提升意识

获取知识不是终结,应用知识才是更重要的任务。运用所学的数学知识解决一系列现实生活的问题,有利于学生认识数学的价值,体会数学的作用,增强学生的应用意识和应用能力。教师平常要引导学生养成有意识地用数学的观点观察和认识周围事物的习惯,让学生逐步学会用数学的思维方法分析面对实际问题,利用已掌握的数学知识去寻求问题的解决办法,强化学生的数学应用意识。

1. 回归生活,感受价值

数学化的过程应是一个由"现实生活情境—抽象出数学问题—回到现实生活中应用"的过程,要让学生在诠释生活中的事物与现象的过程中感受数学的作用,让学生学会思考怎样把所学的知识运用到实际生活之中,养成主动探索新知识的应用价值的习惯,这不但有助于学生对数学知识的理解,发展学生的数学能力,而且有助于学生感受所学知识的价值,培养数学应用意识。

案例 "认识直角"教学片断

……

师:在我们的生活中的许多物体的面上都藏着直角,你有信心把它找出来吗?请听好要求,音乐响起后带上三角尺去找一找直角,音乐结束时就坐好。

学生拿着三角尺寻找直角。

师:哪位同学愿意把你找到的直角和大家分享一下?

生1:我找的课桌面上有直角。

师:怎么验证判断。

生用三角尺操作验证。

师:课桌桌面上有几个直角?

生1:4个。

……

师:直角在生活中随处可见。老师也找了一些直角,请欣赏(呈现图3-63)。

图 3-63　认识直角

师：同学们今天放学回到家里，请找一找自己家里哪里藏着直角？把你找到的直角跟爸爸妈妈介绍一下，有兴趣的同学还可以写一则数学日记与小伙伴们分享学习数学的乐趣。

……

上述案例，教师让学生从生活中找直角，既可以巩固直观判断直角的方法，又可使学生感受到数学与生活的密切联系。用三角尺的直角和生活中物体面上的直角去比一比，能有效地建构直角的几何模型，强化学生对概念的掌握，同时培养学生的应用意识。

2. 巩固应用，内化完善

学习中的应用是用已获得的数学知识去理解和掌握相关知识，学生建构了数学知识模型后，为了进一步深化对知识点的理解和运用，内化学生的数学知识经验，教师要立足于教材的目标要求和学情，创造性地设计相应的练习题，达到学以致用的目的。

案例一　"平均分"教学片断

师：大家回顾一下刚才小猴分桃子和小兔分萝卜的过程，这两种分法有什么相同点呢？

生1：每份同样多，都是平均分。

师：有什么不同点呢？

生：第一种分法，知道了一共有12个桃子也就是知道了总数，平均分给3只小猴，也就是平均分成几份，求每只小猴分到几个，也就是求每份是多少。第二种分法，知道了总数，也知道了每几个为一份，可以分成几份？

师：同学们，两种分法无论是平均分成几份和每几个分一份，每份都分得同样多，这都是平均分。

师：大家学会了吗？一起来挑战一下。请大家打开书63页，自己独立完成（呈现图3-64和图3-65）。

1. 分一分,填一填(图3-64)

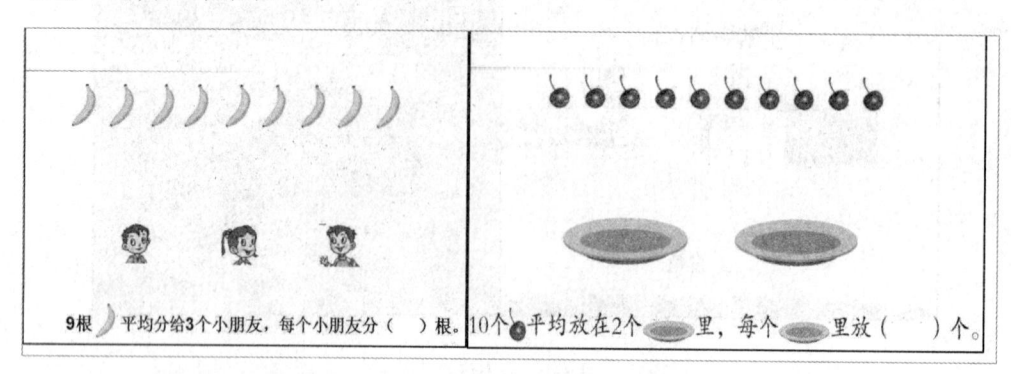

9根🍌 平均分给3个小朋友,每个小朋友分( )根。　10个🍒平均放在2个 盘 里,每个 盘 里放( )个。

图3-64 平均分1

2. 圈一圈,填一填(图3-65)

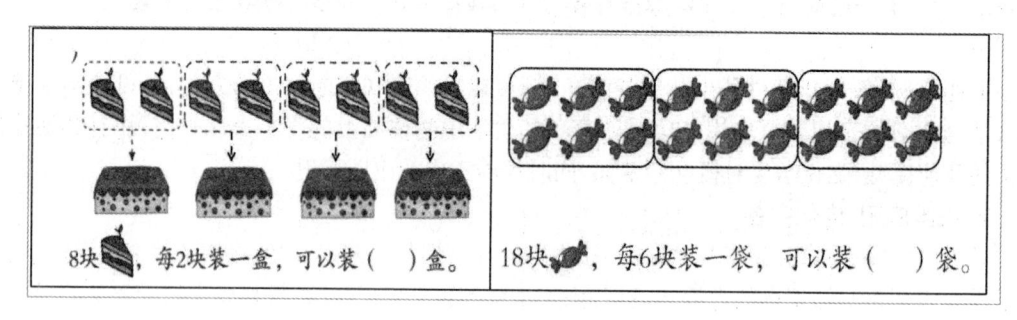

8块🍰,每2块装一盒,可以装( )盒。　18块🍬,每6块装一袋,可以装( )袋。

图3-65 平均分2

师:你觉得这两道题跟刚才哪种分法相同?

生1:分香蕉和分樱桃的题与小猴子分桃子的题是一样的分法。

生2:分蛋糕和分糖的题与兔子分萝卜的题是一样的分法。

师:第一题跟小猴分桃子的分法相同,都是知道了总数,平均分成几份,求每份是多少。第二题跟小兔分萝卜的分法相同,都是知道了总数,每几个一份,求可以分成几份。无论是哪种分法,最后每份都是分得同样多,这就是今天我们要研究的"平均分"。

……

上述案例中通过习题与例题、习题与习题之间的对比,让学生进一步巩固"平均分成几份"和"每几个分一份"两种不同的分法,让学生在练习中进一步梳理思维,巩固对两种分法的理解。

案例二 "相遇问题"教学片断

学生独立列式计算解决习题1(呈现图3-66)。

我们队每月开凿150米。　　我们队每月开凿120米。

两队分别从两头同时施工,8个月开通。这条隧道长多少米?

图3-66 相遇问题1

师:谁来说说你是怎样想的?

生1:我把两个队开凿隧道看成是两辆车相对行驶,道理是一样的。都是同时相对行驶,相遇了,他们各自开凿的米数之和就是隧道的长度。

师:两个队相对施工开凿隧道,也能用相遇问题的数量关系解决。想象一下,生活中除了两个人、两辆车、两个工程队相遇之外,还会有别的两个什么物体相遇吗?

生2:有,比如两艘轮船、两只鸟、两辆火车等。

师:我们学习的解决问题的策略、方法能不能在这些类似的问题中使用呢?请看下面两道习题(课件呈现习题2、3)。

习题2:甲乙两个工程队从同一地点分别向东、西两个方向铺设管道。甲队每天铺设管道140米,乙队每天铺设管道150米。5天后,两个工程队一共铺设管道多少米?

习题3:有一份文件,由于时间紧急,安排甲、乙两名打字员同时开始录入,30分钟录完。这份文件一共有多少个字(呈现图3-67)?

图3-67 相遇问题2

学生独立思考解决问题,全班交流。

生1:我是先分别求出甲队和乙队5天一共铺设管道多少米,再把甲队和乙队铺设的总数加起来就是甲乙两个队一共铺设的管道总数,列式是140×5+120×5。

师:同意吗?你也是这样想的举手。还有其他的方法吗?

生2:我是先求出甲队和乙队一天修的管道米数是多少,它们一共修了5天,再求他们5天一共修了多少米管道,列式是(140+120)×5。

师:这是用的哪种方法?完全符合相遇问题的特点,是吧?再看习题3。谁来和大家交流?谁有话要说?

生1:我的算式是(100+90)×30,先求出甲乙两名打字员一分钟一共打的字数,再求出它们30分钟一共打了多少字。

生2:我的算式是100×30+90×30,先分别求出甲乙两名打字员30分钟共打了多少字,再把甲乙两名打字员30分钟打字的总数加起来就是这份文件一共多少字。

师:还是符合相遇问题的特点,完全可以按照相遇问题的方法解答。

……

培养学生结构化的思维方式,让一类的问题在学生的头脑中打包储存,这样可以实现学生学会用一种方法解决同一类型问题的目的,达到举一反三、融会贯通的学习效果。上述案例中,教师对相遇问题进行了习题扩充,学生在解决问题、分析数量关系的过程中,深入理解了相遇问题的本质特征,并通过对两种计算方法的分析与对比,进一步感受到两种模型的共同点和不同点,在巩固数学建模思想的同时,更深刻地感悟两种数学模型在解决问题过程中的价值,感受到数学模型是一架构建数学与外部世界的桥梁,是数学应用的重要形式。数学建模是应用数学解决实际问题的基本手段,也是推动数学发展的动力。

3. 注重实践活动,强化应用意识

对于学生从书本上所学到的知识和技能,只有教师正确地引导他们应用到实际生活中去解决问题,才能使学生的认知结构产生质的飞跃。数学需要在应用与实践活动中不断深入感知,在解决实际问题的探索中应用数学,强化数学应用意识,初步提升数学应用能力。

案例一 "让校园绿起来"教学片断

……

为了建设良好的校园环境,《山东省中小学校园园林绿化管理办法》中规定:新建学校绿地率不得低于35%,绿化覆盖率应在50%以上。从规定中你了解到什么信息?

生1:学校的绿地率应达到35%,绿化覆盖率应达到50%以上。

师:你认为什么是"绿地率"?

生1:绿地率是指区域内各类绿地面积之和占用地总面积的百分之几。

师:怎样计算呢?

生1:绿地率=$\frac{绿地面积}{用地总面积}$×100%(板贴公式)。

师:那么绿化覆盖率是指什么?怎么计算?

生1:绿化覆盖率是指区域内绿化覆盖面积占用地总面积的百分之几,计算公式是:绿化覆盖率=$\frac{绿地覆盖面积}{用地总面积}$×100%。

师:从规定中可以知道,要想了解一个学校的绿化情况,可以从绿地率和绿化覆盖率等方面来调查。我们学校当前的绿化情况是怎样的呢?课前我们全班同学已经分工合作,对学校的6个园区进行了调查。调查结果是怎样的呢?请各小组先在组内交流一下你们的测量过程与方法,然后达成共识。

各小组交流。

组1:我们组在测量时运用了卷尺测量的方法,我们组测量的是怡香园,绿地面积是121平方米,绿化覆盖面积是123平方米。

师:还有哪个组也用了这种方法?测量的面积分别是多少?

组2:我们也用了,我们测得若真园的绿地面积和绿化覆盖面积都是162平方米。

组3:合作园的绿地面积和绿化覆盖面积都是153平方米。

组4:百草园的绿地面积是69平方米,绿化覆盖面积是73平方米。

师:请把这几个组的测量数据记录到你的表格中。还有不同的测量方法吗?其他小组是怎样测量的?

组5:我们组测量清净园时用的是数方砖和估计的方法,绿地面积约是122平方米,绿化覆盖面积约是132平方米。

组6:书香园的面积太大,我们步测完成的,绿地面积是262平方米,绿化覆盖面积都是264平方米。

师:我们学校的绿地总面积和绿化覆盖总面积分别是多少呢?借助计算器算算好吗?

生齐:绿地总面积是889平方米,绿化覆盖总面积是907平方米。

师:根据表格中的数据和你们调查的我校占地总面积9700平方米,你能估算出我们学校的绿地率是多少吗？试试看。

生1：大约是9%。

生2：我认为大约是8%。

师：我们学校的绿地率到底是多少呢？快用计算器算算吧。然后，把绿化覆盖率也算出来。

师：你们算的结果如何呢？谁来说一说？

学生回答（呈现表3-4）。

表3-4　学校绿地率及绿化覆盖率统计表

	绿地率	绿化覆盖率
省规定	35.0%	50.0%
学校	9.2%	9.4%

师：观察这两组数据，你发现了什么？想说点什么？

生1：我们学校的绿地率和绿化覆盖率太低了。

生2：绿地率低了27.8%，而绿化覆盖率低了40.6%，太低了。

师：那怎么办哪？怎样做才能让我们的校园绿起来，达到省标准呢？你们有哪些好的建议呢？

生1：我们可以把原来每个园区再扩大一些，总面积就变大了。

生2：学校的边边角可以建些小的花坛，也能提高绿化覆盖率。

生3：我们应该多植树，这样覆盖率就会高一些。

……

上述案例中，教师引导学生通过阅读和分析资料来明确绿化的意义，知道绿地率和绿化覆盖率的计算方法，让学生从数学的角度分析日常生活中碰到的实际问题，寻求解决问题的方法和策略。通过小组交流，帮助学生梳理了测量与计算的过程与方法，并对自己组统计的数据有了初步的了解，接着让学生经历了"统计数据—了解数据—计算数据—分析数据—解决问题"一系列活动过程，培养了学生综合运用所学知识解决问题的能力。

案例二 "两位数乘两位数练习"教学片断

……

师：昨天老师布置的作业是，请找找在日常生活中哪些时候需要用到乘法，并调查所需的数据后算一算。下面我们来交流一下大家运用乘法知识解决的实际问题。

生1：我家一个月用电85度，每度电需0.53元，我算出了我家一个月的电费是85×0.53=45.05(元)。

生2：我妈妈每天买菜钱大约是18元，这个月我家买菜钱大约是18×31=558(元)。

生3：我在校用餐，一个月交133元，一个学期算5个月，一学期要交的费用是133×5=665(元)。

生4：上次我家来了很多客人，爸爸带大家去公园玩，去了12人，每人门票费15元，一共花了12×15=180(元)。

生5：我们学校有36个班，每个班级算45人，全校一共有36×45=1620(人)。

……

在这次作业中,学生所选取的素材是他们在自己的生活中能见到的、听到的、经历过的。在调查并计算的过程中,他们感受到自己的数学技能发挥了作用,数学和自己的生活非常接近,从而愿意亲近数学、了解数学,也激起了用数学的愿望。这种学习方式改变了习题的纯数学的模式,让习题从原来枯燥乏味的形式中解放出来,走向生活,以更加开放、更加生动的方式再现数学的基本过程。使学生深切感受到生活中处处有数学,体验到数学的魅力,产生满足、愉悦等情绪体验。在训练数学技能的同时,也增强了学生的应用意识。

四、"应用意识"达成度习题评价研究实践

习题是学业评价的重要载体,教师要对数学习题进行适时、适度地重构,拓展习题的广度与宽度,适当采用巧妙的变式训练,使有限的数学习题产生立体效益,提升学生思维的深刻性,发展应用意识。

案例 《数学》(青岛版)小学六年级下册第二单元"圆柱和圆锥"习题(呈现图3-68)

> 如果每人每天刷牙要用2厘米长的牙膏,那么1个月(30天)要用多少立方厘米的牙膏?如果管口的直径减小1毫米,那么1个月(30天)大约可以节省多少立方厘米牙膏?(得数保留数)

图3-68 圆柱和圆锥习题

1. 习题测查知识点与素养点剖析

此题是《数学》(青岛版)小学六年级下册第二单元后综合练习的一道解决问题。习题选用了"每人每天刷牙需要的牙膏"这一具体的问题情境,是一道综合应用所学知识解决实际问题的题目。

本题的难点之一在于题目没有直接呈现挤出的牙膏是一个小的圆柱体,需要学生根据实际生活经验,观察管口并想象出牙膏的形状,明确圆柱体的底面积等于管口的面积,高就是挤出的牙膏的长度。难点是长度单位不统一,需要自己统一单位。

解答此题要运用的知识有:

(1)圆柱的体积计算公式;

(2)不同长度单位间的转化;

(3)"四舍五入"求近似值。

在这道题目中学生需要经历以下三个阶段:第一,认真读题,明确题目中各个数据所表达的数学意义,在脑海中建立起数学模型。即把"挤出牙膏"现象根据生活经验想象出牙膏挤出后的形状是圆柱体,进而找到所求圆柱体的底面直径和高,把抽象的数学问题具象化;第二,根据抽象出的圆柱,先求出每天所用的牙膏体积,也就是小圆柱的体积,再求出一个月所用的牙膏体积;第三,分析"直径减少1毫米"这个关键信息,根据直径与半径的关系,得到"半径减少0.5毫米",进而求出节省的体积。要想正确解答这道题目,学生要思考本题用到了学过的哪个几何模型,然后根据相应的数据进行计算。在这个过程中,学生需要具备一定的空间想象能力、良好的计算能力

以及把生活问题转化成数学问题的数学应用意识。

2. 学生答题情况及素养点达成度解析(表3-5)

表3-5 典型习题学生答题状况及素养达成度分析

学生答题情况	素养达成度剖析
(1)6毫米=0.6厘米,0.6×2×30=36(立方厘米) (2)6-1=5(毫米),5毫米=0.5厘米 0.5×2×30=30(立方厘米) 36-30=6(立方厘米)	(1)完全读不懂题意,不明白图上的标识是指直径是6毫米,错认为底面积是6平方毫米 (2)在第一题的基础上,继续把直径减少1毫米当作底面积减少1平方毫米计算,不会借助正确的数学模型来帮助解决实际问题,数学应用意识薄弱
(1)6毫米=0.6厘米, 0.6×3.14×2×30=113.04(立方厘米) (2)6-1=5(毫米),5毫米=0.5厘米 0.5^2×3.14×2×30=47.1(立方厘米) 0.6^2×3.14×2×30=67.824(立方厘米) 67.824-47.1=20.704(立方厘米) 20.704≈21	(1)首先,未理解求一个月需要多少牙膏,应计算圆柱体积,而不是侧面积;其次,混淆圆柱的底面积与周长的计算公式,认为圆柱的体积是底面周长与高的乘积。这两种错误的思维方式,都是源于应用意识的薄弱 (2)直径减少1毫米后,直接把直径当作半径来计算圆柱牙膏的体积,不能合理地构建数学模型,应用意识稍欠缺
(1)6毫米=0.6厘米,0.6÷2=0.3(厘米) 0.3^2×3.14×30=8.478(立方厘米) (2)6-1=5(毫米),5毫米=0.5厘米 0.5÷2=0.25(毫米) 0.25^2×3.14×30=5.8875(立方厘米) 8.478-5.8875=2.5905(立方厘米)	(1)能够找到数学模型,但将挤出来的牙膏形状想象成圆形,应用意识较薄弱 (2)继续把圆柱体当作圆形,用圆的面积代替圆柱的体积,不能结合现实生活素材去思考数学,应用意识较弱
(1)6毫米=0.6厘米,0.6÷2=0.3(厘米) 0.3^2×3.14×2×30=16.956(立方厘米) (2)6-1=5(毫米),5毫米=0.5厘米,6毫米=0.6厘米 0.6÷2=0.3,0.3^2×3.14×2×30=16.956(立方厘米) 0.5÷2=0.25,0.25^2×3.14×2×30=11.775(立方厘米) 16.956-11.775=5.181(立方厘米) 5.181≈5	(1)能准确理解各个数量之间的关系,利用数学模型解决现实生活中的问题,应用意识较好 (2)能按照题目中所给的数量信息,思路清晰地分析问题,说明数学模型的建立比较成功,有了一定的应用意识,但实际上还是没有理解直径减少1毫米真正的意思,不能用发散的数学思维去解决问题
(1)2×30=60(厘米) 6毫米=0.6厘米,0.6÷2=0.3(厘米) 0.3^2×3.14×60=16.956(立方厘米) (2)6-1=5(毫米),5毫米=0.5厘米,6毫米=0.6厘米 0.6÷2=0.3(厘米),0.5÷2=0.25(厘米) (0.3^2-0.25^2)×3.14×2×30=5.181(立方厘米) 5.181≈5	(1)能准确读懂题意,从题中找出关键的信息,并能准确分析题中的数量关系,应用模型正确解决问题,有了较强的应用意识 (2)能将生活中的问题转化成数学问题,并能准确利用已建构的数学模型解决问题。理解直径减少1毫米后得到的图形还是一个小圆柱,这两个圆柱实际上高不变,只是底面积变小,要求减少的体积,就是求减少的底面积是圆环的筒的体积,合理应用了数学模型,具有一定的高阶思维能力,具有很强的应用意识

五、基于"应用意识"提升的习题教学策略

数学习题,作为课堂教学的核心内容之一,是训练学生知识技能、锤炼学生思维品质、发展学生数学素养的重要载体。习题设计要充分凸显开放性、灵活性和挑战性,充分拓展学生的数学思维,使学生从不同的角度思考和探索运用所学的知识解决实际问题。

策略1：密切联系实际，培养应用意识

挖掘现实素材，将习题设计置于真实的生活背景中，不仅是培养应用意识的需要，也是提高教学有效性的需要。习题设计越贴近学生的生活经验和生活背景，学生自觉接纳知识的程度就越高。所以教师应做有心人，注意发现学生身边的数学问题素材，为学生提供尽可能多的具有原始背景的数学问题，借助真实的生活情境，让学生在解决真实问题的过程中获得数学应用的深刻体验。

案例中的习题，以学生熟悉的"牙膏"为素材，使学生充分感受到现实生活中蕴含着大量的数学信息，数学在现实世界中有着广泛的应用。在解决问题的过程中，学生能主动从数学的角度，寻求解决问题的策略，使学生认识到数学"有用"，并且"想用""会用"数学模型解决问题。

策略2：合理运用图示，提高应用意识

数学学习的过程，是从直观到抽象，再从抽象到实践的过程。教师在教学过程中，应合理运用图示，使学生经历解决问题的整个过程。

在解决上述案例中的习题时（呈现图3-69），学生对挤牙膏这个生活情境很熟悉，但是部分学生对数学模型的构建有难度。因此，在讲解这道练习题时，教师可借助右图的生活图片，使学生能直观地看到挤出来的牙膏是近似的圆柱体，并能准确地找到圆柱体的底面积和高。借助图形的直观特性来使问题简单化、具体化，这种转换便于学生对其进行分析和理解，感受数学与生活的密切联系，同时也能有效地发展学生的应用意识。

图3-69 挤牙膏

策略3：严谨审题深入思考，提升应用意识

应用意识的培养是数学核心素养重要的组成部分，学生能否自主分析生活中的数据信息，从中寻找与数学有关的因素，抽象出数学问题并用数学的方法予以解决，这是数学应用意识能力高低的体现。解决这类问题，学生需要经历这样的过程：从现实问题入手——把现实问题转化成数学问题——联系已有知识经验寻找解决问题的办法——归纳总结——解决实际问题。

要想正确解决问题，审题是关键。在学生进行习题练习时，要引导学生在读懂题意的同时深入思考：这个题目要用什么知识去解决？跟例题有什么不同？需要注意什么？有什么陷阱吗？培养学生严谨审题、深入思考的习惯。学生出现答题错误，很常见的一个原因在于没读完题就开始作答，或者粗略地看一遍题，觉得"似曾相识"，然后马上就开始动笔甚至直接套用例题，导致结果错误。还有的学生会习惯性地把题目给"改了"——一看题马上就想到了"这题以前做过"，然后就想当然地把题"改成"了另外一道题，导致解答错误。思考是一种能力，也是一种意识，每个人的思考能力和意识都是可以锻炼和提高的。要鼓励学生不要偷懒，不要只停留在表面，要深入思考、大胆尝试、尽情地折腾，在不断地尝试练习中，应用意识自然会得到提升。

策略4：关注一题多变，强化应用意识

有效的课堂教学追求的是学生对知识的内化，能够把所学的知识积极转化为自己的知识结构的一部分，而数学课堂上的"一题多变"正是开展有效学习的有力手段之一。教师以教材中的习题为原形进行适当的引申、拓展，让学生在比较分析过程中，提高观察、分析、解决问题的能力，

强化应用意识。

例如,在六年级下册的"圆柱圆锥"中相关练习的设计。

一、基础练习

有一根半径1米、高3米的圆柱形铁块。根据这条信息,你能提出哪些数学问题?

圆柱的侧面积是多少平方米?表面积是多少平方米?体积是多少立方米?

二、拓展练习

请你发挥想象,对圆柱进行"加工",尽可能多地"变出"与圆锥有关的问题。

1. 将圆柱削成与它等底等高的圆锥,圆锥的体积是多少?削去部分的体积是多少?
2. 将圆柱熔铸成一个与它底面积相等的圆锥,熔铸后圆锥的高是多少?
3. 将圆柱熔铸成一个与它的高相等的圆锥,熔铸后圆锥的底面积是多少?

三、综合练习

这个圆柱还可以怎样"变"呢?你能变出哪一类的新问题?

1. 将这个圆柱转化成近似长方体,表面积增加了多少?
2. 把这个圆柱沿水平方向横切成两段,表面积增加了多少?
3. 把这个圆柱沿底面直径竖切后,表面积增加了多少?
4. 将圆锥沿水平方向切一次,表面积会发生什么变化?沿高切开,表面积又会发生什么变化呢?

本次习题设计,通过解决圆柱变化的问题,学生进一步理解并掌握了圆柱侧面积、表面积、圆柱和圆锥的体积(容积)的计算方法,沟通了知识之间的内在联系,使所学知识进一步条理化和系统化。上述三个题的练习,创造性地使用教材,习题设置由浅入深、层层递进,既是知识面的拓展,更是综合运用能力的提高。在解决问题的过程中,学生既内化了知识,又通过对知识的拓展与延伸,提高了灵活运用数形结合、迁移类推等方法分析解决实际问题的能力,使综合应用意识得以提高。

生活中蕴藏着无穷无尽的教育资源,生活的边界就是教育的边界,我们要用一种开放的、立体的教育视野和课程理念,让学生带着数学知识回到生活中,用学到的数学知识解决生活中遇到的有关问题,不但让学生体验到成功的喜悦,而且培养了学生的数学应用意识和应用的能力。教师要努力为学生应用数学知识创造条件和机会,鼓励学生自己主动在现实生活中寻找用数学知识和数学思想方法来解决问题的机会,并努力去实践。

教育是慢的艺术。学生数学应用意识的培养并非是一朝一夕的事,需要教师深挖教材、深研策略,适时、时时地引导,经过反复渗透、不断强化、螺旋上升、不断深化,达到学以致用,深入提升的目的。

第四节 数据分析观念

数据分析观念作为重要的数学核心素养之一,旨在培养学生的数据分析意识与处理能力,并在分析数据的过程中体验随机意识。数据分析观念的理解依托于统计知识的学习。

一、"数据分析观念"的含义解读

数据分析观念可以分解成三个词来理解:一是数据,要用数据说话,要分析数据,数据不能凭空捏造,数据需要收集,需要整理,需用一定的方式表示。二是分析,数据可以用来做什么?如何分析?分析时要认识到什么?分析数据要引导学生体会随机性,不能唯眼前的数据是从,还要学会透过数据看规律,让数据会说话。三是观念,强调要有数据意识,知道数据是富含信息的,数据是有用的,数据可以为人服务。

《义务教育数学课程标准(2011年版)》指出:"数据分析观念包括:了解在现实生活中有许多问题应当先做调查研究,收集数据,通过分析作出判断,体会数据中蕴含着信息;了解对同样的数据可以有多种分析的方法,需要根据问题的背景选择合适的方法;通过数据分析体验随机性,一方面对同样的事情每次收集到的数据可能不同,另一方面只要有足够的数据就可能从中发现规律。"

曹培英老师基于课标,对数据分析观念的内涵进行了更加细致的解读。他认为"数据分析观念"包含三层内涵:一是了解统计过程,落脚点在"体会数据中蕴含着信息";二是了解按需选择方法,强调"根据问题的背景选择";三是要体验随机性。

二、小学生"数据分析观念"的培养价值

培养小学生的数据分析观念,能够提高学生收集、整理、分析信息的能力,让学生认识到数据和信息之间的关系,通过对大数据的分析获得某些方面新的认知,形成良好的数据分析能力。数据分析观念契合科学精神、学会学习以及实践创新等核心素养,是义务教育阶段数学课程最需要培养的素养之一。

(一)有利于培养学生尊重事实、实事求是的科学精神

作为一门方法论科学,统计强调实事求是的科学精神,统计活动注定与人类社会实践浑然一体、不可分割,这也决定了统计教学与社会生活的现实问题具有天然的密切联系。统计教学的情境无须借助童话进行虚拟创设,完全可以从形形色色的现实生活中选取、加工。在对这些真实数据进行收集、筛选、分析的过程中潜移默化地培养了学生实事求是、尊重事实的科学精神。

东北师范大学史宁中教授提出:"这些年随着信息的迅速增长,我们要扩大对数据的认识。事实上,现在的数据不仅仅是数,图是数据,语句也是数据。而统计学就是通过这些载体来提取信息进行分析的科学和艺术。"由此可见,信息时代中数据的形式多种多样,要从庞杂的数据中筛选整理出有用数据并加以分析和运用,"用数据说话"这一特点就决定了它在培养学生实事求是的科学精神方面具有得天独厚的有利因素。

(二)有利于提升学生的思维品质

现实生活中蕴含着大量与数量和图形有关的问题,这些生活问题抽象成数学问题是一个"数据分析"的过程,要解决数学问题也要建立在对数据进行筛选、整理等一系列"数据分析"的操作之后才能完成。而对于随机事件的预测或者对于规律的总结和提炼,也需要在对大量数据的对比、分析的基础上获得结论。对同样的数据可以有多种分析的方法,需要根据问题的背景选择合适的方法去分析提取相关信息,并通过分析数据信息去下结论,这就需要学生依据大量的数据进行推理分析。"运用数据进行推断"的思想方法已经成为社会大众不可或缺的思考方式。由此可

见,培养学生数据分析能力的过程也是培养学生思维灵活性、全面性的过程。

(三)有利于培养学生正确的世界观

世界的"绝对确定"是"人们的一种错觉"。陈希孺院士说:"习惯于从统计规律看问题的人在思想上不会偏执一端,他既认识到一种事物从总的方面看有其一定的规律,也承认存在例外的个案,二者看似矛盾,其实并行不悖,反映了世界的多样性和复杂性。如果世界上的一切都被铁板钉钉的规律所支配,那么我们的生活将变得何等的单调乏味。"这段话就凸显出统计不确定性思维为主的优势与价值。对于同样的数据,允许根据不同的解释做出不同的推断,这就给小学生提供了一种认识世界、理解世界的新方式。

三、"数据分析观念"提升的教学策略

《义务教育数学课程标准(2011年版)》将原来的"统计观念"一词改为"数据分析观念",将以往的"强调从统计角度思考问题"改变为"抓住统计的本质意义",这一变化显现出对统计学习而言,重要的不是画统计图、求平均数等技能的学习,而是发展学生的数据分析观念,让学生能够从数据的角度去看待生活中的现象,发现其中与统计相关的现实问题,根据问题选择合适的数据收集对象与方法,参与数据的收集,并能依据现有的数据做出合理的预测与判断,以实现对问题的解释。

(一)设计问题情境,生成分析数据需求

生活中人们常常要面对许多涉及数据分析的数学问题,统计教学的关键是使学生能根据解决问题的需要,想到需先做调查研究、收集数据,然后分析数据中蕴含着的信息,能从数据的角度分析现实问题,建立起"用数据说话"的意识和观念。

案例一 "条形统计图"教学片断

……

师:同学们,学校准备给同学们定做一套新校服,采访一下,你准备订多大码(呈现图3-70)?

图3-70 新校服

生1:140码。
生2:160码。
生3:145码。
师:同学们的校服尺码都不一样,怎么办?
生齐:需要统计。

师:统计什么内容呢?

生齐:需要统计全班同学的校服尺码。

……

上述片断教师注重引导学生明白"为什么"要收集数据,收集数据能够"做什么"和想要"做什么",这才能让学生积极主动投身到学习活动中,感受到统计是解决实际问题的重要途径和方法,建立数据分析观念。

案例二 "平均数"教学片断

……

师:同学们看过篮球比赛吗(呈现图3-71)?蓝队比分落后了,要从7号、8号两名替补队员中选出一名上场,如果你是教练,你会派怎样的队员上场?

图3-71 平均数

生:投得准的、跑得快的、个子高的……

师:大家都想到了要派一名投篮水平高的队员上场,怎么判断7号、8号队员,谁的投篮水平高呢?

生:要让他俩比比,看谁得分多。

师:这位同学想到了用数据说话。这是7号、8号队员在小组赛中的得分情况统计表(课件出示统计表),分析这些数据,你认为谁的投篮水平高呢?

……

上述案例中,教师设置了学生非常感兴趣的篮球比赛的情境,以"如果你是教练,你会派怎样的队员上场"这一生活问题,引发学生的数学思考。在学生依托生活经验想到要比较得分时,教师适时点拨"要用数据说话",顺势生成了对两位运动员得分数据的需求,解决问题的第一步需要收集数据,让学生感受到数据统计活动是产生于解决问题的需要,不进行数据分析就解决不了问题,充分感受到统计的实际价值。

(二)经历数据分析的全过程,培养数据分析观念

数据分析的全过程包括:收集数据、整理数据、描述数据和分析数据。传统的统计教学往往对统计过程"掐头去尾",把重心落在用统计图表对数据进行呈现与描述上,不利于学生数据分析观念的形成。要使学生形成数据分析观念,教师就要设计调查、观察、测量、记录、比较、反思、推理等活动,让学生"从头到尾"经历如何得到数据、如何整理数据、如何根据数据解决问题的整个问题解决过程。

案例　"条形统计图"

教学片断1：

……

师：同学们的校服尺码都不一样，怎么办？

生齐：需要统计。

师：统计什么内容呢？

生齐：需要统计全班同学的校服尺码。

师：你真会思考。老师应该怎么收集全班同学的尺码呢？

生1：可以让小组长先统计出来，然后报给老师。

师：你的意思是分小组统计，这个方法怎么样？

生1：因为每个小组的人比较少，所以统计起来比较快。

师：看来分小组统计真是个不错的方法，接下来我们就分小组统计小组成员的校服尺码情况（呈现图3-72）。

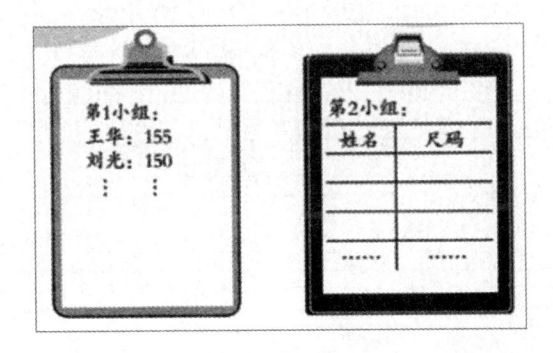

图3-72　小组统计

上述片断中，教师让学生自主产生对统计的需求，并且亲身经历对数据的调查和收集的过程，通过方法的比较，选择最合适的收集数据的方法，通过小组合作、收集数据，为后续探究做好准备。

教学片断2：

……

师：有的同学还想到了在第二小组的方法的基础上画上边框和格线，你看这就变成了什么（呈现图3-73）？

图3-73　全校统计

生齐：统计表。

师：以前我们在整理数据时就用到过统计表，下面请把小组中统计的数据整理到统计表中，请小组长拿出统计表，开始吧。

学生将小组数据整理到小组的统计表中，教师收集每个小组的统计表，并粘在同一张卡纸上。

师：现在我们知道了每个小组的校服尺码情况，怎么知道全班的校服尺码情况呢？

生齐：合起来。

……

师：通过大家的共同努力，我们把数据整理在了统计表里。除了统计表，我们还学过一种整理数据的方法，还记得吗？

生齐：统计图。

师：对，我们三年级时就学过统计图。利用统计图，可以更进一步地对我们班的校服尺码情况进行整理、分析和思考（呈现图3-74）。

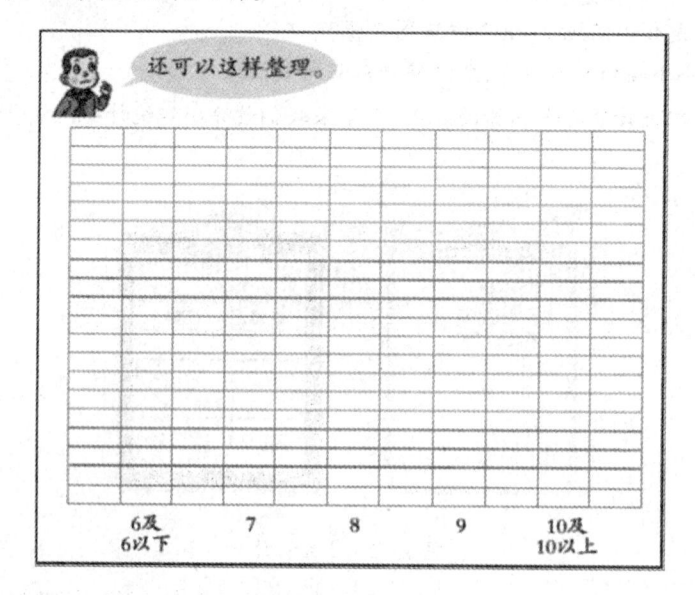

图3-74 统计整理

师：怎样将我们班校服的数据整理在统计图上呢？比如，150码的4人，怎么整理？

生1：找到150码对应的那一栏，涂上4个格。

师：是这样吗？那145码的9人，怎么整理呢？我们一起来数一数吧。什么感受？

生1：一格一格数太麻烦了。

生2：可以在旁边写上数字。

师：谁听懂了？你再说一说。

生2：可以在旁边写上数据，顺着横行找到数据就可以了。

师：听懂了吗？（指着原点）这里写几？

生1：1。

生2：0。

师：这里表示的是这条竖线的起点，应该从0写起。

课件出示所有数据（呈现图3-75）。

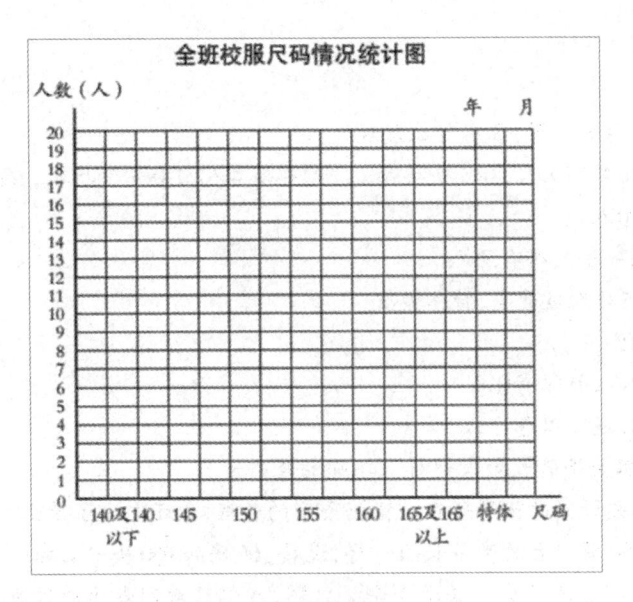

第三章 "数学关键能力"提升的教学策略

图3-75 条形统计图5

师：写上数据的好处是什么？
生1：不用一格一格数了，只需要找到数据，横过来涂色就行了，这样更简单。
师：现在会把数据整理在统计图里了吗？把数据整理在统计图中吧。
学生自主绘制条形统计图，教师巡视（呈现图3-76）。

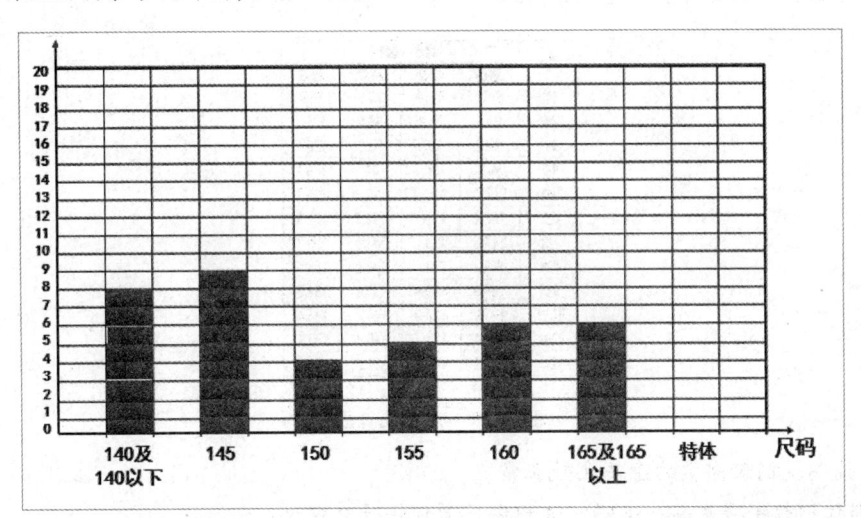

图3-76 条形统计图6

……

上述片断中，在学生利用统计表整理数据之后，又经历了完整的条形统计图的生成过程，尤其是感受到了纵轴的数据从无到有的过程，写上数据之后，绘制条形统计图变得更加方便，更加简单。通过对条形统计图的分析，引导学生进一步把握条形统计图的本质特征，体会条形统计图的优势所在，数据分析能力也在潜移默化中得到提升。

教学片断3：

……

师：仔细观察条形统计图，你有什么发现？

生1：我发现140码有8人，145码有9人，150码有4人，155码有5人，160码有6人，160码及以上有6人，特体有0人。

师：你发现了每一个尺码有几人。

生1：我发现145码人数最多，特体最少。

师：怎么发现的？

生1：145码有9人，特体有0人。

师：除了找数据，还可以看什么？

生1：还可以根据竖条的长短来判断，145码的竖条最长。

师：这就是条形统计图的优势所在。根据条形的长短，你还发现了什么？

生1：160码和160码以上的竖条长短一样，说明160码和160码以上的一样多。

师：同学们的发现可真不少。关于条形统计图，我们只看到表面的数据是不够的，还应该学会分析数据。其实，校服尺码情况还能侧面体现出我们班的身高情况，你看我们班同学的身高主要集中在哪个范围？

生2：140码至145码。

师：我们班同学的身高怎么样呢？

课件展示全国儿童标准身高（呈现图3-77）。

年龄	身高（厘米）			
	矮小	偏矮	标准	超高
1岁	71.2	73.8	76.5	79.3
2岁	81.6	85.1	88.5	92.1
3岁	89.3	93.0	96.8	100.7
4岁	96.3	100.2	104.1	108.2
5岁	102.8	107.0	111.3	115.7
6岁	108.6	113.1	117.7	122.4
7岁	114.0	119.0	124.0	129.1
8岁	119.3	124.6	130.0	135.5
9岁	123.9	129.6	135.4	141.2
10岁	127.9	134.0	140.2	146.4
11岁	132.1	138.7	145.3	152.1
12岁	137.2	144.6	151.9	159.4

图3-77 条形统计图7

生2：说明我们班同学的身高比较正常。

师：那你们想变得更高一点吗？你想给同学们提什么建议？

生1：均衡营养。

生2：加强锻炼。

师：看着特体这一栏，你有什么想说的吗？

生1：我们班没有特体，说明我们班同学的身材比较匀称。

师：这是老师收集的其他几个班的校服尺码情况，你能试着分析分析吗（呈现图3-78和图3-79)？

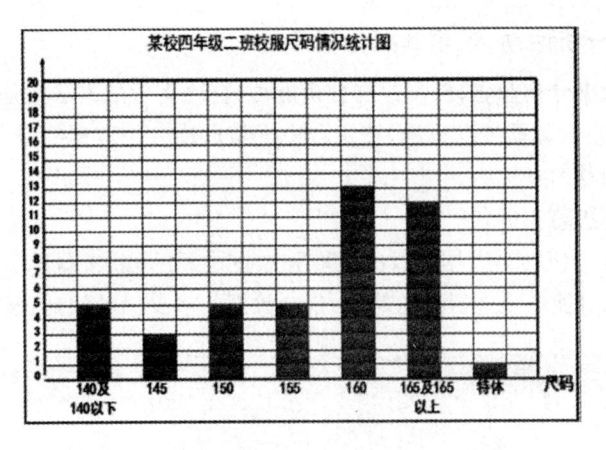

图 3-78　条形统计图 8

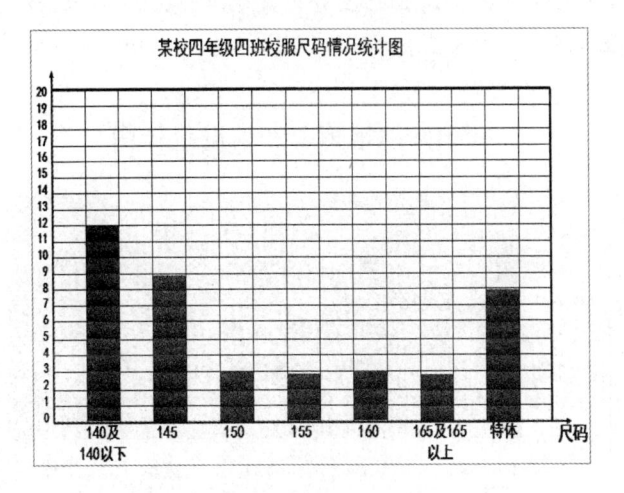

图 3-79　条形统计图 9

生1：我发现第一个班学生平均身高比较高。

生2：我发现第二个班学生平均身高比较矮。

生3：我发现第二个班特体比较多，说明这个班身材比较胖。

师：看来条形统计图不仅能帮我们整理数据，还能帮助我们分析数据、做出相应的决策，作用可真大！

……

上述片断中，学生对统计图和统计表中的数据进行了分析，既体会到数据中蕴含的信息，又透过表面发现了数据背后所蕴含的信息，并做出相应的判断。在这一过程中学生体会到数据是会说话的，是解决问题的工具。

统计的全过程是一种多维度交互的学习，在"条形统计图"这一案例中，教师以一系列有内在联系的问题引导学生经历收集数据、整理数据，并进行初步的数据分析的过程，这有利于学生形成完整的"统计"知识体系，感受数据分析对于决策的作用，从而帮助学生进一步建立数据分析观念。

(三)注重数据分析活动,积累数据分析经验

要使学生形成数据分析观念,提高数据分析能力,行之有效的方法就是让学生在数据分析的活动过程中,掌握一定的数据处理方法,在实践中逐步形成分析数据的习惯,使数据成为学生发现、提出、分析解决问题的好伙伴。

1. 依据数据信息进行显性分析

对数据的显性分析包括对数据本身的读取和数据之间的读取,即让学生能读出统计图表中能直接看见的或是通过简单推理得到的信息,包括数据的多少、数据的比较等因素。

案例一 "条形统计图"教学片断

……

师:同学们,根据陆地地形分布,我国国土分为盆地、平原、山地、丘陵、高原,这是陆地地形分布情况统计图(呈现图3-80)。看这张条形统计图,你从中可以知道什么?

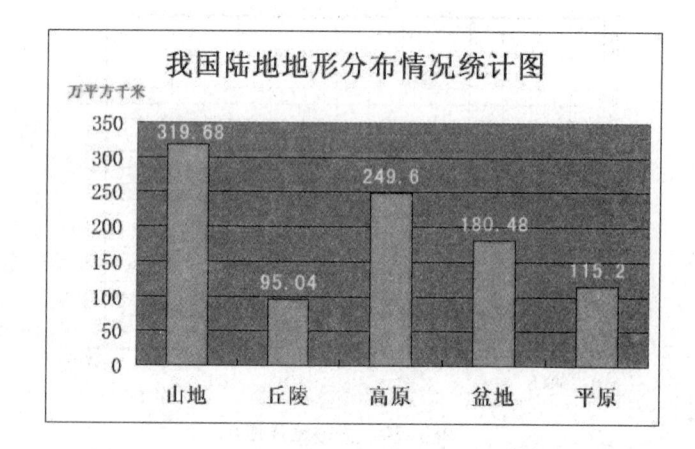

图3-80 条形统计图10

生:可以看出山地面积最大。
师:你是怎么看出来的?
生:表示山地的竖条最高,就说明山地数量最大。
师:你还能知道什么?
生:可以看出丘陵面积最小。
师:怎么看出来的?
生:因为表示丘陵的竖条最短,说明数量最少。
师:还能知道什么?
生:山地面积319.68万平方千米,丘陵95.04万平方千米,高原249.6万平方千米,盆地180.48万平方千米,平原115.2万平方千米。
生:也就是能清楚知道每种地形的具体数量。
师:条形统计图不仅能清楚的体现出具体数量,而且对谁多和谁少,表示地也非常直观。

……

上述环节中,教师以"从图中都发现了什么"这一问题引发学生专注读图,根据图示发现信

息,并注重在交流过程中切实指导学生掌握一些数据分析的方法,积累如何进行数据分析的经验,提升读图能力。

案例二 "复式折线统计图"教学片断

……

师:认真观察这幅复式折线统计图,从图中你都发现了什么(呈现图3-81)?

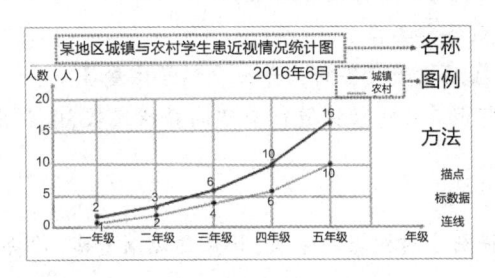

图3-81 复式折线统计图

生1:城镇和农村学生患近视人数都呈上升趋势,因为两条折线都是呈上升趋势的。

师:这个同学注意结合折线的升降变化来观察,非常好!还有想说的吗?

生2:城镇学生患近视人数都比农村的多。表示城镇学生的那条折线从一年级到五年级一直在上面,表示农村学生的那条一直在下面。

师:这位同学是根据什么得出城镇学生患近视人数比农村学生人数多的?

生2:比较两条折线,表示城镇学生人数的那一条折线一直在上面,表示农村学生患近视人数的那条折线一直在下面,就可以看出城镇学生患近视人数都比农村的多。

师:可以不用看数据,直接观察图示就可以了。

生3:城镇学生患近视人数比农村上升幅度快,从10岁开始,表示城镇学生的那条折线上升得非常急速,而表示农村的上升缓慢。

师:两条折线放在一块,一眼就可以看出一条上升急速,一条上升缓慢,从而发现城镇学生患近视人数比农村上升幅度快。

……

折线统计图中折线的状态在表示数量增减的直观性方面具有独特优势,如折线向上、向下倾斜的角度越大,表示数量的增加或减少程度越大;越趋于水平,表示变化越小。教师注重在教学的关键之处进行点拨,引导学生将关注点聚焦在两组折线的升降变化,指导学生借助图形掌握数据分析的策略方法,让学生既能读出统计图表中能直接看见的信息,如数据的多少,还能得到通过简单推理得到的信息,如数据的比较等因素。在这一过程中体会分析和比较数据时需要关注的问题,获得数据分析经验。

2. 依据数据进行判断和决策

学生通过对数据的收集、整理、分析,能为更好地制定决策、解决问题提供依据。通过对某事物相关的全部数据进行分析,寻找相关关系对事物的发展趋势进行推测是大数据的重要优势与特点之一,也是以往统计教学中较为忽视的内容。我们要注重引导学生从关注"数据本身"逐渐过渡到"基于数据进行一些有意义地推断"。

案例三 "折线统计图"教学片断

……

师:根据这幅统计图,你能估计一下城镇和农村学生患近视情况将来会呈什么趋势?

生1:我估计还会呈现上升趋势。

师:为什么上升?

生1:因为现在的学生玩手机、看电视时间太长。

生2:因为现在的电子设备种类很多。

生3:因为城镇的学生接触电子设备的机会比农村学生更多一些。

师:同学们能够根据实际情况对数据进行合理的分析比较,做出推断,并且预测出未来的发展情况,分析得有理有据。

……

师:(呈现图3-82)根据刚才对数据的分析,如果你是消费者,你会选择哪一种洗衣粉?你会给超市提出什么建议?

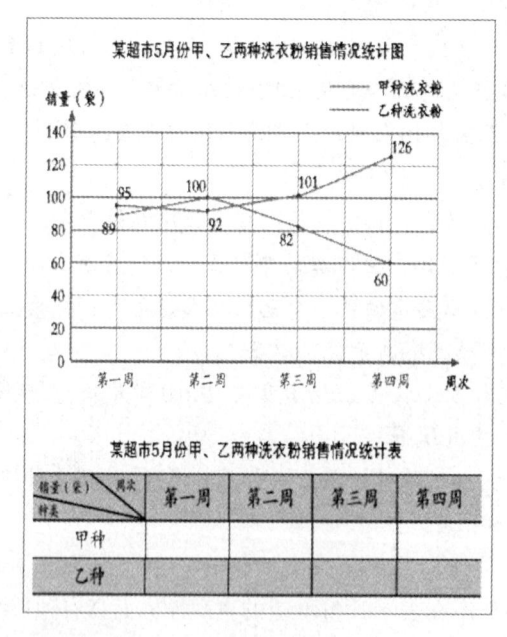

图3-82 折线统计图2

生1:我会选择甲种洗衣粉,因为它的销量呈现上升趋势,说明甲种洗衣粉的质量好。

生2:我会建议超市多进一些甲种洗衣粉,以免缺货。

师:复式折线统计图的作用还真不小呢!通过观察复式折线统计图,根据对数据的分析还能进行预判决策。

……

上述案例,教师注意引导学生通过对复式折线统计图的数据进行剖析比较,依据数据进行判断和决策。在这一过程中,让学生体会到数据是会说话的,了解数据是怎样说话的,分析明确这个统计图表是用来说明什么问题的,为什么数据会呈现出这种情况,统计数据能否回答开始提出的问题,能否解决其他问题,能否进行预测等。数据分析观念的建立是人们在不断地亲身经历之后获得的,只有不断地经历这样的分析活动,学生才会慢慢地积累起数据分析的经验,掌握借助数据分析的策略方法。

(四)丰富素材,感悟数据分析的应用价值

要培养学生的数据分析观念,教师要善于引导学生主动地去获取周围的有关数据信息的生活素材,引领学生在自己熟悉的统计活动中,切实感受数据分析在日常生活中的广泛应用,体会数据分析在解决生活问题中所起的作用。通过素材的多样化呈现,让学生深入体会数据蕴含的信息,建立起对数据的敏感性,感受数据的作用,提升数据分析观念。

在小学阶段的统计教学中,教材所选择的素材都基于学生的年龄特征与兴趣爱好,贴合学生的生活实际。以《数学》(青岛版)为例,低年级选取了"我换牙了""我是体育小明星"这些学生亲身经历与体验的生活素材;中年级选取了"谁长得快""新校服""我锻炼 我健康"等与自身生活成长有关的素材;高年级选取的"绿色家园""爱护眼睛""奥运奖牌"的素材与社会生活息息相关。

在练习题的设计中,也要注重让数学回归生活,设计贴近生活的常识性练习,不但能够提高学生收集、整理、分析数据的能力,还可以让学生更爱生活,更爱数学,认识到数据分析在生活中的价值,培养他们的数据分析观念和能力。

案例一 "平均数"教学片断

……

师:小明和小强正在探讨他们的体重问题,认真思考,小明的体重一定比小强轻吗(呈现图3-83)?

生1:一定,35千克比37千克小。

生2:不一定。因为平均体重代表的是两个小组同学体重的整体水平,不代表某一个人的体重具体是多少,所以不能确定小明的体重就一定比小强轻。

……

师:这是我国水资源情况(呈现图3-84),为什么我国的水资源量居世界第六位,而人均水资源量却居世界第109位呢?

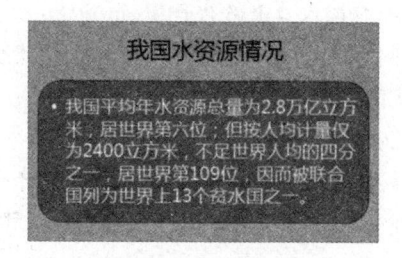

图3-83 平均数1

图3-84 平均数2

生1:因为我们国家的人口多,人均水资源量就少。所以,我们要节约用水。

师:生活中还有哪些地方也用到了平均数?

生1:期末班级要算平均分,跳绳比赛要算班级平均得分。

……

上述案例中的练习题,都是平均数在生活当中的应用,学生充分感受到数学知识从生活中来,同时又被应用到生活中去,在层层递进的练习中,学生对平均数的概念也有了更深层次的理解,数据分析能力也得到了提升。

案例二 "扇形统计图"教学片断

……

师:这是我国第六次人口普查民族构成和年龄构成情况统计图(呈现图3-85),说一说你从中获得了哪些信息?先来看人口构成情况统计图。

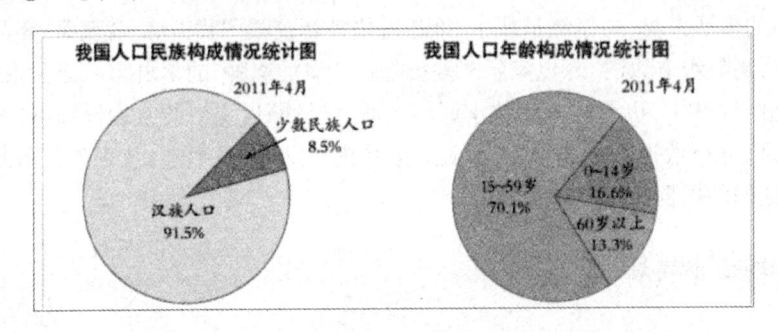

图3-85 扇形统计图1

生:少数民族人口占人口总数的8.5%,汉族人口占人口总数的91.5%。

师:能分析一下这些数据吗?

生:少数民族人口少,汉族人口占绝大多数。

师:再来看人口年龄构成情况,谁来读信息?有什么发现?

生:15~59岁人口占人口总数的70.1%,15~59岁的人口多,0~14岁和60岁以上的人口比较少。

师:老师查阅了上一次人口普查的资料发现,这次普查0~14岁人口比上一次普查下降了6.29%,60岁以上人口比上次普查上升了2.93%,说明什么?

生:我国人口老龄化严重。

师:独生子女政策使0~14岁人口减少,为此我们国家采取了二胎政策,推测一下二胎政策会使我国人口年龄构成发生什么变化?

生:趋于年轻化。

师:相信国家的政策变化一定有统计的功劳。

师:再来看山东地形统计图,先独立解决,再在小组内交流(呈现图3-86)。

(1) 从这个统计图中，你知道了什么？

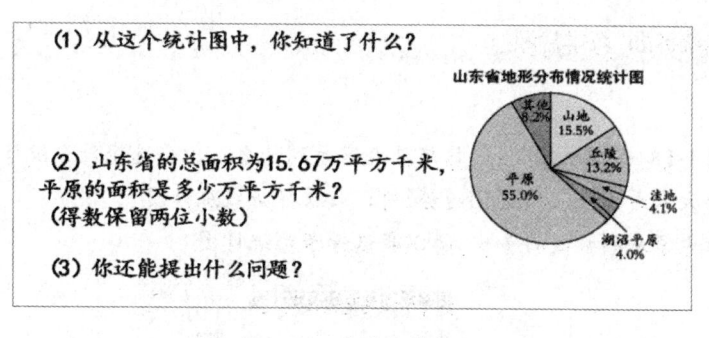

(2) 山东省的总面积为15.67万平方千米，平原的面积是多少万平方千米？（得数保留两位小数）

(3) 你还能提出什么问题？

图3-86　扇形统计图2

生：山东地形以平原为主，所以山东才会成为农业大省。

师：在我们的饮食中也经常用到扇形统计图。观察对比下图，再回答问题（呈现图3-87）。

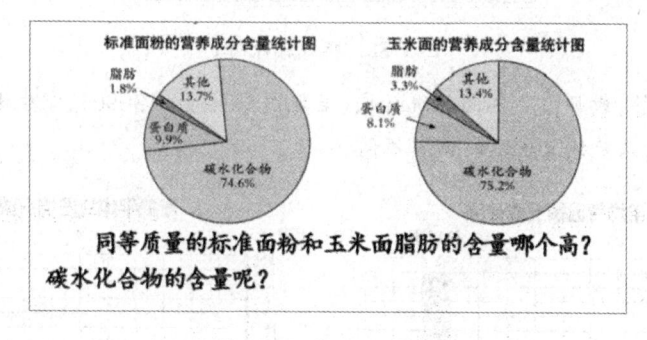

图3-87　扇形统计图3

生：1.8%＜3.3%，玉米面比标准面粉的脂肪含量高。74.6%＜75.2%，玉米面也比标准面粉的碳水化合物含量高。

师：对比两种粮食作物的营养成分，你有什么发现？

生：玉米的营养成分比面粉高。

师：玉米是世界上公认的"黄金作物"，所以粗细粮搭配饮食更合理。

……

上述案例中的三道练习题选取了不同的素材，让学生充分感到扇形统计图的应用价值。"人口数量的变化趋势"注重让学生初步体会数据的可预测性和随机性，引导学生根据统计结果做出简单的预测和合理的解释，感悟扇形统计图在生活中的应用；"地形分布统计图"和"营养成分含量统计图"帮助学生对生活中的一些现象做出合理的解释，增强学生用数学的眼光去观察、认识生活的意识，进一步发展了学生的数据分析能力，真正感受到数据分析的价值所在。

（五）根据问题背景选择合适的方法，完善数据分析观念

数据分析的第二个内涵表明：对于同一组数据，能用多种分析方法进行分析，并能根据问题的背景选择合适的方法，是数据分析观念建立的重要标志。换个角度，从思维的特点来说，统计以不确定思维为主，同样的数据可以有多种分析的方法，分析的方法不同，表征的方式不同，可能发掘的信息就不一样，根据不同的解释就能做出不同的推断。

案例一 "折线统计图"教学片断

......

师：(呈现图3-88)观察这组数据，你想让大家看到什么？你会选用什么统计图呈现数据？

生1：我想让大家看出气温的变化趋势，所以我选择折线统计图。

生2：我想让大家看到数量的多少，所以我选择条形统计图。

青岛平均气温情况统计表

2018年9月

年份	1910	1930	1950	1970	1990	2010
气温(℃)	13.6	13.5	13.7	13.7	14.1	14.7

图3-88 折线统计图1

根据学生的回答，教师出示不同的统计图(呈现图3-89和图3-90)，学生进一步观察发现：两种统计图都可以用，只是侧重表达的内容不同。

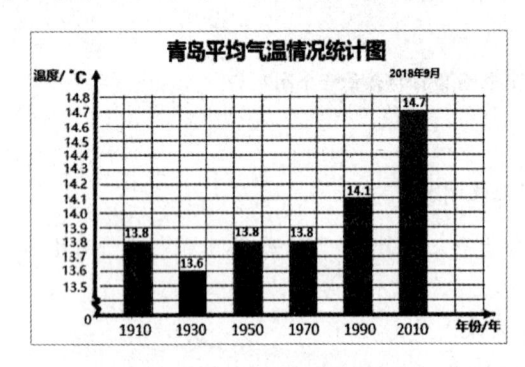

图3-89 折线统计图2　　　　　　图3-90 折线统计图3

......

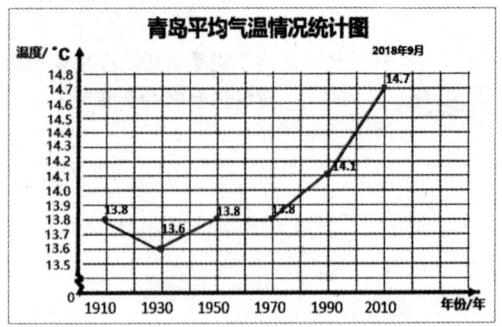

师：如果你是医生，你会选用折线统计图还是条形统计图来呈现数据呢？

大多数学生选择了折线统计图。

师：为什么选择折线统计图呢？

生齐：因为折线统计图能够清晰地反映患者体温的变化。

师：对，我们要学会换位思考，根据他人的需要呈现合适的统计图。

......

选择统计图的关键在于你统计了什么，分析了什么，你想让大家看到什么，一切皆因为需要。对于一组数据，选择什么样的分析方法，应该基于解决问题的需要来确定，分析切入角度的不同自然会得到不同的观点。

案例二 "折线统计图教学"片断

......

师：现在我们有了条形统计图和折线统计图两位小助手，给你统计表，会选择合适的统计图吗？试试看吧！第一个统计表选择什么统计图合适（呈现图3-91）？

4位同学的视力测试情况统计表					陈东视力情况统计表				
				2018年11月					2018年11月
姓名	王鹏	张伟	李明	刘刚	时间	二年级	三年级	四年级	五年级
视力	5.2	4.5	5.0	3.8	视力	5.2	5.1	4.8	4.2

图3-91　折线统计图4

生：条形统计图。

师：为什么？

生：因为我们统计的是4个同学的具体视力情况，只要知道4个同学的视力情况就行了。

师：条形统计图能很清楚地看出各种数量的多少。把其中的4个同学交换位置统计可以吗？

生：可以交换。

师：我们统计的是不同类型的量，没有顺序。第二个呢？

生：画成折线统计图

师：为什么？它统计的是什么？

生：陈东的视力变化情况。

师：也就是统计同种类型的量不同时间的视力变化情况，用折线统计图更合适。

师：观察一下咱们画的这幅折线统计图，你能获得什么信息（呈现图3-92）？

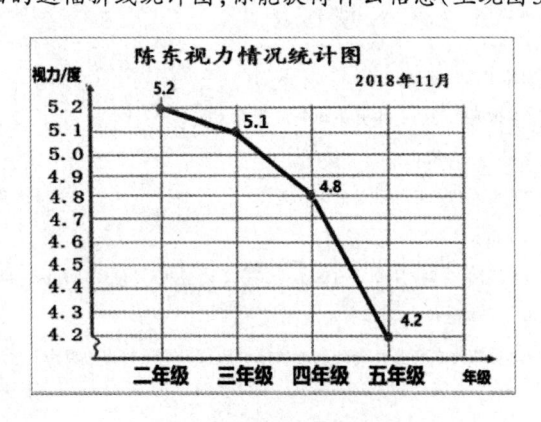

图3-92　折线统计图5

生：什么时候上升得快。

生：整体呈下降趋势。

生：什么时候视力情况最好。

师：一幅折线统计图能让我们获得这么多的重要信息，如果我把任意两年交换顺序统计行吗？

生：不行，整体趋势都变了，没法预测了。

师：折线统计图统计的是同种类型量的不同时间的变化情况，是按照时间顺序统计的。

……

曹培英老师曾指出："离散数据用条形图比较合适，连续数据用折线图比较合适。"上述教学环节中，学生通过对比分析条形统计图和折线统计图的优点，根据实际情况合理选择统计图，使得学生对两种统计图的优点有了更深刻的理解。学生感受到可以根据统计图的特点灵活应用，合适的图能让数据"开口说话",数据分析能力是在学生基于解决问题的需要选择数据分析方法的活动中,让学生体验通过选择合适的统计图来表示数据的过程中培养起来的。

四、"数据分析能力"达成度习题评价研究实践

习题训练是数学学习的重要组成部分,如何通过有效的习题评价了解学生的数据分析素养现状? 如何通过高效的习题教学提升学生的数据分析能力? 是每一位教师应时刻关注思考的问题。

案例 《数学》(青岛版)小学五年级上册第七单元"折线统计图"习题(呈现图3-93)

1. 下面是某地区2016年月平均气温和月降水量情况统计。

某地区2016年月平均气温统计图　　　某地区2016年月降水量统计图

看图回答下面的问题:

(1) 该地区(　　)月平均气温最高,是(　　)℃;(　　)月平均气温最低,是(　　)℃。

(2) (　　)月降水量最大,是(　　)mm;(　　)月降水量最小,是(　　)mm。

(3) 从1月份到7月份,气温呈(　　)走势从6月份到12月份,降水量整体上呈(　　)趋势。

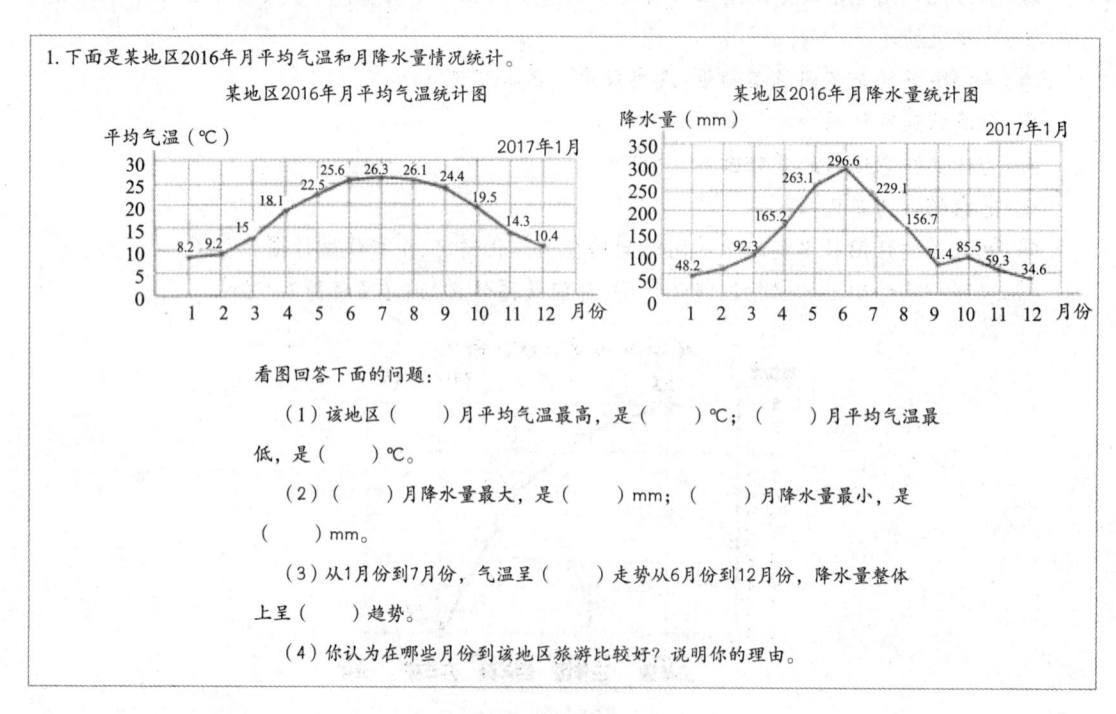

(4) 你认为在哪些月份到该地区旅游比较好? 说明你的理由。

图3-93　折线统计图6

1. 习题测查知识点与素养点剖析

此题是《数学》(青岛版)小学五年级上册第七单元"信息窗1"中的自主练习题。习题选取了"某地区2016年月平均气温和月降水量情况统计"这一学生较为熟悉的、与科学学科相联系的问题情境,引导学生根据已绘制的折线统计图分析数据、回答问题,并且根据折线统计图的特点有依据地做出判断和决策,在解决问题中测查学生的数据分析能力和观念,学生也在此过程中感受到统计的真实价值。

这道题目从三方面考察了学生的数据分析能力。首先,会读折线统计图,同时对数据的观察应当不仅关注"看到的数据信息",还要从"数据的比较""数据的整体变化情况"这样的角度去看待数据;其次,第(4)题问题的开放性使得学生由于切入点的不一致产生了多样化的结果,但是这种不确定性并不完全应由个人经验不同而带来的,而应当是建立在分析数据的基础上,有依据地做定性推断;最后,做出决策所依据的数据信息应当全面,"哪些月份到该地旅游合适"不仅要考

虑温度因素,还应考虑降水量,要观察、分析两组折线统计图中数据的意义,运用这两组数据做出合理判断和决策。只有有了这样的思考方式,学生才能逐步形成更加全面的数据分析策略与方法。

解决此题的难点：
(1)是否关注数据的整体变化趋势；
(2)数据多,观察数据时是否更倾向于整体而不只是局部；
(3)做出的预测及解释依据是否充分,不过分依赖生活经验。

解答此题要运用的知识有：
(1)认识并了解折线统计图的特点；
(2)会读图,分析数据并解决问题；
(3)在理解数据的基础上预测问题的结果或趋势,并能做出有依据的决策。

要培养学生的数据分析能力和观念,意在引导学生以数据分析的角度看问题,让学生在整理、描述与分析数据的过程中,从数据中获取到有效的信息,对数据处理的结果进行合理判断与决策,从而发展数据分析观念。

2. 学生答题情况及素养点达成度解析(见表3-6)

表3-6 典型习题学生答题状况及素养达成度分析

学生答题情况	素养达成度剖析
第(1)题：该地区(7)月平均气温最高,是(26.3)℃；(1)月平均气温最低,是(8.2)℃。(6)月降水量最大,是(296.6)mm；(12)月降水量最小,是(39.6)mm 第(2)题：从1月份到7月份,气温呈(上升)趋势,从6月份到12月份,降水量整体上呈(下降)趋势 第(3)题，"哪些月份到该地旅游合适,说明理由"：5月,因为那时候天气不冷不热,温度适中。或12月,因为那时候降水少,出行方便	(1)能正确读懂统计图中的显性信息,并能对数据进行比较 (2)关注数据整体的变化,经过简单的推理分析了数据 (3)数据中蕴含的信息没有完全读懂,过于片面,只考虑温度因素或只考虑降水量因素,预测或解释的根据不足,分析隐性信息能力较弱
第(1)题：该地区(7)月平均气温最高,是(26.3)℃；(1)月平均气温最低,是(8.2)℃。(6)月降水量最大,是(296.6)mm；(12)月降水量最小,是(39.6)mm 第(2)题：从1月份到7月份,气温呈(上升)趋势,从6月份到12月份,降水量整体上呈(下降)趋势 第(3)题，"哪些月份到该地旅游合适,说明理由"：2月、8月,因为那时候同学们放寒假和暑假,有时间去	(1)能正确读懂统计图中的显性信息,并能对数据进行比较 (2)关注数据整体的变化,经过简单的推理分析了数据 (3)数据中蕴含的信息没有完全读懂,过于片面,单凭经验做出决策,不能基于数据进行预测或解释依据
第(1)题：该地区(7)月平均气温最高,是(26.3)℃；(1)月平均气温最低,是(8.2)℃。(6)月降水量最大,是(296.6)mm；(12)月降水量最小,是(39.6)mm 第(2)题：从1月份到7月份,气温呈(上升)趋势,从6月份到12月份,降水量整体上呈(下降)趋势 第(3)题，"哪些月份到该地旅游合适,说明理由"：4月、10月,因为这两个月份气温适宜而且降水量不多,是适合旅游的月份	(1)能正确读懂统计图中的显性信息,并能对数据进行比较 (2)关注数据整体的变化,经过简单的推理分析了数据 (3)通过观察、分析数据后的预测,是在理解数据的基础上进行的决策,数据分析能力较强

五、基于"数据分析能力"提升的习题教学策略

《义务教育数学课程标准(2011年版)》中学生所要达成的学习目标是："第一学段：经历简单

的数据收集、整理、分析的过程,了解简单的数据处理方法;能对调查过程中获得的简单数据进行归类,体验数据中蕴含着信息。第二学段:经历数据的收集、整理和分析的过程,掌握一些简单的数据处理技能;体验随机事件和事件发生的可能性;进一步认识到数据中蕴含着信息,发展数据分析观念;通过实例感受简单的随机现象。"根据课程标准的要求,结合以上习题案例,基于"数据分析能力"提升的习题教学策略有以下几点。

策略1:夯实读图能力,为数据分析打好基础

曹培英老师指出:"如今的教学要求早已从重在图的绘制,转向了重在图的阅读、图的分析与图的评价(包括质疑)。"学生在新授环节已经感知了读图的步骤,但是仍然存在只会看统计图表的表面,不能基于数据进行深入分析思考的现象。在上述习题案例的教学中,问题要求为"看图回答下面的问题",旨在引导学生明确解决问题的依据及前提就是读图,分析图中的数据信息。培养学生阅读统计图表的能力是培养数据分析能力的重要一环,只有能从图中获取有用的数据信息,对数据进行分析、解释,才能通过数据分析解决问题,使数据成为学生发现、提出、分析解决问题的好伙伴。

策略2:注重数据分析策略方法的积累

教师要引导学生积极地参与数据分析活动,帮助学生积累数据分析方法,以"数据的比较""数据的整体变化情况"等为切入点去观察统计图,从多个角度分析数据,学生在这一过程中体会分析和比较数据时需要关注的问题,获得数据分析经验,掌握一些数据分析的策略方法。当积累到一定程度时,学生就能从关注"数据本身"逐渐过渡到"基于数据进行一些有意义地推断"。因此,在习题教学中,教师要及时引导、帮助、鼓励学生通过对某事物相关的全部数据进行分析,有依据地做出"定性推断",用数据说话,这比任由学生随意解释数据、脱离数据想当然地进行解释和预测要好得多。

如习题案例第(4)问"你认为哪些月份到该地区旅游比较好,说明理由"的教学中,为了避免完全脱离数据的判断和完全脱离实际的决策,教师既要适时通过"到该地区旅游需要考虑哪些因素""冬天不需要衬衫吗"等问题启发学生思考,帮助学生克服只关注局部忽视整体、只关注数据忽视现实的固有思维定式,也要指导学生直观、形象地把握折线统计图中点与线的意义,根据统计图折线的变化进行有条理、有顺序、有层次并且符合实际情况地思考,在此基础上做出"定性推断"即依据全部数据做出合理推断和决策,解决现实中的问题。在这一过程中,学生从复杂的信息中处理、分析数据,做出恰当的选择、判断,逐步掌握更加全面的数据分析方法,进一步发展数据分析能力。

策略3:借助习题拓展延伸,感悟数据分析的应用价值

我们身边许多事情可以用数据分析来解释,诸多问题可以用数据分析来解决。教师可以创造性地对习题进行拓展延伸,将课内外有效结合起来,让学生更好地体会统计的真实性,体会数据分析在生活中的意义和价值。

如习题案例"哪些月份到该地区旅游最合适,请说明理由"的教学中,可设计实践活动"如果你邀请好朋友到青岛旅游,哪些月份最合适呢?课下调查、收集数据并作出分析决策"这样的实践活动具有很强的趣味性,能吸引学生主动参与,进而提高学生的数据分析能力,同时也让学生真正体会到身边的统计、自己的统计。以提升学生数据分析能力为目标的习题评价和习题教学,要紧扣数据分析内涵,始终抓住"数据分析"这个核心词。

掌握正确的数据收集、数据整理、数据分析的方法,由表及里、去伪存真,是人们在学习、生活和工作中必不可少的环节,是人们在日常生活中解决很多实际问题的方法。数据分析观念的形成已经成为当今社会每一位公民不可或缺的基本素养。教学中要让学生明白数据分析的重要性,引领学生积极主动地用数据分析思考问题,在解决问题过程中体现从收集数据到分析推断的全过程,帮助学生掌握数据分析的方法,加强对数据的阅读、理解、分析,在运用数据分析问题、解决问题的过程中,发展提升数据分析观念。

第五节　符号意识

符号通常是某种具有代表意义的记号、标识,它源于规定或约定俗成。数学符号是数学科学专门使用的特殊文字,是含义高度概括、形体高度浓缩的一种科学语言,是应数学思维特点的需要而产生的理想化的科学书面语言。符号意识的建立对小学生的数学思维培养至关重要。

一、"符号意识"含义解读

《全日制义务教育数学课程标准(实验稿)》提出:"符号感主要表现在:能从具体情境中抽象出数量关系和变化规律,并用符号来表示;理解符号所代表的数量关系和变化规律;会进行符号间的转换;能选择适当的程序和方法解决用符号所表达的问题。"《义务教育数学课程标准(2011年版)》进一步调整为:"符号意识主要是指能够理解并且运用符号表示数、数量关系和变化规律;知道使用符号可以进行运算和推理,得到的结论具有一般性。"同时指出:"建立符号意识有助于学生理解符号的使用是数学表达和进行数学思考的重要形式。"从"符号感"到"符号意识",不仅仅是表达的变化,更是认知的更新、内涵的进一步丰富。《义务教育数学课程标准(实验稿)》对符号感的阐述更注重于数学符号的实际操作层面,更多地表现为对能力的要求。而《义务教育数学课程标准(2011年版)》对符号意识的阐述则更为关注符号意识的本质内涵,使得符号意识的内涵更加丰富,更加能够指导师生的实践操作。

国内学者结合课程标准,对符号意识给出自己的观点。史宁中教授指出,符号意识是学习者在感知、认识、运用数学符号方面所做出的一种主动性反应,它也是一种积极的心理倾向。朱立明和马云鹏认为,所谓"数学符号意识",即学习者在思维(具体表现为数学思维)的引导下,对数学知识与数学符号之间抽象对应关系的一种积极主动的心理认知活动(内隐性),在通过数学符号的感知与理解、运算与推理、交流与表达等数学思考方式解决数学问题的过程中所表现出来的与数学符号相关的一种数学核心素养(外显性)。鲍建生和周超认为,符号意识应该包括这样几个层面:"运用符号去表示数学的意义和结构;能够理解符号所表示的意义和结构;对符号进行演算(包括等价变形);运用符号进行思考,从而发现新的数学意义和结构。"

结合课程标准和国内学者对"符号意识"的解读可以看出,理解数学符号的意义,经历抽象和运用数学符号的过程,使用符号进行运算和推理以及借助符号进行数学表达和数学思考等都是符号意识的重要内容。符号意识不仅仅是对符号的操作,更强调主动运用符号的意识,主动运用符号进行数学推理和表达以及通过运用符号解决数学问题,是数学素养的系统性体现。符号意识不仅仅是理解数学符号的抽象,更应借助符号,把握数学抽象的结构,发展数学能力。

二、小学生"符号意识"培养价值

英国数学家罗素说过:"什么是数学?数学就是符号加逻辑。"数学符号能够简明、准确、严密地表达数学知识、数学思想等,它既是数学的语言,又是数学的工具,更是数学的方法,在数学学科的发展中起到巨大的推动作用。培养学生的数学符号意识,可以促进学生专注于核心问题的解决,便于运用发现的规律、归纳的公式方法,加强对数学模型的理解,提升学生的数学素养。

(一)有助于数学抽象思维能力的提升

数学家华罗庚指出:"数学的特点是抽象,正因为如此,用符号表示就更具有广泛的应用性与优越性。"数学符号的精确性、严谨性与可运算性,使得数学符号的思维功能被放大到了极致。数学思维常常成了可视的符号操作过程,不仅简洁,而且可以集中注意符号本身而不去估计符号背后的东西。

小学数学教学的核心问题是谋求儿童思维的形象性与数学抽象性的协调统一。从具体的数中抽象出用符号表示数,用符号表示数量关系或变化规律,都是经历了对问题中纷繁复杂的数量关系或变化规律最本质的理解基础之上加以概括、抽象进而实现的。学生运用符号表示数、数量关系、变化规律,能将冗长繁杂的文字语言转化成简洁明了的符号语言,即是通过抽象的数学符号系统地表达数学本质的过程,也是由"繁"至"简"的实际过程,体现了数学符号的简洁美、凝练美,有助于提升学生的抽象思维能力。

(二)有助于发展提升应用意识

皮亚诺提出,要使用统一符号,并且把数学的推理写成公式,这样才能保证理性思维的充分发挥。大多数数学符号的产生都是在高度概括本质属性后创造的产物,建立符号意识有助于学生理解符号的使用是数学表达和进行数学思考的重要形式。学生在经历符号化过程之后,进一步使用符号进行运算和推理,最后得到结果,整个过程正是数学建模的过程。利用数学符号,可以将抽象的数量关系更形象、直观、简洁地呈现出来,这有利于学生更加着眼于问题的本质,便于对数学模型的理解建构,提高解决实际问题的能力,从而发展应用意识。

如在教学乘法分配律时,教师可以给学生提供一个现实的教学情境,从情境中抽象出数量关系,建立数量关系的表象之后,再逐步抽象出数学符号表征,总结形成语言文字表征,进而采用不完全归纳法,把语言文字表征转化为字母表征是 $(a+b)c=ac+bc$。经过这样一种慢慢渗透的过程,使学生建立清晰而完整的乘法分配律的数学模型,也深刻理解了这个数学符号所要表征的数量关系的内涵与外延。学生只有理解和掌握了数学符号的内涵和思想,才有可能利用数学符号进行正确地运算、推理和解决问题,发展应用意识。

三、"符号意识"提升的教学策略

数学符号是数学抽象的特殊表征形式,小学阶段符号意识的培养目标主要为:学生能够通过运用符号来理解和表示数、数量之间的关系及其变化规律,会运用符号工具解决实际问题和数学内部的问题,进而发展符号化思想,养成符号意识。

(一)基于已有经验,萌发符号意识

建构主义理论认为,教学不能无视学习者已有的知识经验,简单强硬地从外部对学习者实施知识的"填灌",而应当把学生原有的知识经验作为新知识的生长点,生长新的知识经验。

符号的运用在我们的日常生活中已经非常普遍了。例如,学生都知道KFC是肯德基,温度计上"℃"表示的是温度,"√""×"是判断符号,马路上的交通标志牌上的"P"表示停车等,每个符号都代表着相应的含义,在学生的认知中早已产生了一种符号感,只是学生自己还没意识到,仍只是一种萌芽状态。教师应充分利用这一优势,创设情境,唤醒学生的符号经验,让单一枯燥的数学符号融入具体的现实情境中,让符号富有生命力,让学生能够建立客观事物与符号抽象之间的关系,体验到符号的意趣,萌发符号意识。

案例一 "1~5的认识"教学片断

……

(呈现图3-94)

师:火箭有几枚?

生齐:1枚。

师:请同学们仔细看看,图上还有哪些物体的个数也是"1"个呢(呈现图3-95)?

图3-94 1~5的认识1　　　图3-95 1~5的认识2

生1:1个太阳。

生2:1座房子。

生3:1条小路。

生4:1面国旗。

师:大家找到了这么多个数是"1"的物体,真了不起!我们可以用一个简单的图形来表示它们的个数。比如,这1枚火箭我们就可以用一个圆点来表示。这一个小圆点就表示?

生1:1枚火箭。

师:除了这样表示之外,在数学上我们用数字"1"来表示。

师:你能不能用1来说一句话?

生1:1只兔子。

师:这位同学用1表示了一只小动物,真棒!

生2:1棵大柳树。

师：他用1表示了一种植物。

生3：1个西瓜。

师：他用1表示了一个水果。

生4：1座城市。

师：你真有创意，用1表示了一座城市。这个1真了不起啊，它可以表示一只小动物，一种植物，一个水果，一座城市。

……

上述案例，教师从情境图中个数是1的物体出发，引导学生经历"实物—点子图—数字"这一历程，体现了数字"1"的抽象概括过程。在此基础上回归生活，将数字"1"的意义再进行拓展提升，让学生感悟虽然事物的属性不同，但由于它们的个数都是1，所以都可以用数字"1"来表示，这是小学生第一次在数学课堂上经历符号化的过程。对"10以内各数的认识"都要注重让学生不断经历由具体的人或物抽象成点子图再抽象成数字的过程，从而使学生建立起客观事物与符号抽象之间的关系，学生会渐渐对数字有不一样的看法，看到这些数字就会和相应数量的事物联系起来，理解这些数字符号所表示的意义，初步形成符号意识。值得注意的是，尽管基于学生已有经验的切入点很重要，仍应注意将"生活的"和"数学的"符号加以区分，凸显数学符号的独特性。

案例二 "10以内数大小比较"教学片断

……

师：怎样才能知道哪边人数多？哪边人数少？你有什么好办法？可以借助圆片先摆摆，再想想（呈现图3-96）。

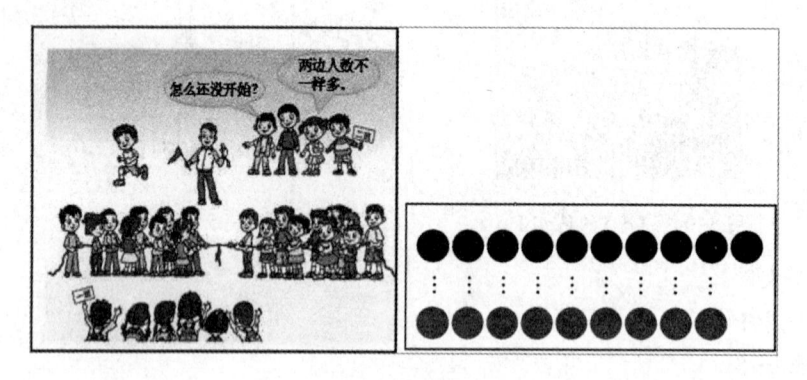

图3-96　10以内数大小比较1

学生独立思考，动手操作。

师：谁愿意说说你们的方法？

生1：我用一个黄圆片表示一个同学，1，2，3，…，9，左边一共有9人。我用一个红圆片表示右边一个同学，1，2，3，…，10，右边一共有10人。右边人多。

生2：我是竖着摆的，一个黄圆片对准一个红圆片，最后发现红色的圆片多1个。

师：哪种摆法能更清楚地看出谁多谁少？

生1：第二种摆法。

师：你能一边指一边讲讲，为什么第二种更清楚？

生1：一个对一个，最后第一行的红色圆片多出一个了。

师：这种一个对一个来比较大小的方法叫"一一对应"。大家比较得出9比10小，10比9大。在数学上有一对符号可以表示数的大小关系，你知道吗？

生1：大于号、小于号。

师：这位同学知道得可真多！10比9大可以写成10＞9，读作10大于9。9比10小可以写成9＜10，读作9小于10。

师：比较一下"＞"与"＜"，怎么区分这两个符号呢？

生1：开口方向不一样。

生2：(手势比画)有点像对号，开口向左边就是大于号，开口向右边就是小于号。

生3：开口朝着大数，尖尖的地方对着小数。

师：大家分析得很细致，用上符号，就不用写这么多文字了，写写试试，你感觉怎么样？

生齐：非常简单。

师：又跑来一位小朋友，现在可以比赛了吗？为什么？

生齐：可以了，这次左右两边人数一样多了。

师：你能像刚才那样用圆片摆一摆，使别人一眼就看出两边的人数同样多吗？

生齐(边摆小圆片边讲)：一个对一个，没有多余的，就是"同样多"(呈现图3-97)。

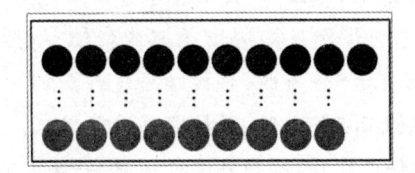

图3-97　10以内数大小比较2

师：两边同样多，10等于10，也可以用个符号表示？你知道吗？

生齐：等号。

师：对，10等于10，可以写成10=10，等号就是"="。10=10，读作10等于10。

……

上述案例中，学生基于解决问题的需要先主动梳理自己已有的符号认知经验。第一次是迁移学习数字1～10的活动体验，再次经历由"实物—圆片(点子图)—数字"这一摆数过程；第二次是对摆的圆片进行数量比较，在一个对一个的过程中，感悟"一一对应"思想，结合学生的语言表述，由文字抽象出数学符号"＞""＜"和"="。在这一过程中，学生感悟到与冗长的文字语言描述相比较，数学符号语言更为简洁，体验到数字、数学符号存在的必要性、优越性，从而促进符号意识的建立。

案例三 "搭配问题"教学片断(呈现图3-98)

图3-98 搭配问题1

......

师:刚才,我们借助衣服卡片用摆一摆的方法找到了6种搭配方法,你能想一个简单的办法把这些搭配方法记录下来吗?请大家拿出学习探究单,动笔试一试吧!

学生尝试。

师:下面我们来分享一下大家的记录方法。

生1:我是用文字列举的方法来记录的。让绿裙子分别和黄上衣、粉上衣搭配,黑裙子分别和黄上衣、粉上衣搭配。蓝裙子分别和黄上衣、粉上衣搭配搭配,一共有6种搭配方法。

生2:我是用文字和符号来表示5件衣服,再按顺序进行搭配,一共有6种搭配方法。

生3:我是用字母和数字来表示5件衣服,再按顺序进行搭配,一共有6种搭配方法。

生4:我是用图形来表示5件衣服,再按顺序进行搭配,一共也有6种搭配方法(呈现图3-99)。

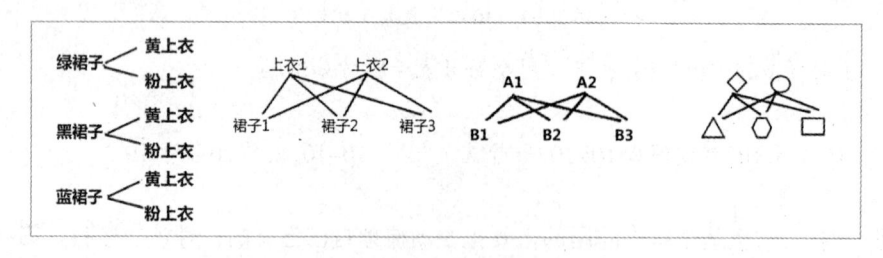

图3-99 搭配问题2

师:大家来比较一下这几种记录方法,有什么相同的地方?

生1:都注重了按顺序进行搭配。

生2:都不重复也不遗漏。

师:你们觉得哪种方法更简洁呢?

生1:用字母或用图形这两种方法简单。

生2:我也同意,更能让人一目了然。

师:原来用简单的图形、数字或者字母来代替具体的事物,可以快速表示出数学现象,复杂的问题就变得简单了。

......

数学符号是数学抽象的产物,上述案例在解决衣服的搭配这一实际问题情境中,通过分层展示学生的不同做法,引导学生充分观察、思考、比较,逐步体会到用图形、字母、数字符号来表达的条理性、简洁性,唤醒了学生已有的符号感经验,培养了学生的符号意识,发展了学生的有序思维和抽象思维。

(二)经历符号化过程,发展符号意识

符号意识是学生在长期的数学学习过程中通过体验和感悟养成的。要让学生真正地认识符号,就需要学生经历从形象到表象再到抽象符号的过程,把客观现实中存在的事物和现象以及它们之间的相互关系转化为数学符号和公式,不再只是生搬硬套地使用符号,而是要感受到符号存在的意义,能够理解符号所表征对象的内涵与外延,将自身隐性的符号感转变成一种显性的认识,从而初步形成符号意识。

案例一 "用字母表示数"教学片断

……(呈现图3-100)

图3-100 用字母表示数

师:一个节水水龙头每分钟可节水10毫升。根据这个信息,你能提一个数学问题吗?

生:2分钟节水多少毫升?

师:这个同学的思维非常敏锐。由每分钟的节水量马上想到了2分钟的。像这样的问题,大家能接着提吗?

生1:3分钟节水多少毫升?

生2:4分钟节水多少毫升?

生3:5分钟节水多少毫升?

……

师:像这样的问题你们能提多少? 为什么?

生1:能提很多。

生2:能提无数,因为分钟数是无限的。

师:同意他的说法吗? 看来,这样的问题老师是写不完的,怎么办?

生3:加省略号吧!

师:哦,用省略号代替,是个好主意。下面我们就依次来解决这些问题吧。先看第一个,会列算式吗?

生3:2×10=20。

师:给大家解释一下这里的2表示什么? 2×10又是算出什么来了?

生3:2表示2分钟,2×10表示2分钟节水多少毫升。

师：一个节水水龙头2分钟的节水量我们已经解决了,那3分钟、4分钟、5分钟等后面任何分钟数的节水量,你都能分别列出相应的算式吗？在本子上写写试试吧。

(指一生板演,其余写本子上)

师：好,先写到这儿,让我们一起来看一下黑板上这个同学所列的算式吧！$2×10=20,3×10=30,4×10=40$…写完了吗？

生：没有。

师：其他同学有没有写完的呢？再给你们多长时间就能全部写完了？

生1：太多了,写不完。

生2：因为分钟数是无限多的,所以这样的算式根本就写不完。

师：看来,要想把任何分钟的节水量都一一列出算式,有点困难,那怎么办呢？能不能想个办法,只用一个算式就表示出任何分钟的节水量呢？

生1：用图形表示时间,节水量：▲×10。

生2：用字母表示时间,节水量：$A×10$。

师：在数学学习中,我们经常用字母来表示数,在这里除了字母A,还可以用哪些字母？

生1：字母B,C。

生2：字母X,Y。

师：在数学上,为了统一,通常用t表示时间,那t分钟的节水量该怎样表示？

生：$t×10$或者$10×t$。

师：t可以是哪些数呢？

生1：t可以是$10,100,300,…$

师：t只能表示整数吗？

生2：还可以表示小数、分数。

生3：t只要比1大。

师：同学们分析得很全面。用$10×t$可以表示任何分钟的节水量,可以表示这无数个算式,你有什么感受？

生1：用字母表示数可以表示所有的情况,很简单。

生2：说不完、写不完的情况可以用字母或者符号来表示。

生3：字母让数学变得更简单。

师：用字母表示数,字母和数一起可以参与运算,可以用式子把数量关系简明地表示出来,这是符号的功劳,也是数学学科特有的简洁美。

……

上述案例中,教师先让学生感受到用以前学的数学知识解决问题的局限性,产生探究、创造的欲望,再给学生充分的时间和空间"思"数学、"议"数学,真正经历用字母表示数这种方法形成的过程。学生呈现出用文字、图形、字母等来表示任何时间的节水量,在探讨字母t可以代表哪些数这个问题时,学生想到用字母可以表示小数、分数、自然数、任何数等不同的结果,方法可能不是全部合理,但重要的是在这一过程中,学生感受到了用字母表示数使人类摆脱了使用具体数字研究问题的局限性,深刻体会到符号的简约性和优越性。在师生、生生思维碰撞启迪中,学生勇敢表达自己的想法,充分经历符号化的全过程,既感受到字母表示数的必要性,又领悟到数学符号的抽象性、简洁性、模型性,培养了学生的符号意识。

案例二 "用数对确定位置"教学片断

……

师：看来要把第几列第几行这些字完整地写出来,确实很费时间。我们数学最突出的特点是简练。你能不能想个办法既准确又简明地表示出小强的位置？

学生自己先写写,然后在小组里互相交流。

师：下面我们请这几个同学介绍一下的他们的想法。

生1：我写的是3列2行。

师：字数变少了。

生2：我写的是3○2△,用圆形表示列,三角形表示行。

师：用图形表示,很有创意。

生3：我写的是3|2—,用竖线表示列,横线表示行。

师：数字和图形相结合,很简练。

生4：我写的是3—2,列和行用横线隔开。

生5：我写的是3、2,用顿号把列和行隔开。

师：用符号把列和行隔开,很简便。

师：大家觉得这些方法怎么样？谁来评价一下。

生1：我认为第一种方法容易懂,但要写字还是比较麻烦。

生2：画图形和画竖线虽然简单,但是要加以说明,别人看不明白。

师：同学们真会开动脑筋,比较一下,这些方法什么有共同点？

生：都有3和2。

生：都有列和行。

师：你们的想法和数学家的想法非常接近。数学家也是保留了这两个数,中间用了个符号隔开,看看是加了什么符号？

生齐：逗号。

师：逗号和点哪个好？

生齐：逗号更好,加点就成了小数了。

师：又加了一个小括号,知道为什么要再加个括号吗？

生1：这两个数确定一个位置,所以它们是一个整体,得括起来。

师：对,小强在第3列第2行的位置,可以写成(3,2)。数学上把这一对数叫作"数对",这个数对(3,2)表示什么意思啊？

生1：3表示第3列,2表示第2行。

师：小刚、小军、小华的位置你会用数对表示吗？

学生写在答题纸上,全班反馈订正。

师：请同学们看大屏幕,注意观察发生了什么变化？你们看,刚才的情境图现在变成什么了(呈现图3-101)？

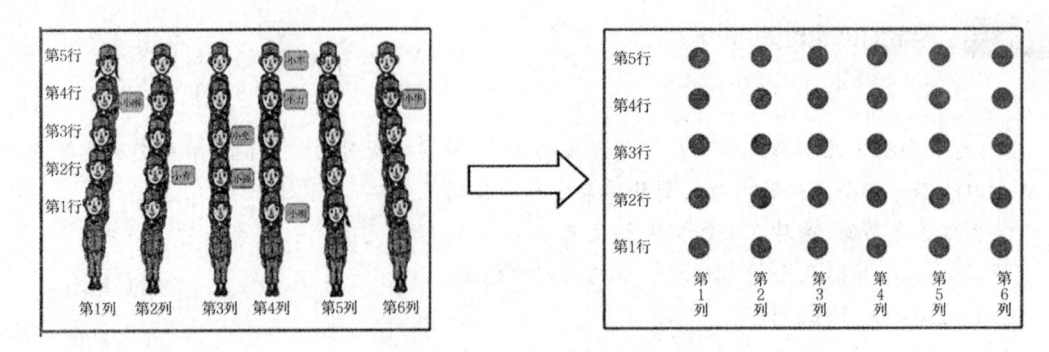

图3-101 用数对确定位置

生2：点子图。

师：这样有什么好处？

生2：用一个个小圆点来代替了每个同学，看起来更清楚了。

师：小力的位置用数对表示是(4,4)，你能在图上标出他的位置吗？

一同学上前面用鼠标指一指。

师：小青、小亮、小明的位置怎样用数对表示呢？

根据学生回答，教师板贴(2,2)、(3,3)、(4,1)。

师：大家觉得用点子图这样表示队列，有什么好处？

生1：这样的点子图我们很容易数出几行几列，比刚开始用的方法简洁了。

师：现在同学们已经能比较熟练的用数对表示位置了，如果圆点越来越多，要确定其中一个位置，还会像现在这么容易吗？好，我们再来看屏幕，有什么变化？

生2：点子图变成方格图了。

师：观察一下，原来的点子图和转化后的方格图，你有什么发现？

生1：点子就是方格交点。

生2：少了几个字，用行、列数字代替了。

师：更简单了。

……

上述案例中，教师引导学生创造更简洁的表示位置的方法，在创造数对的过程中，加深了对数对的理解，明确了数对的意义。学生通过经历由"队列图—点子图—方格图"的抽象过程，充分地体验到图示的简洁性，发展深化了符号意识。

案例三 "重叠问题"教学片断

……

师：刚才我们通过仔细地观察学生名单，才发现有4名同学重复了，咱们一起想想办法（呈现图3-102），重新设计一下这份名单吧，让我们既能清楚地看出参加小记者活动的人数和参加小交警活动的人数，又能很明显地看出两项活动都参加的人数。

```
         小记者          小交警
    李 明  王东方    丁 娜  王 强
    赵 刚  张小帅    赵 刚  张小帅
    方 伟  王 强    于平丽  李 明
    周晓丽 赵 云    徐大文  刘乐乐
    孙 亮  陈 红    毛小宁
    合计：10人      合计：9人
```

从学具盒里拿出姓名卡片，重新设计活动名单。
活动要求：
1.既能清楚地看出参加小记者的10人和参加小交警的9人，又能很明显地看出两项活动都参加的同学。
2.在小组内互相交流，分享想法。

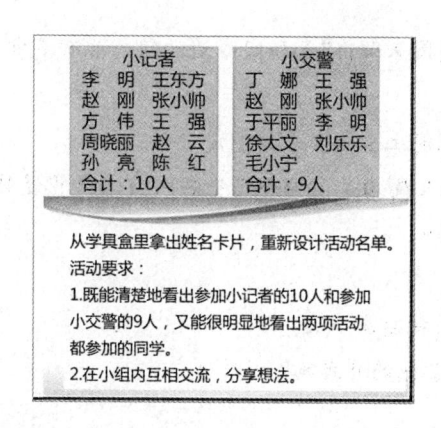

图 3-102　重叠问题 1

学生小组合作探究，教师巡视指导，全班交流。

生1：重复的4个同学，分别摆在他们组名字的上面。

生2：重复的4个同学名字摆在中间，其他只参加一项活动的同学的名字分别摆在两边。

师：比较一下这两种设计方案，大家觉得怎么样？

生1：两种方法都能一下子看出谁重复参加了两项活动。

生2：第二种更清楚，重复的4个同学只摆了1次，比第一组两边都摆的方法更简便。

师：大家看，确实更简单了，如果我们不用动作或语言描述，还是不能特别清楚地让别人一下子看清哪是参加小记者的、哪是参加小交警的。有没有好办法，让大家看得更清楚（呈现图3-103）？

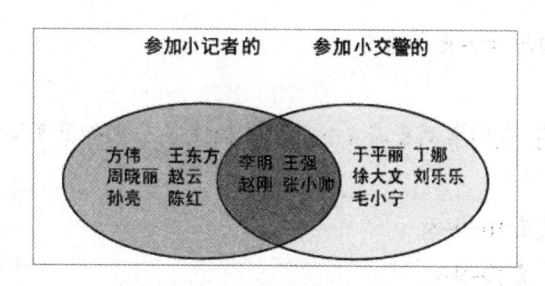

```
         参加小记者的      参加小交警的

     方 伟              于平丽   丁 娜
     周晓丽 王东方 李 明  徐大文   刘乐乐
     孙 亮  赵 云 赵 刚 王 强 毛小宁
          陈 红  张小帅
```

图 3-103　重叠问题 2

生3：把他们圈起来。

师：你能不能用笔圈一圈参加小记者活动和参加小交警活动的同学呢？

学生到黑板圈名字。

师：大家同意吧？我们来看这种方法，重复参加的4个同学名单只出现了一次，但是小记者的名单里有他们，小交警的名单里也有他们。简简单单的两个圈，轻轻一重叠，就可以一圈两得。

师：这种图在数学上就叫作韦恩图。你知道韦恩图是谁发明的吗？我们一起来了解一下吧。
课件出示韦恩的资料。

师：接下来，老师想请一位小老师给大家介绍韦恩图各部分代表的意思，谁来讲一讲？

生1：蓝色部分是参加小记者活动的同学，黑色部分是参加小交警活动的同学，这里分别是只参加小记者活动的、只参加小交警活动的和两项活动都参加的同学。

师：现在能不能根据韦恩图来解决"参加实践活动的一共有多少人"这个问题？

生2：10+9-4=15（人）。

师：你是怎么想的？能不能上来结合韦恩图讲一讲？

生2：10是参加小记者的人数，9是参加小交警的人数，4是重复的人数。

师：大家还有什么问题吗？

生3：为什么减去4？

生2：因为重复数了两次，就减去一次。

师：你很会讲道理，还有其他的算式吗？

生4：5+6+4=15（人）。

师：结合图讲一讲好吗？

生4：5是只参加小记者，6是只参加小交警的，4是两项都参加的。

师：同学们不仅列出了算式，还能结合韦恩图说出这样列式的道理，有理有据。这种数与形结合起来思考问题的方法，叫作数形结合。同学们从不同的角度思考列出了这么多算式。你比较喜欢哪一种？

生1：10+9-4。我觉得更清楚。

生2：5+6+4。每部分加起来更简单。

生3：5不是信息里的数。

师：的确是这样，我们来看，信息里的数据是什么？

生4：10、9。

师：所以你们觉得哪种方法更合适？

生齐：第一种。

师：正是利用韦恩图，我们看到要将4个人重复的减去。那如果5人重复，怎么列式？6人重复呢？7人呢？

生1：5人重复，算式是10+9-5。

生2：6人重复，算式是10+9-6。

生3：7人重复，算式是10+9-7。

师：通过图的直观演示，仔细观察一下这些算式，怎样解决重叠问题呢？先独立思考，再和同桌交流一下。

生齐：把两部分加起来，再减去重叠部分。

师：就像同学们说的这样，我们解决重叠问题，用两部分的和减去重复的部分数量。

……

上述案例，在解决问题的过程中，教师设置冲突，让学生在交流方法、分析策略的过程中，自然、流畅地建立了"韦恩图"雏形，感悟集合思想。借助"韦恩图"，学生弄清了重叠问题的数量关系，寻找解决问题的不同策略，在对不同策略的对比沟通中，充分感知解决问题方法的多样性与共性，体验、构建出解决重叠问题的数学模型，体验到数学图形符号的作用与价值，发展符号意识。

(三)基于问题解决,感悟符号价值

发展符号意识最重要的是运用符号进行数学思考,这种思考是数学抽象、数学推理、数学模型等基本数学思想的集中反映,是最具数学特色的思维方式。符号意识的灵活运用能够大大约简思维过程,提高解题的效率,要引导学生在解决复杂问题时,能够主动想到用"符号"表示,想到可以运用符号使复杂的问题简单化,体会到符号的价值与魅力。

案例一 "用数对确定位置"教学片断

……

师:刚才大家都用数对表示出了教室中自己的位置,下面我们比一比谁的反应快。老师写一个数对,咱看看能让那个位置的同学站起来吗(师板书:$(5,y)$)?

师:能说说你为什么站起来吗?

生:虽然第二个数不知道,但是第一个知道是5,所以就是第五列的同学应该站起来。

师:大家都同意吗?请这一列的同学依次汇报一下你的位置吧!

生1:数对$(5,1)$。

生2:数对$(5,2)$。

学生依次汇报。$(5,3),(5,4),(5,5),(5,6),(5,7)$。

师:那谁能写一个让一行都站起来的数对?

生:$(y,2)$。

师:快站一站,说说你为什么站起来啦?

生:因为只知道数对的后一个数是2,第一个数未知代表任意的一个数,也就是第二行的同学都要站起来。同意吗?

师:你学得快,反应得也快。那你能不能写一个数对,让咱全班同学站起来?

生:(y,y)。

师:你们同意吗?有没有不同的意见?

生:我觉得不能是(y,y),虽然y可以是任意的一个数,但是数对前后两个数都是y,第一个y定了后,第二个数也就随即定啦。

问:你们听懂了吗?你真是个会思考的孩子。能够想到y和y虽然是未知的,但却是相等的。

师:你们能猜一猜这个数对能让哪些同学站起来吗?

生:斜着的。

师:我们一起看一看。当y等于1时,这个数对就是……;$y=2$时,这个数对就是……;依次下去,果然是斜着的这一行同学。想让咱全班同学站起来,可以是哪个数对?

生:(x,y)。

师:你们同意吗?谁来说说为什么?

生:因为x和y都是未知的,而且互不影响,可以代表任意一个位置的数对。

师:你表述得真清楚,咱班的孩子不仅会观察,而且善于总结规律。

……

在学生初步建立数对模型后,让学生用数对表示教室中自己的位置,将平面图形中的位置过渡到生活中的位置。以游戏的方式练习用数对表示位置,使学生发现数对中的一些规律,尤其是数对(x,y)的呈现,体现了学生对符号的积极运用,学生已认识到符号具有普遍性、一般性特质。

案例二 "三角形三边关系"教学片断

……

师:看来对于任意三角形都有这样的性质,那就是"任意两边长度的和大于第三边",这就是三角形的三边关系。你能用含有字母的式子表示出这三角形三边之间的关系吗(呈现图3-104)?

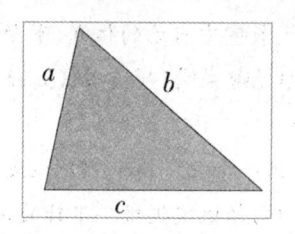

图3-104 三角形三边关系

生1:$a+b>c, a+c>b$。

生2:$a+c>b$。

师:能看明白吗?用含有字母的式子表示,有什么好处?

生1:比写文字简单。

生2:这种式子能更清楚地表示出来。

……

上述案例,通过用字母表示三角形的三边关系,帮助学生完成思维由具体到抽象的建模过程,不仅加深了对"三角形三边关系"的理解,还启迪了学生的符号思维,让学生进行积极的符号实践,培育和发展了学生的符号应用能力。

案例三 "圆的认识"教学片断

……

师(课件出示):两个圆的半径之比是2:3,则它们的直径之比是(　　),周长之比是(　　),面积之比是(　　)。

生:它们的直径之比是(2:3),周长之比是(2:3),面积之比是(4:9)。

师:你是怎么想的?

生1:先分别求出两个圆的直径、周长、面积,再分别化简比。

生2:我觉得他的方法太麻烦了。我是分别用r和R表示两个圆的半径,因为$r:R=2:3$,所以$d:D=2r:2R=r:R=2:3$,$C_1:C_2=2\pi r:2\pi R=r:R=2:3$,$S_1:S_2=\pi r^2:\pi R^2=r^2:R^2=4:9$。

生3:我们还发现了两个圆的半径之比、直径之比、周长之比是一样的,面积之比是半径之比的平方。

师：对于这三个同学的方法和发现，你有什么想说的？

生4：我觉得分别计算直径、周长、面积再化简的方法太麻烦了，很容易算错。

生5：我觉得第二个同学用字母运用公式进行推导的方法比较好，不用大量计算，而且还让我们发现了长度之比和面积之比的规律。

……

教师在教学中善于捕捉课堂生成的资源，通过对具体的数字计算、借助符号进行运算、推理演算这三种方法的对比，引导学生不仅得出两个圆的半径之比、直径之比、周长之比、面积之比的规律，更重要的是感悟到了用符号进行运算、推理的简洁性、优越性。

四、"符号意识"达成度习题评价研究实践

符号意识是隐性的课程目标，国内学者对符号意识评价的研究也在不断跟进。重庆师范大学黄翔教授指出符号意识体现在"符号理解、符号操作、符号表达、符号思考"这四个维度。朱立明、马云鹏则利用SOLO分类法对符号意识进行了维度和水平的划分：按层次构建了包含4个维度的PORE评价框架：数学符号的感知，数学符号的运算，数学符号的推理，数学符号的表达。以上划分均体现了《义务教育数学课程标准(2011年版)》中对符号意识的阐述理念，这一理念在习题教学中也要加以关注落实。

> 案例一 《数学》(青岛版)小学四年级下册"用字母表示数"单元习题

1. 习题测查知识点与素养点剖析

此题是《数学》(青岛版)小学四年级下册第二单元信息窗1"用字母表示数"的一道练习题(呈现图3-105)。习题通过研究磁悬浮列车的速度，考查学生是否能够在具体情境中运用含有字母的式子表达数量关系和运算结果，体验数学符号在具体情境中的作用。

一列磁悬浮列车的速度是7千米/分，进站前，平均每分钟减速a千米。2分钟后，速度减少了_____千米；5分钟后，速度为_____千米/分。

图3-105 用字母表示数习题

解答此题要运用的知识有：

(1)在具体情境中感知字母表示数的含义；

(2)用含有字母的式子表示数量关系和运算结果。

2. 学生答题情况及素养点达成度解析(见表3-7)

表3-7 典型习题学生答题状况及素养达成度分析

学生答题情况	素养达成度剖析
2分钟后速度减少了14千米，5分钟后速度为35千米	缺乏符号意识，不理解数学符号的内涵与意义，不能运用含有字母的式子表达题目中的数量关系
2分钟后速度减少了$(a+a)$千米，5分钟后速度为$(5a)$千米	有运用字母表示数及简单的数量关系的意识，但不能准确地运用含有字母的式子表达问题中的"减少了"和"减少为"的数量，符号表达理解层次较低
2分钟后速度减少了$2a$千米，5分钟后速度为$(5a-7)$千米	能运用字母表示数及简单的数量关系，并能使用符号进行简单的运算，能够运用数学符号的关联性表达数量关系，但符号表达及推理的水平还有待提高
2分钟后速度减少了$2a$千米，5分钟后速度为$(7-5a)$千米	具有符号意识，能够理解数学符号内涵，能够运用符号分析表达题目的数量关系，符号意识较强

从学生答题情况可以看出，由于刚刚接触用字母表示数的方法，部分学生还不习惯用字母或含有字母的式子表示结果，出现用数值表示结果的情况。要解决此类题目，要求学生能够抽象出情境中的数量关系，并运用含有字母的式子进一步表达数量关系，并明确字母和含有字母的式子既可以表示数、数量关系，也可以表示结果。

案例二 《数学》(青岛版)小学六年级下册"圆柱和圆锥"单元习题

1. 习题测查知识点与素养点剖析

此题是《数学》(青岛版)小学六年级下册第二单元信息窗2"圆柱的表面积"的一道挑战性练习题(呈现图3-106)。

> 一张铁皮长62.8厘米，宽31.4厘米。张师傅想用这张铁皮做侧面(接头处忽略不计)，加工成一个无盖的圆柱形小桶，可以配制多大面积的底面？哪种方法加工成的小桶容积大？(可用计算器计算)

图3-106 圆柱和圆锥习题

解答此题要运用的知识有：
(1)圆柱的表面积计算方法；
(2)圆柱的体积计算方法；
(3)用含有字母式子表示数及数量关系。

2. 学生答题情况及素养点达成度解析(见表3-8)

表3-8　典型习题学生答题状况及素养达成度分析

学生答题情况	素养达成度剖析
列算式解答 ①以铁皮长为底面周长围成圆柱： 半径：62.8÷3.14÷2=10(厘米) 体积：3.14×10²×31.4=9859.6(立方厘米) ②以铁皮宽为底面周长围成圆柱： 半径：31.4÷3.14÷2=5(厘米) 体积：3.14×5²×62.8=4929.8(立方厘米) 9859.8＞4929.8 以铁皮长为底面周长围成的圆柱形小桶容积大	缺乏符号意识，还处于具体数字运算阶段，不能运用符号进行数学表达，不会使用数学符号参与运算
想用含有字母π的式子进行表达，但无法正确进行运算	有一定的符号意识，能够主动用含有字母的式子表示数量关系和运算结果，但在运用符号进行运算和推理时存在一定的困难
假设长方形的铁皮长为a，宽为b，则分别表示以长方形的长和宽为底面周长的两个圆柱的体积，并进行比较 $(a>b):\dfrac{a^2b}{4\pi}>\dfrac{ab^2}{4\pi}$	能够主动运用符号表示公式，并进行符号运算，进而结合合情推理和演绎推理对结果进行合理的解释，能够在解决问题的过程中主动运用数学符号进行数学思考

对于大部分学生来说，这是一道纯计算类的题目，很难主动想到用数学符号参与运算，使繁杂的计算化简，这也说明有相当一部分学生在一定程度上缺乏主动运用字母进行运算的意识。同时，即使有一部分学生想到用含有字母的式子表示体积，但在进行字母式的运算时，也存在一定的困难。

五、基于"符号意识"提升的习题教学策略

策略1：循序渐进，读懂符号表示的意义

刚开始学习数学符号时，很多学生都感觉既枯燥又抽象。对符号意识的培养，要经历从最初的读懂数学符号及符号表达式的意义，到能操作符号进行运算和推理，再到形成运用符号思考的思维方式，这一过程要循序渐进，逐步深入。在低年级阶段，学生接触到的仅仅是数字和"+""-""×""÷"运算符号及一些简单的图形，教师可以培养学生尝试将文字或图形转换为数字或算式。例如，"一图四式"练习，要求学生看图列式，这就是将图形语言转换成数字符号语言，在转换过程中学生还经历了分析数量关系的过程。又如，案例一中的习题，必须先让学生理解题中每一个字母所在题目中的意义，然后根据题目要求来分析数量关系，学生在没有认真分析题目中a的含义时很容易列出错误的算式，由此可见理解每一个字母所表示的含义是学生能正确完成一道练习题的基础。教学中要注重引导学生能将日常语言表述的数量关系转化为数学符号语言，也能将抽象的数学符号所表示的数量关系，转化为具体情境中的语言，通过相互转化，不仅可以体会到符号语言比日常语言描述更加简单易记，同时也使符号意识得到进一步的巩固和应用。

策略2：经历运用，感受符号表达的优越性与价值

在数学教学活动中，如果单一地告诉学生符号表达具有哪些优点，学生是无法体会到，只有学生亲自体验了，在解决问题的过程中充分感悟了，学生的记忆才能足够深刻。教师可以充分利

用学生潜在的符号意识,选取生活素材,灵活设计习题,让学生在解决问题过程中再次经历从"具体事物—学生个性化符号—学会数学化的表示"这一逐步数学符号化的过程,从而体验符号的优越性。在练习应用中,去理解符号不仅能够表示任何数,还可以表示任意的数量关系等,而且从中也可以锻炼学生的抽象概括能力。数学符号的优越性体现在多个方面,例如,通过"+""-""×""÷"这四个数学符号可以对各个数量之间的关系进行清楚、简洁地描述,同时在数学公式以及定理中也可以发现数学符号的优越性。例如,案例二的符号公式的直接运用,能够让计算变得更加的快捷方便,可以大大地节约计算时间。学生符号意识在小学阶段为学生的学习提供许多便利,运用此方法解题迅速易懂,学生的学习更高效。

数学要用数学的语言介绍现象、解释规律,而数学符号就是最便捷的方式之一。符号意识的培养是一个持续的、循序渐进的、逐步发展的过程,需要教师从低年级开始持续渗透,在教学中有意识地创造各种机会,让学生经历符号表征、转换、运算和推理的过程,让学生感受符号表达和符号思考的优越性,爱上数学符号,并形成自觉运用符号进行表达和思考的意识,这将会对学生后续的学习产生积极的影响。

第六节　创新意识

创新是指以现有的思维模式提出有别于常规或常人思路的见解为导向,利用现有的知识和物质,改进或创造新的事物、方法、元素、路径、环境,并能获得一定有益效果的行为。创新是一个民族发展不竭的动力,社会的进步离不开创新,从小培养学生的创新意识,播撒创新的种子,显得尤为重要。

一、"创新意识"含义解读

创新就是要求异,不要雷同。创新在学生学习过程中具体表现为学生能够自主学习,通过自己的思考去解决问题,或是在解决某一问题的过程中,自己想出与众不同有新意的解决办法。小学生学习中的创新,不是从无到有的发明,好奇心、求知欲、批判精神、丰富的想象以及独特、新颖的方法都可视为其创新的表现。

《义务教育数学课程标准(2011年版)》明确指出:"创新意识的培养是现代数学教育的基本任务,应体现在数学教与学的过程之中。学生自己发现和提出问题是创新的基础;独立思考、学会思考是创新的核心;归纳概括得到猜想和规律,并加以验证,是创新的重要方法。创新意识的培养应该从义务教育阶段做起,贯穿数学教育的始终。体会数学知识之间、数学与其他学科之间、数学与生活之间的联系,运用数学的思维方式进行思考,增强发现和提出问题的能力、分析和解决问题的能力。初步学会从数学的角度发现问题和提出问题,综合运用数学知识解决简单的实际问题,增强应用意识,提高实践能力。获得分析问题和解决问题的一些基本方法,体验解决问题方法的多样性,发展创新意识。"由此明确三点:第一,创新意识的基础在于学生自主发现问题;第二,创新意识培养完成的关键在于学生会独立思考;第三,创新的方法需要经过归纳概括得到猜想和规律,并加以验证。这三点都是以学生为活动的主体,教师在其中的角色在于如何在教学活动中充分调动学生积极性来主观能动地完成上述三步创造过程。

二、小学生"创新意识"的培养价值

在信息技术飞速发展的今天,人类的科学技术日新月异,如果我们没有创新,故步自封,停滞不前的话,就必将会被社会所淘汰,所以我们必须在教学过程中,培养学生的创新意识,为社会培养创新型人才。

(一)有利于培养学生勇于探索的精神

探索是指独立或与他人合作参与特定的数学活动,利用原有经验和方法参与新知识的学习和研究,理解或提出问题,寻求解决问题的思路,发现对象的特征及其与相关对象的区别和联系,获得一定的理性知识的过程。心理学家克鲁捷茨基认为:"学生的创造性虽然没有客观价值,但对学生自己来说,从主观上是新的,研究过程是创造性的。"学生的创造意识的培养离不开学生自身的积极探索实践。探索与创新往往相互依存,不可分割。探索是一种主动的研究、发现自然事物的某些规律、联系、属性等的心理倾向,它是创新的有效途径,创新是探索的追求与归宿,创新带来的喜悦与成就感,是推动学生积极探索的内驱动力,能激发学生对新鲜事物探究的主观能动性。创新意识与探索精神的培养是相辅相成,共同提升发展的。

(二)有利于提升学生的数学思维品质

所谓思维品质是思维发生和发展所表现出来的个性差异,主要表现为思维深刻性、敏捷性和独创性等。思维是人类本质的特征,是人一切活动的源头,也是创新的源头。数学学习的主要活动是数学思维活动,即运用数学方式的理性思维进行思考,通过数学思考完成数学抽象、数学推理、数学建模。在此过程中,只要学生勇于独立思考,敢于提出自己的见解和看法,就能体现出学生思维的创新性,创新思维是通过学生思维的高度参与、高阶思维的启动而产生的。学生具有了"创新"意识,会表现出一种主动去探索、发现的心理倾向、一种积极的探究态度,会对学生的知识、技能的学习起到良好的促进作用,还能使学生的思维层次步步深入,提升学生的数学思维品质。

(三)有利于适应社会发展的需求

未来具有强烈的不可预知性,现在的知识水平不可能包罗万象,适应变幻莫测的未来所需,但是终身学习的意识、过硬的心理素质和良好的创新意识会使现在的学生成为将来社会需要的创新型人才,创新意识的培养是社会发展所必需的。培养创新型人才不仅对学生本人有着终身益处,对未来社会也具有重要价值。小学数学教学要培养能够适应未来社会发展需要的人才,需要具有前瞻性。在教育教学活动中,我们要善于鼓励学生独立思考,大胆质疑,引导学生多角度思考问题,养成求异创新的习惯,努力把学生培养成敢于探索、勇于创新、善于思考,具有良好综合素质的人才。

三、"创新意识"提升的教学策略

数学作为一门思维性极强的学科,在培养学生的创新思维方面有着得天独厚的优势。教师作为学生学习过程中的引导者、合作者,对学生创新意识的培养起着决定性作用。讲授为主、题海战术、刻板记忆这些教学方法的过度使用会扼杀创新,教师要以各种生动有趣的教学活动为中介,通过内隐与外显的活动,最大限度地激发学生的学习兴趣和探究欲望,才能培养学生的创新意识。

(一)强化问题意识,激发创新欲望

"问题"是创新的起点,是数学研究的核心。爱因斯坦曾经说:"提出一个问题往往比解决一个问题更重要。因为解决问题也许仅仅是一个数学上或实验上的技能而已,而提出新的问题,却需要有创造性的想象力,而且标志着科学的真正进步。"教师要营造轻松愉悦的学习氛围,激发学生的求知欲,充分挖掘学生的潜力,让学生经历"想问—敢问—会问—好问"的学习过程,强化学生的问题意识。

案例一 "找规律"教学片断

……

师:我们一起来做个游戏放松一下吧!游戏的名字叫"打鼓敲锣"。看老师表演"咚咚锵锵锵""咚咚锵锵锵""咚咚锵锵锵""咚咚锵锵锵"……请大家跟着一起做。

生:"咚咚锵锵锵""咚咚锵锵锵"。

师:这么快就学会了啊?用数学的眼光思考一下,有什么发现?

生:打鼓是两声,敲锣是3声,是有规律的。

师:每一组一共有几声?

生:一共有5声。

师:同学们找到了这里面的规律,所以很快就学会了,我们再来玩一次。

师生一起玩,再次体会。

师:能根据这个小游戏,提一个数学问题吗?

生1:第24下是打鼓还是敲锣?

生2:第30下呢?

……

上述案例,教师充分利用儿童好动、好问、爱表现的天性,以游戏形式激发学生的参与兴趣,以一句"以数学的眼光思考"启迪学生的数学思维,数学问题的提出成了创新意识发展的源头。当学生学会提出问题时,学生不但能获得一些基本的能力和方法,而且也会形成一种创新意识和实践能力。

案例二 "万以上数的认识"教学片断

……

学生课前观看微视频,微视频内容:结合计数器等学具回顾个、十、百、千、万这些计数单位的产生过程,视频定格在计数器的万位上有一颗珠子的画面。

师:接着往下想,你想到什么?谁来说说?

生1:万位满十是不是要向十万位进一?

第三章　"数学关键能力"提升的教学策略

生2：十万位满十是不是要向百万位进一？

师：生活中万以上数的应用很广泛。大家认识这些地方吗（呈现图3-107）？十万到底有多大？这节课我们就一起来学习万以上的数。

"水立方"整体建筑的表面是由气枕覆盖而成，面积达十万平方米，堪称世界之最。

图3-107　万以上数的认识1

……

师：我们联系生活感受了十万有多大，学习万以内数时我们有一个小帮手——计数器，大家还可以借助计数器来数一数。同桌合作，从一万起，一万一万地拨到十万，一人拨，一人数。

学生操作计数器后汇报交流。

组1边操作计数器边汇报：一万、两万、三万……九万、十万，万位满十了，向前一位进一，是十万。大家同意我们的意见吗？有没有什么问题或补充？

生2：我同意你们的拨法，你刚才说得很清楚，尤其是"万位满十，向前一位进一"这句话。

生3：我想问，十万在这里为什么只拨一个珠子？

生4：刚刚说"万位满十了，向前一位进一"，虽然这里只拨一颗珠子，但它代表的是十万。这里的一颗珠子就顶得上万位上的10颗珠子。

师：这个问题很有价值，这位同学解释得非常清楚！看来珠子所在的位置很重要，大家知道这个新的数位叫什么吗（呈现图3-108）？

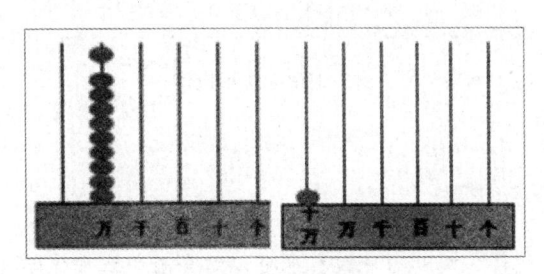

图3-108　万以上数的认识2

生齐：十万位。

师：对，我们今天又认识了一个新的数位——十万位。十万位上的这一颗珠子表示多少？你有什么发现？

生齐：十万位上的这一颗珠子表示十万。10个一万是十万。

……

数学学科的学习，最重要的一点就是要引导学生发现问题，提出问题，提出问题是创新式教学的重要标志。上述案例，教师采用启发、开放的教学方式，抛砖引玉，鼓励每位学生思考之后提出自己的问题，正是来自学生的"我想问，十万在这里为什么只拨一个珠子"这一能激发学生深度思考的问题,才能得到"虽然这里只拨一颗珠子,但它代表的是十万。这里的一颗珠子就顶得上万位上的10颗珠子"这样的精彩回答,从学生这句朴素的话里可以看出在思维碰撞的过程中学生已经深入理解了"满十进一"和位值制的核心思想。

数学的发展展示着数学创新,而数学创新始于数学问题的提出,因而,当课堂氛围足够民主,学生逐渐乐于提问参与讨论,创新思维的养成就成为水到渠成的事情了。

(二)积累探究体验,提升思维品质

学生创新能力的培养离不开他们缜密的逻辑思维和敏锐的观察力。郑毓信教授指出:当前应该特别重视的几个问题之一是努力养成学生"长时间思考"的习惯与能力。曹培英老师也提出:一节好的数学课应该多一些"静悄悄的时间"。所谓"静悄悄的时间"就要求教师将更多的课堂时间交给学生,给予学生独立思考的空间,让学生"认真地想",从而将被动地接受转变为积极的探究,学生在探究中不断反思对比,把新的数学学习经验整合到已有的认知体系中,使学生意识到多思考问题能让自己获得更多的思维层次的经验,实现思维层次的更大进步,思维品质定会得到提升。

案例 "观察物体"教学片断

……

师:请大家按照要求来设计一副图形。

课件出示:从前面看是▢▢的图形(呈现图3-109)。

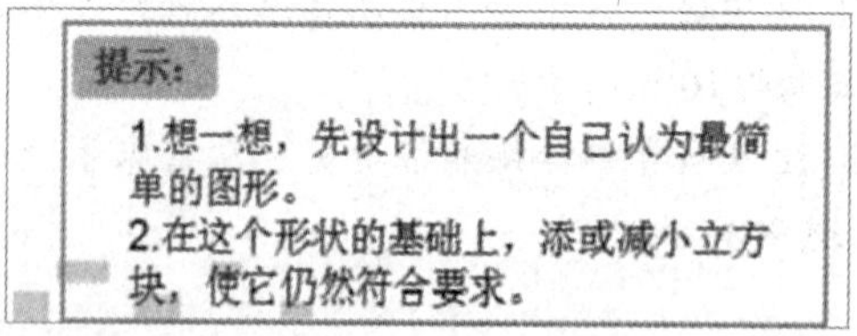

提示:
1.想一想,先设计出一个自己认为最简单的图形。
2.在这个形状的基础上,添或减小立方块,使它仍然符合要求。

图3-109 观察物体

学生独立设计。

教师边巡视边提问:设计完了吗?

生:没有。

师:自己思考一下能设计完吗?为什么?也可以结合着小正方体学具摆一摆,想一想。

学生观察自己设计的草图,自己操作学具思考。

师:你有什么想法?

生1:设计不完。可以摆很多很多。

生2:根据一个面的要求,有无数种设计方法。

师:如果从两个方向要求,答案会有多少呢?

课件出示:从前面看是▢▢,从侧面看也是▢▢的图形。

请一名学生读题后,出示学习指南。

师:请大家按要求先静静地思考,有想法了再动手设计。

学生独立思考设计。

师：完成了吗？哪位同学介绍一下自己的设计过程？

生1：我先设计了 ▦ ，然后去掉右上角的，仍然符合要求。我又去掉左下角这个，转动验证了一下，还符合要求。

生2：我先设计了 ▙ ，然后在右上角添上一个，符合要求。把左下角这个去掉，也符合要求。

师：回想一下我们刚才的设计过程，你得到了怎样的数学经验？

生：运用添一个或减一个的方法，可以设计出多副符合要求的图形。

师：从两个方向要求，我们只能设计出三幅图形，如果从三个方向要求呢？

课件出示：从前面看是 ▭ ，从侧面看也是 ▭ ，从上面看是 ▙ 的图形。

师：还是先自己静静地思考，有想法之后再动手设计，设计之后在小组内交流你的想法。

生：从三个方向要求，只能设计出一副图形。

师：用了什么方法？谁能说得更完整一些？

生：运用添和减的方法，要符合三个方向的要求，只能设计出一副图形。

师：如果要设计一个从前面看是 ▭ ，从右面看是 ▙ 的图形，至少需要多少块小正方体，至多呢？

……

上述案例，教师适当留白，给予学生充分的探究思考的时间和空间，避免了教师的一言堂，也减少了课堂表面上的热闹，使每一个学生都静下心来，调动自己的思维，深度思考所要解决的问题，在有想法之后，再借助直观地拼摆、验证，自主提炼出"添"和"减"两种不同的拼搭立体图形的方法。教师的问题设计注意循序渐进，层层深入，学生在交流中不断经历总结方法，又运用所感悟的探究方法去解决更高难度的问题，在这一过程中，学生的探究创造欲望被激发，思维不断走向深入。

（三）加强质疑辨析，培养创新思维

批判质疑是人类认知的阶梯，科学发展的过程是一个不断质疑，推翻旧知，逐渐接近真理的过程，批判质疑是科学精神的精髓，正所谓"学贵有疑，小疑则小进，大疑则大进"。疑问是思维的起点，有意识、有计划、有系统地培养学生质疑能力，让学生掌握质疑的方法，养成勇于质疑、勤于质疑、善于质疑的思维习惯，能为后继创新学习打下基础。

案例一 "梯形的面积"教学片断

……

师：思考，右图中这几个图形的面积相等吗（呈现图3-110）？

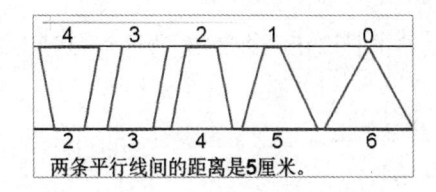

图3-110 梯形的面积

生1：相等。

生2：不相等，平行四边形的面积大。

师：大家出现了两种不同的想法，说说自己的理由吧？

生2：平行四边形面积等于底乘高，不用除以2。三角形、梯形的面积计算时都要再除以2的。

生1：我是口算的，平行四边形的面积是15平方厘米，三个梯形面积也是15平方厘米，三角形的面积也是15平方厘米，所以面积是相等的。

师：同学们都算算看，对不对？

生齐：面积都是15平方厘米。

师：有没有什么疑问呢？

生齐：为什么它们的面积会相等呢？

师：自己先思考，再在小组中讨论，看看会有什么发现？

生1：上底越来越小，下底越来越大，当上、下底相等的时候就是平行四边形，当上底是0的时候就变成了三角形。

生2：上下底的和都是6。

生3：不管是梯形、平行四边形还是三角形，都可以用梯形的面积计算公式来计算。

师：看来，梯形的面积计算公式是一个万能公式，只要记住它，找准数据，就能计算出这些图形的面积。你们真善于观察和总结。

……

"学启于思，思源于疑。"疑问是思维的开端，是创造的基础。对于小学生来说，开始他们对提出疑问感到困难和不习惯，需要教师加以引导。上述案例中，教师抓住时机鼓励学生大胆质疑，通过"有没有什么疑问呢"这一问题，引导学生在无疑处生疑，以疑引思，以疑激辩，在辩论中积极主动思考，将学生思维引向深入，提升了学生的思维品质，培养了创新意识的萌芽。

案例二 "长方体和正方体的体积计算"教学片断

……

师：这里有一个长8厘米，宽4厘米、高5厘米的盒子（呈现图3-111）。里面要装入棱长2厘米的小正方体，最多能装多少个呢？能解决吗？

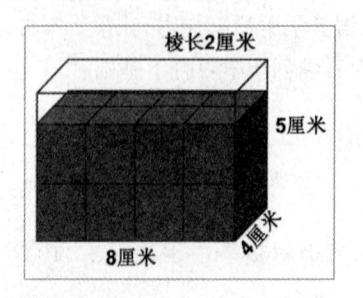

图3-111 长方体和正方体的体积计算

生齐：能。

师：把你的思考过程写在练习本上。

师：谁来说一说，你是怎样想的？

生1：(8×4×5)÷(2×2×2)=20(个)，看看大体积里面包含着多少个小体积，包含着多少个小体积就能摆多少个小立方体。

生2：(8÷2)×(4÷2)×(5÷2)，最后得16个。

师：同样的一道题，却出了两种不同的结果？究竟哪一种算法更精确呢？

生3：第二种。

师：为什么？

生3：因为高是5厘米，它只能摆2层，摆不了第3层。

师：是不是这样呢？我们一起来看一下（操作演示）。看起来，问题就出在5厘米身上，对吗？

生3：对。

师：那想想看，这个高是几厘米，我们就可以用这个大体积除以小体积的方法了？

生1：4厘米。

生2：6厘米。

生3：只要是2的倍数。

师：看来，我们在解决问题的时候一定要根据实际情况选择合适的方法才行。

……

上述案例，教师精选习题，为学生营造了质疑辨析的氛围和机会，学生在辨析交流过程中明确，要根据实际情况选择合适的方法去解决问题，数学思考才会更加缜密。正是这样一次次研究问题方法的铺垫才能引领学生创新出新的解决思路，甚至新的知识领域，才能有效激发学生的质疑精神，在比较辨析中调整、深化思维，从而达到提升。

（四）经历猜想验证，掌握创新方法

荷兰数学教育家弗赖登塔尔说过："真正数学家常常凭借数学的直觉思维做出各种猜想，然后加以证实。"归纳概括得到猜想和规律，并加以验证，是创新的重要方法。教师要重视猜想验证思想方法的培养，通过猜想验证，可以提高学生的数学学习兴趣，促进对数学知识的理解和问题解决，有利于发展学生的数学思维，促进创新能力的培养。

案例一 "公因数和最大公因数"教学片断

……（呈现图3-112）

图3-112 公因数和最大公因数

师：把长方形剪成多个正方形，要求是整厘米、没有剩余，正方形的边长几厘米合适呢？咱们猜想一下吧？哪位同学有想法了，把你的想法说一说。

生1:我认为可以是2厘米。

生2:我认为可以是4厘米、6厘米。

生3:我认为还可以是1厘米、3厘米。

师:大家的猜想都对不对呢?下面请同学们小组合作,算一算或者摆一摆,用你喜欢的方法把符合要求的全找出来,完成记录单(表3-9)。

表3-9　小组合作记录单

操作素材	长24厘米、宽18厘米的长方形的纸,边长是1~9厘米的小正方形
操作结论	小正方形的边长可以是(　　　　　　　)厘米,没有剩余

学生动手操作,小组探究,教师巡视指导。

师:同学们一定都有了自己的想法,哪个同学想代表你们组说说你们的探究结果?

生1:小正方形的边长可以是1、2、3、6厘米,没有剩余。

生2:沿着长摆,没有剩余,沿着宽,也没有剩余。

生3:我们不用摆,算一算就知道了,比如,24÷3=8,18÷3=6。因此,用边长3厘米正方形纸片摆,正好可以摆满,没有剩余。

生4:24÷6=4,18÷6=3。因此,用边长6厘米正方形纸片摆,正好可以摆满,没有剩余。

师:那边长4厘米为什么不合适呢?

生3:用宽不能整除,有余数。

师:是不是像他说的这样呢?果然沿着宽摆,有剩余(课件演示)。

师:刚才同学们通过摆一摆、算一算,发现正方形边长可以是几厘米?

生齐:1、2、3、6。

师:最长几厘米?

生齐:6厘米。

师:同学们借助已有的知识先猜想又通过操作和计算进行验证,帮助剪纸小组解决了问题,表现很出色!

……

师:回到我们最初研究的问题,把一张长方形,裁成多个边长是整厘米的正方形,没有剩余,求正方形的边长是几厘米,其实就是求什么?

生齐:24和18的公因数。

师:求正方形的边长最长是几厘米,就是求什么?

生齐:24和18的最大公因数。

师:你们已经会把生活中的问题转化为数学问题了。

……

上述案例,学生通过经历"观察—猜想—验证—归纳"的过程,理解了公因数和最大公因数的意义,并感受到公因数与最大公因数的现实价值。学生凭借自己的经验和直觉,运用合情推理的方式,对未知的知识领域提出自己的猜想,虽然结论不一定正确,但是,这样的数学思考是有深度和广度的,具有创新性,这就是培养创新意识的重要渠道。在这一过程中,学生也体会到得出结论或检验真理要有事实依据,要以事实作为结论的支撑,培养了实证意识和实事求是的理性态度。

案例二 "小数点位置移动引起小数大小变化的规律"教学片断

……

师(课件呈现):同学们来看这三道题,结果是多少？460.5÷10=？460.5÷100=？460.5÷1000=？(学生犹豫不决)

师:有困难,快请计算器帮忙吧,谁来说说计算结果？

生:460.5÷10=46.05,460.5÷100=4.605,460.5÷1000=0.4605。

师:观察这三道算式,你有什么发现？

学生先自己独立观察、思考,然后再小组交流、讨论。

师:哪一小组愿意起来说说你们的发现？

生1:我们发现被除数都是460.5,计算结果都是4、6、0、5四个数字。

师:它们有什么不同？

生1:小数点的位置不同,第一题商的小数点在6和5之间,第二题商的小数点在4和6之间,第三题在0和4之间,计算结果和原来比较,都是把小数点都向左移动了。

师:为什么小数点都向左移动？

生1:因为它们都除以10、除以100、除以1000。

师:好敏锐的眼光！除以10就是把460.5缩小到原来的$\frac{1}{10}$,除以100、1000呢？

生1:除以100就是把460.5缩小到原来的$\frac{1}{100}$,除以1000就是把460.5缩小到原来的$\frac{1}{1000}$。

师:听明白了吗？谁再来说说为什么小数点向左移动？

生2:因为它们都是把460.5缩小到原来的$\frac{1}{10}$、$\frac{1}{100}$、$\frac{1}{1000}$。

师:正是因为把460.5都缩小了(画圈),小数点才向左移动。向左移动几位呢？

生2:向左移动一位、两位、三位。

师:同学们有这么多发现,谁来完整说说？

生3:一个小数缩小到原来的$\frac{1}{10}$,小数点向左移动一位;缩小到原来的$\frac{1}{100}$,小数点向左移动两位;缩小到原来的$\frac{1}{1000}$,小数点向左移动三位。

师:多有价值的发现啊！这是不是一个普遍存在的规律呢？不敢肯定？有什么好办法可以证明这个规律是普遍存在还是不存在？

生4:还需要再举例子。

师:要举什么样的例子呢？请以小组为单位,列举不同的例子验证！

学生合作探究。

师:哪个小组来说说你们是怎样验证的？

生1:我们组先写了三道除法算式,然后用计算器算出得数,689.2÷10=68.9,689.2÷100=6.89,

689.2÷1000=0.689。发现一个小数缩小到原来的$\frac{1}{10}$,小数点向左移动一位;缩小到原来的$\frac{1}{100}$,小数点向左移动两位;缩小到原来的$\frac{1}{1000}$,小数点向左移动三位。

师再请三位同学来展示汇报。

师:(实物展台呈现多个同学的举例资源)这是我们同学举的例子,大家手中还有好多好多的例子没展示出来。你们发现有反例吗?

生齐:没有。

师:这说明什么?

生齐:说明这个规律是普遍存在的。

……

探索规律要用到归纳和推理,小学一般以不完全归纳的方式通过举例来验证猜想,通过对一般情况的不完全归纳的举例验证,最后获得一般情况下普遍成立的结论。上述环节重在学生"发现",发现的过程其实就是学生一步步感受规律、寻找规律的过程。找规律的教学不是为了形成某个数学概念或记住某种法则,而是在数学活动中积累探索规律的体验。在学生构建了规律模型的初步框架之后,教师及时引领学生从一组特殊的、偶然的素材出发,对一般情况进行猜想:"这是不是一个普遍存在的规律呢?"在此环节引导学生列举尽可能多的例子,学生由此获得"尽量多"(且找不到反例)的实例验证信息,从而使思维走向缜密深入。

(五)关注多维思考,培养创新精神

多方位思考问题,是切实有效提升学生创新意识的方法。要培养学生的创新意识就要鼓励课堂上出现不同的声音,发表不同的见解,提倡学生另辟蹊径,让学生在不同思维方式的交流互动与碰撞中激发学生的创新潜能。

案例一 "梯形的面积"教学片断

……

师:梯形的面积?你想怎么研究?

生1:我想先把梯形转化成我们学过的图形,然后再看看转化后的图形与梯形之间的联系,最后再推导出公式。

师:你觉得以前学过的知识可能会帮助我们解决这节课的新问题,那你怎么想到的这种方法?

生1:我在研究平行四边形面积和三角形面积的时候就是这样来研究的。

师:想到了前面推导图形面积时用到的方法(呈现图3-113)。

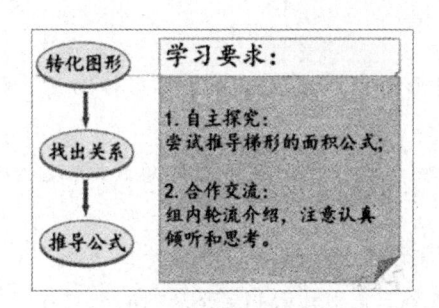

图3-113 梯形的面积1

师:"转化图形—寻找联系—推导公式",这个方法行不行呢?请大家以小组为单位,根据学习要求,尝试推导梯形的面积计算公式,完成学习单。哪个组来汇报一下你们的研究成果?

生1:首先转化图形,我们用拼合的方法(呈现图3-114)。把两个完全一样的梯形拼合成了一个平行四边形。接着,寻找关系,拼成的平行四边形的面积是梯形的面积的2倍。平行四边形的底是梯形的上底+下底的和,平行四边形的高是梯形的高。最后推导公式,因为平行四边形的面积=底×高,所以梯形的面积=(上底+下底)×高÷2。

图3-114 梯形的面积2

师:他们组用了什么方法?哪个小组和他们一样?再找一组同学说说。

生1:拼合的方法,用了两个完全一样的梯形。

师:你们真善于发现和思考。还有用其他的方法来推导的吗?请你们组上来介绍一下。

生2:我们把梯形对折,上底和下底重合,沿线剪开拼成一个平行四边形。

生3:也就是把梯形沿着两腰的一半剪下,拼成的平行四边形的面积与原来的梯形的面积相等(呈现图3-115)。

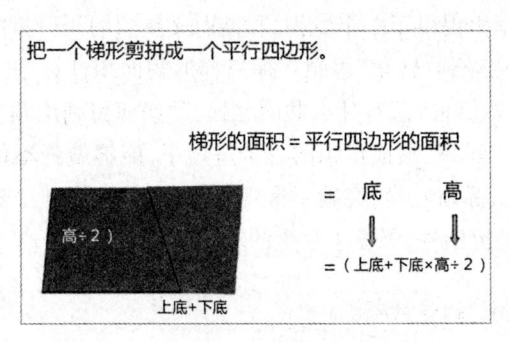

图3-115 梯形的面积3

生4:平行四边形的底是梯形的上底+下底的和,平行四边形的高是梯形的高÷2,所以梯形的面积=(上底+下底)×高÷2。

师:这组同学是用了什么方法?还是拼合吗?

生：用了剪拼法。

师：同学们借助剪拼三角形的经验，通过剪拼把梯形转化成了平行四边形，你们真会举一反三，真棒！

师：除了这两种方法，老师还发现了一组不同的想法，请这个小组介绍一下他们独特的想法吧！

生6：我们把梯形沿着对角的连线剪开，分割成两个三角形。两个三角形的面积之和就是梯形的面积（呈现图3-116）。这个三角形的面积是下底×高÷2，这个三角形的面积是上底×高÷2，把两个三角形的面积加起来就是梯形的面积，梯形的面积=上底×高÷2+下底×高÷2化简后就=（上底+下底）×高÷2。

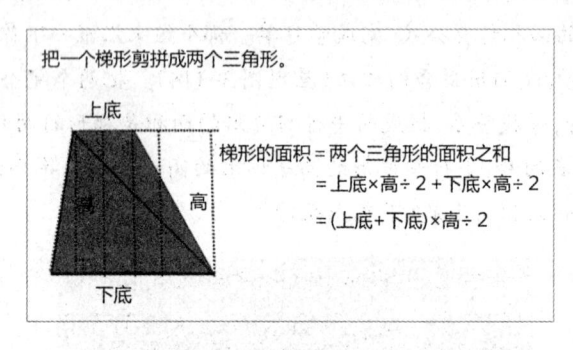

图3-116 梯形的面积4

师：大家觉得这个小组的想法巧不巧妙？真善于动脑筋，掌声送给他们！

师：同学们，比较一下这几种方法，有什么共同之处？

生1：都是把梯形转化成前面学过的图形再推导出面积。

生2：都是通过转化图形—寻找联系—推导公式的方法推导出梯形的面积公式。

生3：都得出梯形的面积=（上底+下底）×高÷2。

师：对，大家又一次经历了以前推导平行四边形和三角形的计算公式的学习过程，自己研究出了梯形的面积公式，交流时能够做到思路清晰、思维严谨、有理有据，真了不起！

……

上述案例中，教师为学生提供了一个宽松、和谐而又热烈的研讨氛围，鼓励学生拓展思路，调动学生已有的知识经验，感受到"转化"思想在探究梯形的面积计算公式过程中的作用。在交流过程中，师生不断质疑："这几种方法有什么共同之处？""如何想到用两个完全一样的梯形来转化的？"学生在发现比较、建立联系、形成认识的思维过程中，能够做到不仅知其然，更知其所以然。第三种方法思路别出心裁、标新立异，突破了常规思路的框框，找到了颇有创新的解答思路和方法，充分显示了学生思维的灵活性，彰显了学生的求异创新精神。

案例二 "分数的初步认识"教学片断

……

师：4个蛋挞平均分每人2个，2杯果汁平均分每人1杯，1个月饼平均分每人"一半"。那"一半"该怎样表示呢？发挥你的想象力，结合之前的数学经验，画图、用数学符号或者创造一个新的数来表示一半，今天我们都来当当小小数学家，开始吧！

学生独立思考创作,组内交流,教师巡视。

师:同学们想到了这么多种方法,我们请小数学家来为我们解读一下。

生1:(画圆形)把一个圆从中间平均分成2份,一份就是一半。

师:很形象(呈现图3-117)。

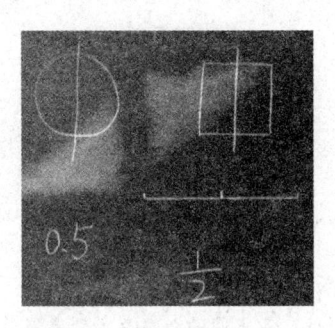

图3-117 分数的初步认识

生2:(画线段图)把一条线段平均分成2份,一份就是一半。

师:你把月饼变成了1条线段,很有数学的味道。

生3:($\frac{1}{2}$)把一个月饼平均分成2份,1份就是1半。

师:中间的横线是什么意思呢?

生3:平均分。

师:你真有当数学家的潜质。在数学上确实就用这样的一个数来表示一半,像这样的数就叫作"分数"。

上述案例中,在表示分餐结果的过程中,教师鼓励学生大胆创造,借助已有数学知识经验想办法表示"一半"。整个教学过程,既注重尊重学生的认知经验,让学生清晰有条理地讲述自己的创造过程,感受分数产生的必要性以及数学的简洁美,为下一步理解$\frac{1}{2}$的意义做好铺垫,鼓励学生打破原有的思维方式,多角度、多层次、正推反推、反复思考,拓展了思维的广度与深度,引发了学生创新思维的产生。

(六)拓展应用模型,培养创新意识

数学教学应该重视学生模型思想的建立,不仅仅局限于学生会利用数学模型解决同类问题,更重要的是能发现某些知识间的联系,将模型创造性地应用于新的知识领域,既能促进学生积极思考,又能启迪、开阔学生的思维,培养学生的创新意识。

案例一 "两点间的距离及点到直线的距离"教学片断

……

师:今天这节课我们研究了2个距离,分别是什么?

生齐:两点间的距离、点到直线的距离(呈现图3-118)。

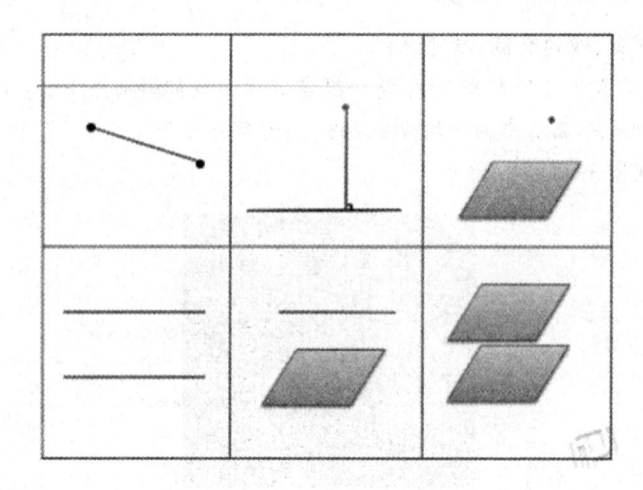

图 3-118 两点间的距离及点到直线的距离

师：比较这两个距离，你有什么发现？

生1：我发现距离都是指线段的长度。

师：对呀！两点间的距离指的是连接两个点的线段的长度，点到直线的距离不光是线段的长度，还必须是垂直的。

生2：我有补充，两点间的距离是连接点到点的线段长度。点到直线的距离其实也是连接点到点的线段长度，只不过这个点很特别，是垂足。

师：你们可太会研究了，直线上有无数个点，连接它和垂足的线段长度就是点到线的距离！大胆的想象一下，平面也有无数个点。平面外一点到这个平面的距离会是怎么样？

生3：向平面作垂直线段，找那个特别的点，用线段连接来研究。

师：厉害，那线到线的距离、线到面的距离，甚至是面到面的距离呢？课后可以再去尝试一下。

……

上述案例中，回顾整理提供方法的同时，又引导学生透过现象发现本质属性，利用知识间的内在联系，衍生出同类型的后续知识，让本课的内容得以延伸，也培养了学生思维的深刻性。本节课虽结束，但学生研究的脚步却未停止，为学生的自主发展、创新意识的发展留有余地。

案例二 "长方体的表面积"教学片断

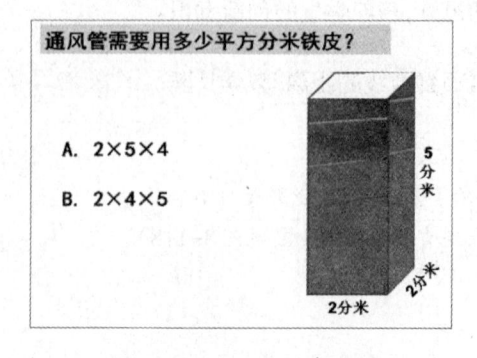

……（呈现图3-119）

图 3-119 长方体的表面积

师：这里有两个答案，你们的选择是？

生齐：A。

师：都选择A？谁来说说，A这个式子是先算了什么？又算了什么？

生1：先算了一个面的面积，又乘以4算出了4个侧面的面积。

师：有道理吧？那B呢？就没道理吗？

生1：没道理。

生2：哦，有道理。

师：有同学认为有道理了，说说你的想法。

生2：如果把这个侧面剪开的话，它就是个长方形，2×4就是在求这个长方形的长，用长乘宽5，就能求出这个长方形的面积，也就是这个通风管的侧面积。

师：听懂了吗？有没有道理？

生齐：听明白了，用长方形的长（也就是原来长方体的底面周长）去乘宽（也就是长方体的高）就能求出这个长方体侧面的面积。

师：看来，我们在判断的时候不能太过武断。A对了，不代表B就不对，凡事多看看多想想，才不至于做出错误的判断。

师：刚才，我们沿着长方体的高剪开，将它的侧面变成了一个长方形。还是这张长方形铁皮，如果我把它卷成一个圆柱体，它的侧面积你会求吗？

生3：底面周长乘高。

师：如果卷成三棱柱呢？

生3：底面周长乘高。

师：如果卷成五棱柱呢？

生3：也是底面周长乘高。

师：同学们，我们回头看一下，刚才我们在把这张长方形的铁皮卷成圆柱、三棱柱、五棱柱的过程中，什么变了，什么没变？

生齐：形状变了，侧面积没变。

师：这在数学上叫作"等积变形"。"形"就是形状，而"积"在这道题里指"面积"，但有的时候，它也指"体积"。想想看，生活当中，有没有形状变了而体积没变的例子？

……

上述案例中，教师精心设计的练习具有挑战性和开放性，在解决一道具体的问题之后，由侧面积拓展到体积，再拓展到"等积变形"，学生由模仿走向创新。对模型进行了建构和拓展，激发了学生从多方面多角度思考问题的兴趣，促进学生认知结构的内化和应用能力的提高，有效培养了学生创新思维品质。

四、"创新意识"达成度习题评价研究实践

要想启迪学生的深层思考,就需要摒弃"广而浅薄"的习题练习,通过设计具有开放性、灵活性,且能激发学生创造才能的问题,帮助学生深化、理解知识,拓展技能,促进学生高阶思维能力发展。

案例　《数学》(青岛版)小学三年级上册第八单元"图形的周长"创编习题(呈现图3-120)

求右面图形的周长(单位:厘米)。

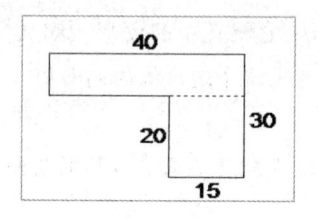

图3-120　圆形的周长习题1

1.习题测查知识点与素养点剖析

此题是《数学》(青岛版)小学三年级上册第八单元信息窗2红点问题(呈现图3-121)的一道变式练习题。习题信息以图示呈现,测查学生形象思维与抽象思维相互促进协调能力,鼓励学生借助直观图从不同的角度,用不同的思路和方法解决问题,实现方法的选择和优化,让学生感受思路、方法的创新带来的简便性,激发学生的创新意识,培养创新思维。此题考查的知识点是不规则图形的周长计算,运用的知识是长方形周长的计算公式和转化的数学思想方法。在这道题中,长方形周长的计算公式对学生来说并不陌生,但是否能灵活运用,将不规则图形转化为规则图形,实现方法的优化,是教师应当关注的创新意识的培养点。

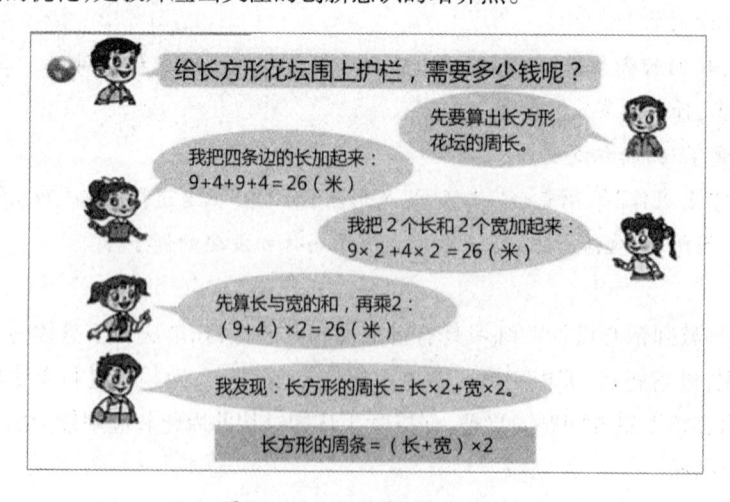

图3-121　圆形的周长习题2

2. 学生答题情况及素养达成度剖析(见表3-10)

表3-10 典型习题学生答题状况及素养达成度分析

学生答题情况	素养达成度剖析
40-15=25(厘米) 30-20=10(厘米) 40+10+25+20+15+30=140 （厘米）	能看懂已知信息与问题，正确解决问题，但是过程烦琐，缺少深入思考，缺乏创新意识
40-15=25(厘米) 40+25+15=80(厘米) 30-20=10(厘米) 30+20+10=60(厘米) 60+80=140(厘米)	先求未知再相加，在相加的时候，想到了按照一定的分类和顺序。虽然思路上没有体现创新意识，但是可以看出在解题过程中对计算的顺序进行了进一步考虑，有有序思考的意识
40-15=25(厘米) (10+25)×2=70(厘米) (15+30)×2=90(厘米) 70+90=160(厘米) 160-10×2=140(厘米)	添加辅助线求出不规则图形周长，思路清晰，有一定的思维水平和创新意识
(40+10)×2=100(厘米) (15+20)×2=70(厘米) 100+70=170(厘米) 170-15×2=140(厘米)	根据原题给予的辅助线，将不规则的图形看作两个长方形。将这两个长方形周长相加后，发现虚线部分不属于原来图形的周长，再减去。思路明确，降低思考难度，有一定的创新意识和能力 类比长方形周长公式，先减去2个宽上的人，求2个长上的人，再除以2求出长上有多少人，长上有多少人就有多少张桌子。将坐的人数与长方形周长公式建立联系，利用类比的思维，培养创新意识
①40×2+30×2=140(厘米) ②(40+30)×2=140(厘米)	通过移动边，把不规则的图形转化成了学过的图形，周长不变，体现了转化思想的运用。用这种方法的同学，能深入思考图形的特点，体现了学生对知识的灵活运用，能够创造性的思考解题方法

五、基于"创新意识"提升的习题教学策略

课堂教学是培养学生核心素养的主阵地，但是课后的作业和练习也尤为重要。在教学实践中要注意练习题的设计，善于利用、活用和开发教材练习，突出重点，突破难点，抓住关键，体现创造性。

策略1：设计开放性习题，培养思维的广阔性

开放性习题一般指答案不唯一或解题方法多样化的练习，具有发散性、探究性、发展性和创

新性。案例中这道习题属于"一题多解"类的题目,长方形周长的计算公式对学生来说并不陌生,但是否能灵活地运用公式,将不规则图形转化为规则图形,实现方法的优化就显现出学生思维的不同深度。不同层次的学生就会产生不同的思考,有的同学可能会根据周长的定义,求出所有边长之和;有的同学可能会借助辅助线,对图形进行分割剪切;还有的同学会化静为动,平移边线重组图形。后两种方法显现出学生具有了一定的创新意识,能在头脑中进行空间想象,运用割补平移等方式进行"等积变形",形状改变但周长未变,从而将求不规则图形的周长变形为求长方形周长。对三年级学生来说,这种化繁为简,化难为易解决问题的思路即是创新精神的外在体现,为了培养学生的创新意识,当学生提出与常规思路不同的新奇方法时,教师应仔细聆听,及时肯定或引导并加以鼓励,能从不同的角度思考解决问题,就说明学生具有了创新精神的萌芽。

策略2:设计"小老师讲题",培养思维的逻辑性

要培养学生的创新意识即培养数学高阶思维的发展,渠道之一在于学生有理有据地叙述讲解自己的解题思路,会做题,还要将如何解决问题的前因后果讲得有条理性、有逻辑性,才能促进学生数学高阶思维的发展。案例中的习题,方法一的依据是周长的意义,求图形的周长即求所有边的长度。方法二的依据是长方形周长计算公式,变形为长方形,找到长、宽即可运用公式计算。在学生叙述思路的过程中,教师即引导学生由表及里进行分析,让学生不仅知其然,也知其所以然,从根源上找到简便方法是如何想到的。课堂上让学生互相交流不同的方法,完整有条理地叙述思路,这样不仅能体现解决问题的多样性,同时训练了学生的语言表达能力,培养了学生思维的逻辑性。

策略3:设计一题多变,培养思维的灵活性

数学教学中进行一题多变,可以达到举一反三、触类旁通的效果。尊重教材并非只看重教材,而是提倡教师在深入钻研教材的基础上,发掘教材中所蕴含的创新原理,关注学生的思维发展。例如,案例中的习题,题目求的是只移动两条边即可变形为长方形的习题,可拓展为移动三条边、四条边——可变形为长方形的习题;也可拓展为变化图形的外形,由自内向外平移变为由外向内平移进行变形的习题。在交流思路之后可以追问"比较一下,有什么发现",引导学生探究蕴含其间的规律,感悟变中不变的函数思想,得出"等积变形"习题的解决策略。利用一题多变练习培养学生举一反三、灵活运用数学模型解决问题的意识,促进学生创新意识的提升。

再如,学了六年级上册"圆的周长和面积"有这样一道练习题:"用一根绳子可围成边长是6.28分米的正方形,如果用这根绳子围成一个圆形,这个圆的周长是多少?"学生解答完这道题目,教师可再追加两个问题让学生解答:"算一算这个圆的面积是多少?""周长相等的情况下,正方形和圆的面积谁大?"通过习题的改变,引导学生深入思考、周密验证,有效提高了学生的创新思维品质。

对小学生来说,使其在数学的某一方面有非常惊人的创新之举也是难度过大,要求过高。最重要的目标是让小学生爱上数学,养成喜欢独立思考解决问题的习惯,在教学中,不能一味地追求高度、深度和难度,学生在学习过程中,能提出有新意的问题、发表了不同的见解,能寻找解决问题的不同策略等都可以说学生的创新意识已经形成。教师要迎合时代发展需要,明晰新课程的教学要求,创新数学教学理念和教学方法,给学生充分的自主学习的时间和空间以及自由度,鼓励学生大胆质疑和想象,尊重学生的想法,保护学生的好奇心、求知欲及创造欲,尽我们所能,激发学生创新意识、发散创新思维、培养创新能力。

第四章 「数学必备品格」提升的教学策略

第一节　思维严谨

在立德树人的教育背景下,数学作为基础教育的重要组成部分,蕴含着丰富的、独特的、不可替代的德育功能。《中小学数学学科德育实施指导纲要》指出,数学学科德育四大范畴是思维严谨、理性精神、数学审美、爱国主义。思维的严谨性在小学数学教学中应该引起足够的重视并得到有效的落实,只有思维严谨才能使数学思维品质优化。

一、"思维严谨"含义解读

思维严谨,顾名思义就是思维严密且谨慎,体现在行动上就是追求细致、周全、完善。《中小学数学学科德育实施指导纲要》对"思维严谨"的定义是:习题演算、命题验证、逻辑推理、例题示范等方式,使学生掌握逻辑归纳与演绎、命题求证与论证、思维严谨与流畅的思维品质;例题的演示,培养学生把握数学知识的来龙去脉及举一反三的能力,形成有论据、有条理、有逻辑的思维习惯与表达能力,自觉学会并运用定理、公理、公式、法则、规则、口诀解决问题的意识与习惯,养成做事条理分明、严谨细致、一丝不苟、严肃认真的个性品质。数学思维是针对数学活动而言的,它是通过对数学问题的提出、分析、解决、应用和推广等一系列工作,以获得对数学对象的本质和规律性的认识。数学思维的严谨性主要表现为思维过程服从于严格的逻辑规则,考察问题时严格、准确,进行运算和推理时精确无误。

严谨性是数学学科的基本特点,数学知识、数学思维、数学演算中处处充满着严谨性。它要求在数学结论的表述方面要既精练,又准确;在推理论证方面要有根有据,符合逻辑;在内容结构方面要既系统又周密。简而言之,思维的严谨性是指研究问题时要严格遵守逻辑规则,做到概念清晰、判断正确、推理有据,它反映了思维活动中的严谨和缜密程度。数学内容的严谨性告诉我们进行数学德育渗透时应注意引导学生通过发现问题、提出问题、解决问题养成严密的逻辑推理能力、逻辑论证能力和严谨思维的能力,要有意识地逐步培养学生言必有据、思考缜密、思路清晰的良好的思维习惯,这些思维习惯都是学生数学思维严谨性程度高低的主要标志,通过这些有意识的培养,对学生日后思维逻辑发展以及推理演绎能力的提高都有决定性的作用。

二、小学生"思维严谨"的培养价值

数学知识的学习过程中时时处处都离不开思维的严谨,只有思维严谨才能使数学思维品质优化,才可以更加严谨地进行科学论证,从而概括出数学的一般规律,推动数学学习走向深入。

(一)有利于培养学生正确的数学观

任何一门科学,都要应用逻辑工具,都有严谨的一面。但数学对逻辑的要求不同于其他科学,因为数学的研究对象是具有高度抽象性的数量关系和空间形式,是一种形式化的思想材料。许多数学结果,很难找到具有直观意义的现实原型,往往是在理想情况下进行研究的。数学运算、数学推理、数学证明、数学理论的正确性等,不能像自然科学那样借助可重复的实验来检验,而只能借助严密的逻辑方法来实现。思维的严谨性正是逻辑思维的要求,学生思维严谨,能更深入问题的本质中,更深刻地思考数学的作用,有利于形成正确的数学观。

(二)有利于培养学生坚毅的品格

小学生意志的自制性还是初步的、低水平的。数学学习相对而言又比较抽象枯燥,学生容易产生艰难、受挫等心理,这样的消极心理不利于学生的学习。思维严谨的学生具有明确的行动方向,能在困难面前不退缩,在压力面前不屈服,能够坚定不移地朝着既定方向前进。正所谓"古之立大事者,不唯有超世之才,亦必有坚韧不拔之志。"坚毅的品格和严谨的思维在学生个体认知发展中占据重要地位,二者相辅相成,严谨的思维促进坚毅品格的形成,坚毅的品格推动严谨思维的发展。

(三)有利于培养学生良好的学习习惯

良好数学思维的形成对于学生成长有着很大影响,还可以帮助学生更好更快地接受数学新知识。通过数学活动中严密的推理、精确的表达和规范解题格式的训练可以帮助学生养成严谨求实的作风和认真的办事态度,并培养学生一丝不苟、坚持真理、求真务实的学习习惯。这一良好学习习惯的养成有利于培养学生自主学习能力,还可以培养学生处事严谨、能够准确快速抓住烦琐问题的关键的能力,从而提高学习效率。

三、"思维严谨"提升的教学策略

数学学科体系构建所崇尚的是科学严谨的精神,数学问题的解决讲究的是有理有据。小学数学课堂教学更是要让学生有理有据地学、有感而学、明理而学,让学生亲身经历探索过程,理解知识的生成,进而提升数学素养。

(一)问题驱动,层层递进

杜威说,"思维起源于某种疑惑、迷乱或怀疑"。问题是打开学生思维大门最好的钥匙,教师在教学中要根据学生的心理特点和认知规律,通过问题的引领,让学生在解决了已有问题的基础上,不断思考并生发新问题,新问题又将成为新的数学思考的起始,而教师要做的是不断启发学生的连续性思考,让学生在问题的驱动下,启动思维。

案例一 "24时计时法"教学片断

……

师:为了便于观察,我们可以把一天的24小时放在一起进行研究,思考一下如果把钟面剪开,变成一个长长的时间条,从哪个时刻剪开比较合适呢?

生齐:中午12时。

师:如果从中午12时剪开,再过24小时,会是什么时间?

生齐:明天中午12时。

师:也就是说这24小时跨了2天,有没有更合适的方法?

生齐:0时,因为这个时刻既是一天的结束,也是新一天的开始。

(教师呈现图4-1,并板贴)

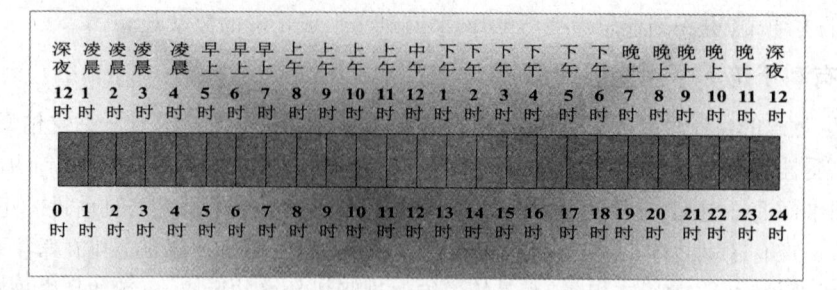

图4-1 24时计时法

师:仔细看,时间条上出现了两种计时法,这两种计时法各有什么特点,你能分别给它们起个名字吗？4人小组观察交流,组长负责,完成探究单。

学生探究。

师:哪个小组愿意分享你们的想法？为了便于交流,你先来说说上面这种计时法的特点和你给它起的名字,好不好？

生1:上面这种计时法有时间词,数字从1~12,有重复数字,我们叫它12时计时法。大家有什么疑问或补充吗？

生2:12时计时法一天也是24小时,为什么叫12时计时法？

生1:12时计时法是把一天分成两段来数,上午和下午各12小时,每次都是从1数到12,所以就叫12时计时法。

师:老师打断一下,这位同学找出了上面这种计时法的两个特点,有时间词,有重复数字。你们可真会观察,老师把你们的发现贴到黑板上(板书:有时间词,有重复数字)。你继续说。

生1:下面这种计时法,没有时间词,数字从0~24,没有重复数字,我们叫它24时计时法。大家有什么疑问或补充吗(板书:没有时间词,没有重复数字)？

生3:为什么起名叫24时计时法,不叫25时计时法或26时计时法呢？

生1:因为一天是24小时。

生4:钟面上明明只有12个数字,哪来的24小时呢？

生1:时针一天要转2圈,2个12就是24。

师:像这样在时间前加上早上、上午、中午、下午、晚上……这样的时间词,这种计时法在数学上叫作12时计时法,也叫普通计时法。像这种没有时间词,数字是从0~24,没有重复数字,这种计时法叫作24时计时法。今天咱们就一起来研究24时计时法。

……

上述案例中,教师通过让学生感受时间尺的生成过程,先让学生初步感知两种计时法的不同之处,然后通过不断地追问,让学生更加深刻地理解了普通计时法记录时间时要加时间限定词的必要性,不然会造成时间的混淆。在探究解决问题的过程中培养了学生思维严谨与流畅的品质。

案例二 "平行四边形的面积"教学片断

……

师:怎样计算平行四边形的面积呢？

生1:我们学过长方形的面积,我想把平行四边形变成长方形来计算它的面积。

师：同学们，运用这个方法可行吗？

生齐：可以试试。

师：现在就让我们用手中的大小不同的平行四边形纸片来试试看，是不是都能转化成长方形？

学生尝试，小组交流。

师：哪个小组来介绍一下你们的方法？

生2：我们组从平行四边形纸上剪下一个直角三角形，拼到另一边变成了长方形，求出这个长方形的面积就可以了。

师：咦，怎么变成求长方形的面积了？

生2：这个长方形的面积和这个平行四边形的面积是相等的。

师：同学们听明白了？有什么疑问吗？

生1质疑：为什么要剪下一个直角三角形？

生2：因为长方形的四个角都是直角。

师：哦！看来在剪之前你就有目标了，她的目标是什么啊？

生齐：要拼成学过的长方形。

师：还可以怎样剪也能拼成长方形？

生3：剪下一个梯形，向右平移，能拼成一个长方形。

生4：还可以剪成两个直角梯形，拼成一个长方形。

……

师齐：同学们用了这么多办法将平行四边形转化成了长方形，这些方法有什么共同的地方？

生5：都要沿着高剪。

生6：都转化成了长方形。

师：都沿着高剪，那平行四边形有多少条高？

生齐：无数条。

师：看来可以沿着它的任意一条高剪成两部分再拼成长方形。同学们的目标为什么都是把平行四边形转化为长方形呢？

生7：因为长方形的面积以前学过。

生8：这才能把没学过的变为学过的。

师：对，把没有学过的求平行四边形的面积转化成求长方形的面积，就是把新知识转化成旧知识，这就是数学中常用的转化思想，是一种非常好的学习方法！

……

这一环节，教师注重用问题撞击学生的思维，在一次次认知冲突中抛出的递进问题引导着学生不断地产生新疑问，在质疑、释疑的过程中，学生不仅学会了平行四边形面积的计算方法，更体验到转化的思维策略，思维品质得到发展提升。

案例三 "小数乘整数"教学片断

……

师：回顾一下刚才做过的这四道竖式计算（呈现图4-2），现在你能不能说一说怎样计算小数乘整数呢？看来计算方法已经在你们的心里生根发芽了！赶快在小组里说一说。

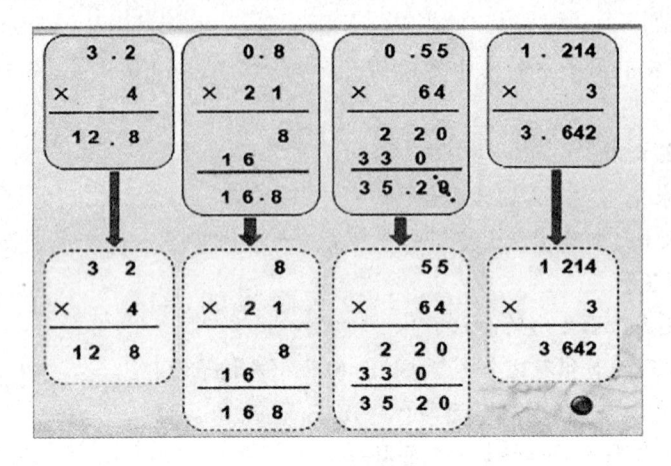

图4-2 小数乘整数

生齐：先按照整数乘法的方法计算，再点上小数点。

师：一下子抓住了问题的本质。那怎样确定小数点的位置呢？

生齐：将小数点落下来。

师：你是根据什么道理确定小数点位置的？

生1：积的变化规律或计数单位来解释。

生2：因数中有几位小数，积就有几位小数。

师：咱俩握个手吧！你一下子找到了问题的关键。

……

上述案例中，教师以一条环环相扣、层层递进的问题链，引领学生不仅回顾计算的方法，还要思考计算方法背后的道理，随着学生思维不断地深入，学生对知识的发展和形成过程的回顾体验就会更加深刻。

案例四 "周期问题"教学片断

……

师：同学们，刚才我们想到了这么多方法，我们来看列举、推算和计算的方法（课件呈现图4-3），仔细观察，它们有什么共同的特点？

（课件动态呈现，圈出7天一个周期）

师：有发现吗？

生1：它们每个都是循环的。

师：这是你的想法，很不错，还有谁有其他想法？

生2：它们都是一周有7天，都用了数字7。

师：在这几种方法中，你比较喜欢哪种方法？为什么？

生3：我最喜欢列举法，因为列举法比较简单一些。

师：这是他的想法。还有其他想法吗？

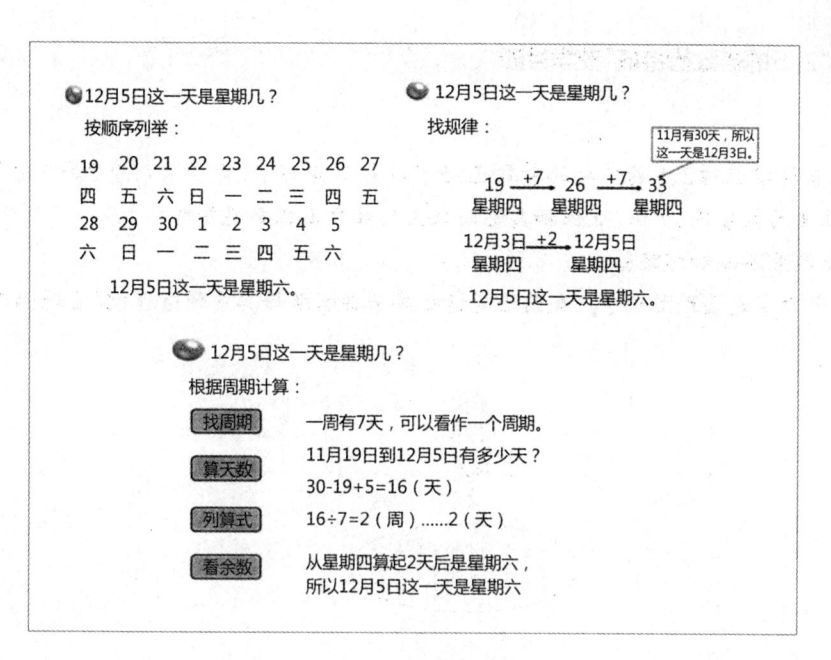

```
┌─────────────────────────────────────────────────────────────┐
│  ● 12月5日这一天是星期几？        ● 12月5日这一天是星期几？        │
│    按顺序列举：                    找规律：         ┌──────────┐│
│                                                    │11月有30天，所以││
│    19 20 21 22 23 24 25 26 27                     │这一天是12月3日。││
│    四  五 六 日 一 二 三 四 五      19 +7 26 +7 33 └──────────┘│
│    28 29 30 1  2  3  4  5         星期四 星期四 星期四          │
│    六  日 一 二 三 四 五                                       │
│                                   12月3日 +2 12月5日                │
│    12月5日这一天是星期六。           星期四   星期四                  │
│                                   12月5日这一天是星期六。            │
│                                                                │
│        ● 12月5日这一天是星期几？                                 │
│          根据周期计算：                                         │
│          [找周期]  一周有7天，可以看作一个周期。                    │
│          [算天数]  11月19日到12月5日有多少天？                    │
│                   30-19+5=16（天）                            │
│          [列算式]  16÷7=2（周）……2（天）                       │
│          [看余数]  从星期四算起2天后是星期六，                      │
│                   所以12月5日这一天是星期六                       │
└─────────────────────────────────────────────────────────────┘
```

图4-3 周期问题

生1：我觉得推算方法比较好算，因为它比较方便。

生2：我觉得计算法比较好，应为它算起来简便。

生3：我感觉每种方法都各有特点。

师：每种方法都有自己的优点和缺点，数学是灵活的，我们可以根据不同的情况，选择不同的方法。如果现在我问你2016年12月5日是星期几？你会查日历卡吗？

（学生声音不同）

师：有的同学说会，有的说不会。今天课堂上你手里有2016年的日历卡吗？

生齐：没有。

师：没有就没法用，对吧？你还会用列举、推算吗？

生齐：不会，因为太麻烦了。

师：需要写好多，太麻烦了。看来，什么方法更具普遍性？

生齐：计算的方法。

……

上述案例中，教师由浅入深、先易后难的提问，将学生的思维引向深入。学生回答完教师提出的基本问题后，无论学生的回答是否正确，其思维都具备可挖掘的"生长空间"。这就需要教师有针对性地进行"再开发"，根据实际需要灵活地追因、追果、追根，再次激活学生的思维，促进学生进一步地深入探究，实现对数学本质的把握，培养思维的深刻性。

（二）刨根问底，求真质疑

在平时的教学中，教师应该激发鼓励学生不唯师不唯书，不畏权威的求真精神，当学生在获得初步的答案时，教师要有意识地引导学生去进一步思考，把学生的思维引向深处，挖掘问题背后更深层次的原因，引导学生刨根问底，把问题挖得明明白白，刨得透透彻彻，让学生不仅知其然，还能知其所以然。

案例一 "2、5的倍数的特征"教学片断

……

师：看来同学们对2、5的倍数的特征已经掌握得非常好了，为什么判断2和5的倍数时只需要观察个位上的数字呢，十位、百位和其他数位上的数字不需要观察吗？

大多数学生不知如何回答。

师：看来大家是遇到困难了。我们还是请小棒来帮忙解释其中的道理吧（呈现图4-4）。

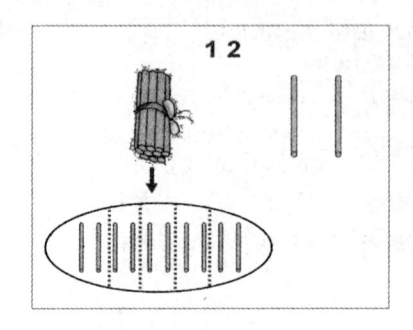

图4-4　2、5的倍数的特征1

师：比如，12这个数，把1个十也就是10根小棒2根2根地分，会是什么结果？

生：正好分完。

师：既然十位上没有剩余，我们只需要分个位上的2根小棒就可以了，能正好分完吗？

生：个位上就是2，分一份就行了。

师：我们再来看26（呈现图4-5），第一个十2根2根地分，有剩余吗？那第2个十呢？

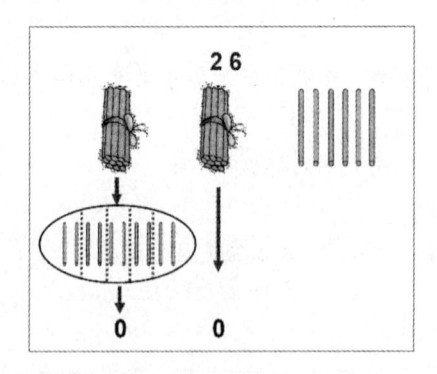

图4-5　2、5的倍数的特征2

生：也正好分完，没有剩余。

师：十位上的2还需要观察吗？

生：不需要。只需要把个位上的6根小棒继续分，就可以了。

师：那5个十呢，2个2个地分有没有剩余？7个十呢？8个十呢？……

生：都没有剩余。

师：这说明了什么？

生：十位上不管是几，只要2个2个地分，都不会有剩余。

师：看来，一个数是不是2的倍数，和它十位上的数无关，只需要观察个位上的数。再看一个

三位数138(呈现图4-6),谁来解释一下,为什么在判断是2的倍数时,百位上的1也不需要观察呢?

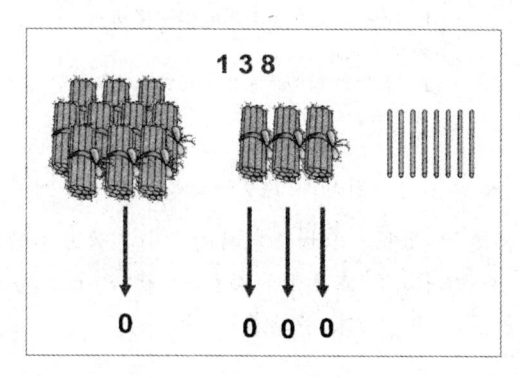

图4-6 2、5的倍数的特征3

生:因为1个百2个2个地分也能正好分完,没有剩余。
师:如果百位上是5呢？7呢？这又说明了什么？
生:几个百2个2个地分也能正好分完,没有剩余。
师:你发现了什么？
生:不管百位上、个位上的数是几,只要2个2个地分都能正好分完,没有剩余。
师:判断一个数是不是2的倍数,十位和百位上的数还要不要观察？只要看哪里就行？
生:个位上的数。
师:谁能用刚才的方法解释一下判断5的倍数为什么也只需要观察个位上的数就可以？
生:几个百、几个十除以5都没有余数。
师:看来,一个数是不是2或5的倍数,不受它百位和十位上数的影响,所以在判断时,只需要观察个位上的数就可以了。
……

"为什么判断一个数是不是2、5的倍数只需要观察个位上的数字？"一个挑战性的问题激起了学生的求知欲望,借助多媒体帮助学生理解了其中的算理,不仅体现了数形结合的思想,更为学生推理和想象5的倍数特征"为什么只观察个位"提供了依据和形象支撑,而且让学生体会到数学知识的学习不仅要知其然,更重要的是要知其所以然。

案例二 "周长和面积"教学片断

……

师:我们一起来看探究要求(课件呈现图4-7),都明白要求了吗？我们比一比哪个小组找得又快又全面。
小组讨论。
师:我们一起来交流一下,先请这个小组来说一说,其他组同学看看你有什么意见和补充。

> **探究要求：**
> 1. 找一找周长和面积有哪些不同点和相同点。
> 2. 用你们喜欢的方法在探究纸上记录下来。

图 4-7　周长和面积 1

生：周长表示一周的长度，而面积表示物体表面的大小。长方形的周长=(长+宽)×2，正方形的周长=边长×4，长方形的面积=长×宽，正方形的面积=边长×边长。周长的单位是厘米、分米、米……，而面积的单位是平方厘米、平方分米、平方米……

师：也就是单位不同。

师：还有同学要补充吗？同学们太棒了，自己找到了周长和面积的这么多的不同点和相同点。像这样(呈现图4-8)，借助表格把周长和面积进行对比，把不同点和相同点分别整理的方法，数学上叫对比法。

周长和面积比较

	不同点			相同点
	意义	计算方法	单位	
周长	绕图形一周的长度	(长+宽)×2	边长×4	10　10　cm　dm　m	长方形的周长和面积都跟长和宽有关
面积	面的大小	长×宽	边长×边长	100　100　cm²　dm²　m²	正方形的周长和面积都跟边长有关

图 4-8　周长和面积 2

师：对比周长和面积，再仔细观察一下我们的研究成果，哪位同学能够提出一个有意义的数学问题带领大家深度的思考？

生1：为什么周长和面积的单位不同，进率也不同？

生2：为什么长方形的周长是(长+宽)×2，而面积是长×宽？为什么正方形的周长是边长×4，而面积是边长×边长？

师：为什么呢？

生：周长是一周的长度，面积是面的大小，意义不同。

师：我们一起再来看一看(呈现图4-9)，周长是什么？

生：周长是一条线。

师：对，伸展开来是一条线段，线段的长度用什么测量？

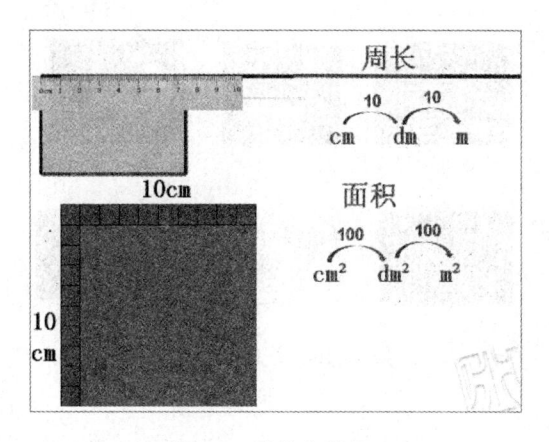

图4-9 周长和面积3

生：直尺。

师：直尺上的单位都是什么？

生：cm、dm、m，进率是10。

师：再来看这个长方形的面积，这是一个面。面的大小我们是借助什么来测量研究的？

生：小正方形。

师：对，摆满这个长方形需要多少个小正方形呢？我们既要观察长的长度，又要考虑宽的长度，所以单位是cm^2、dm^2、m^2，进率是10×10=100，现在同学们都理解了吗？

生：周长实际是一条线段，面积是一个面。

……

上述案例，学生在小组合作、集体交流的过程中，梳理出周长与面积的不同点和相同点。教师又引领学生质疑、思考这些显性知识背后的道理，借助直观图，使学生进一步明晰周长与面积的实质意义，周长是指一条线段的长度，而面积指的是一个面的大小，从而促进学生思维走向深度发展，在此过程中，学生有理有据的思维习惯也得到了培养和提升。

（三）辨析比较，抓住本质

教学中要抓住数学的问题本质，引导学生剖析其内在联系，进而由此及彼、由表及里，在知识的勾连和方法的迁移中探究、完善数学结论，使数学推理过程有理有据、理据相融。

案例一　"平行与相交"教学片断

……

师：同学们，为了保证行人的安全、交通的顺畅，生活中有许多的交通设施，让我们一起去看看吧（呈现图4-10）。仔细观察，你发现了什么数学信息？

生：这些设施上有一些线，每幅图片有两条线段。

师：用手势比一比图中的两条线段，它们的位置一样吗？

生：不一样。

师：如果我们把每幅图两条线段所在的直线画下来，两条直线会存在怎样的位置关系？这节课我们就来研究交通中两条直线的位置关系（板贴：两条直线的位置关系）。下面请大家拿出文件袋里的卡片，同桌合作给这六组直线分类，并想一想为什么这样分？

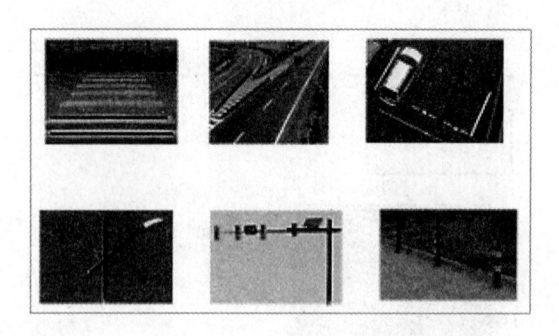

图 4-10 平行于相交 1

学生分类、交流。

组 1：分两类——交叉和不交叉（呈现图 4-11）。①②③⑥一组，④⑤一组。

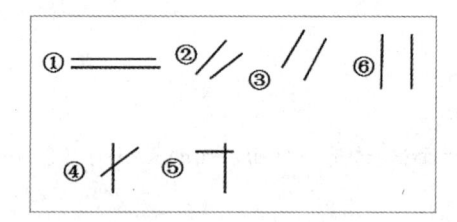

图 4-11 平行于相交 2

组 2：分三类——交叉、不交叉和快要交叉（呈现图 4-12）。①③⑥一组，④⑤一组，②一组。

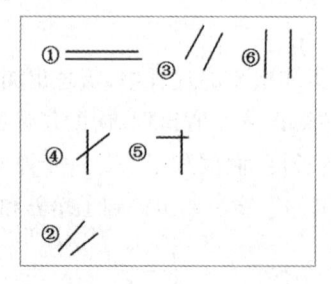

图 4-12 平行于相交 3

组 3：分两类——交叉和不交叉（呈现图 4-13）。①③⑥一组，②④⑤一组。

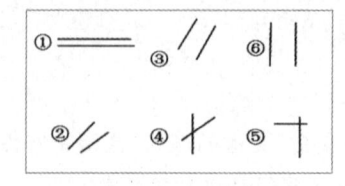

图 4-13 平行于相交 4

师：刚才我们产生了 3 种不同的分法，大家一致认为，①③⑥这三组直线是不交叉的，④⑤两组直线是相交的，第②组直线到底属于哪一类呢？

请同学们拿出②号卡片，再来交流讨论一下。

生：我们把这两条直线向两端延长，最后交叉了。

师：大家都听明白了吗？第 2 组最特殊，同学们都延长试试看。

生:经过延长,这两条直线之间的宽度越来越小,最后交叉了。

师:所以这一组直线也应属于交叉的一类。像②④⑤这样两条直线的位置关系在数学上叫相交。相交的点叫交点。刚才第②组直线通过无限延长相交了,那①③⑥向两端无限延长能否相交呢?下面大家拿出探究纸,任意选取一组直线向两端无限延长,你发现了什么?

生:不相交。

师:为什么不相交?

生:因为两条线之间的宽度一样的。

师:因为两条直线的宽度是一样的,所以无论怎么延长都不会相交。

师:像①③⑥这样不相交的两条直线叫作互相平行。刚才我们用分类的数学思想方法就把画在平面纸上的两条直线分成了两类:一类是相交,一类是互相平行。这就是我们今天探究的新知识。

师:同学们看这个长方体纸盒,你能指出一组互相平行的直线吗(教师指长方体纸盒不在同一面上的2条棱)?长方体这2条边所在的直线,它们相交吗?互相平行吗?为什么?

生:它们既不相交也不互相平行,因为没在同一平面内。

师:原来问题出在这。是呀!这两条直线在不同的平面上。我们研究的相交与平行是同一平面内两条直线间的位置关系。(板贴:同一平面内)

……

上述教学片断,教师放手让学生按一定的标准将几组直线进行分类的过程,就是促使学生把握和区分每组直线的位置关系的相同点和差异的过程,学生带着问题,经历了比较、分类的思考活动,再用语言表述自己分类的理由,在思考与交流过程中,不仅可以使学生间不同的想法得以呈现和碰撞,还可以使学生在相互启发中完善自己的想法,教师的点拨引领,使学生更全面更严谨地认识理解问题,促进高阶思维能力的发展。

案例二 "两位数加减两位数"教学片断

……

师:回顾我们刚刚探究的竖式(呈现图4-14),联系用小棒摆一摆和计数器拨一拨的过程,你发现这三种方法之间有哪些相同的地方?

生1(呈现图4-15):竖式计算中的个位部分就是5根小棒和8根小棒,十位部分就是小棒的一捆和两捆。

生2:5根和8根合起来是13根,也就是一捆多3根,所以个位上是3,这一捆就是竖式十位的进1。

生3:原来的1捆和2捆合起来是3捆,再加上个位进上来的1捆,一共是4捆,所以竖式里十位上是1+2+1=4。

师:看来摆小棒的过程和竖式计算的过程是一致的。

生1(呈现图4-16):竖式个位上的5+8就是计数器上在个位上拨的5个珠子,再拨8个珠子,当拨了5个珠子后满十向十位进1,然后在个位上继续拨3个珠子,个位就是3。

生2:竖式的十位1+2就是在计数器的十位先拨1个珠子再拨2个珠子,就是3个十。

师:原来在计数器上拨珠子的每一步和竖式的每一步也是吻合的。

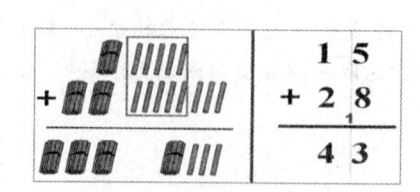

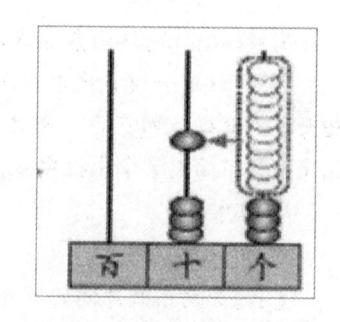

图 4-14　两位数加减两位数1　　图 4-15　两位数加减两位数2　　图 4-16　两位数加减两位数3

生3：无论是摆还是拨还是算，个位满十进一的1不要漏掉，所以十位上是1+2+1=4。

师：看来同学们不仅摆一摆、拨一拨、算一算得很明白，它们彼此之间的联系也理解得很透彻。能够把摆一摆、拨一拨和算一算紧密地结合起来，沟通它们之间的联系，这是一种很好的学习方法。

一年级学生的实际年龄和认知特点，决定了他们的具体形象思维要好于抽象思维，上述案例中教师为学生提供了小棒、计数器等学具，给学生充足的探究时间，在明确算理之后，再通过问题"回顾我们刚刚探究的竖式，联系我们小棒动手摆一摆和计数器拨一拨的过程，你发现这三种方法之间有哪些相同的地方？"引导学生进行联系比较，沟通直观操作和竖式计算之间的相同之处，"满十根小棒可以捆成一捆""个位满十个珠子用十位上一个珠子表示"实质上都是"个位满十，向十位进1"。

案例三　"两三位数乘法"教学片断

……

师：240×20到底等于480还是4800呢？

生1：我认为等于4800。

生2：我认为等于480。

师：看来同学们有不同的观点，下面就让两组同学来进行一个小小辩论赛，看看谁说得更有道理。

生1：0乘0是不是得0？

生2：对。

生1：那就对了嘛，我们可以用简便算法，先把0前面的数相乘，再算末尾的0×0正好得0，所以只要加1个0就可以了？为什么还要加2个0呢？

生2：如果240×20的末尾只有1个0，那么240×2的末尾有几个0？

生1：240×2的末尾是1个0。

生2：如果按照你们刚才的说法，那240×20与240×2的得数不就相等了吗？24个十乘2个十与24个十乘2个1肯定是不一样的。

师：听懂了吗？谁说的更有道理呢？看来，240×20的正确答案应该是4800。

……

上述案例中，学生在解答过程中出现了不同的想法，教师抓住这一机会，让学生进行辩论，学生表述自己想法进行辩论的过程就是思维推理的过程，在辩论中对知识的理解得到了深化。学生在支撑自己想法时还适时举例,通过正反例子对比、反衬,对知识的本质有了更为深刻的认识,从正反两方面的思考使学生的思维更为严谨缜密。一些好的判断题能够训练学生的思维严谨能力,在平时的教学中,教师可恰当选取辨析资源,让学生从小知道判断要有科学依据,不能人云亦云或臆断猜测,还要敢于对凭空的一些结论,或是暂时没有足够信息支持的观点提出质疑。

(四)以形助思,深化思维

小学生数学思维发展的最基本的特点是以具体形象思维为主,逐步向抽象逻辑思维过渡,整个小学阶段都是由具体到抽象,从简单到复杂地向前推进的过程。教师在教学过程中,应顺应小学生的特点,借助直观图形来帮助学生理解较抽象的数、数量关系,培养学生思维角度的全面性和严谨缜密的思维习惯。

案例一 "万以内数的加减法"教学片断

……

师:下面我们一起来看一看这样一道题,"毛毛家、豆豆家和少年宫都在同一条街上,毛毛家离文化宫1300米,豆豆家离毛毛家600米,问豆豆家离文化宫有多远?"

师:这道题难度较大,我们一起来借助线段图分析分析这道题,请你把线段图画在练习本上吧。

师:谁来借助线段图说说你的想法?

生1:我是这样画的(呈现图4-17),毛毛家离文化宫1300米,毛毛家离豆豆家600米,求豆豆家离文化宫多远就是1300+600=1900米。

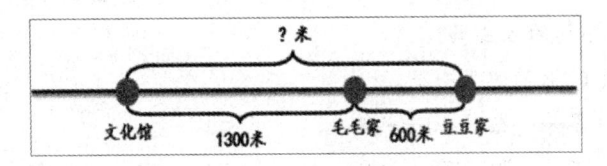

图4-17 万以内数的加减法

师:你说得很有道理,有不同的想法吗?

生2:我是这样画线段图的(呈现图4-18),豆豆家在文化馆和毛毛家中间,求豆豆家离文化馆多远,就是1300-600=700米。

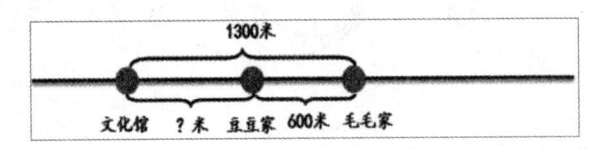

图4-18 万以内数的加减法

师:两种方法都有理有据!

……

一个纯文字语言描述的题目对低年级学生来说,要想考虑周到还是比较有难度的,而借助线段图,学生能直观清楚地看到毛毛家、豆豆家和少年宫的两种不同位置关系,可以从不同角度思考、解决这个问题。从上例可以看出直观图示既能呈现题中的隐含条件,还有利于对数量关系的分析,画图助思的良好学习习惯,在潜移默化中培养了小学生的严谨思维。

案例二 "组合"教学片断

......

师:学校要组织"少儿戏曲大赛",规定每班推选2人组队参赛。现在有4名旗鼓相当的选手,小丽、小军、小杰、小阳,派谁去参加呢?

学生自由发言。

师:一共有多少种组队方案呢?我们来一起研究一下。请把你思考的过程记录下来,然后小组内交流。

生1:我认为有六种方案,小丽和小军、小军和小杰、小杰和小阳、小阳和小丽、小丽和小杰、小军和小阳。

师:大家同意这个结果吗?方法上还有不同的吗?

生2:我也是六种,但这样太乱了,容易有重复的或者遗漏的,我是按顺序列举了所有的方案。小丽和小军,小军和小杰,小杰和小阳,小丽和小杰,小军和小阳,小丽和小阳,一共是3+2+1=6(种)

师:他的方法怎么样,谁能评价一下?

生3:他最大的特点是进行了有序列举,先确定一个人,这个人跟剩下的人组合;然后再确定下一个人与没有组合过的人组合,这样依次进行直到完成。可以既不重复,又不遗漏。

师:你的点评一下子抓住了要点!有序的列举让我们的列举思路更加有条理,结果不重复不遗漏也更严谨。还有不同的方法吗?

生4:这样太麻烦了,我简化了一下。

板书:丽——军　军——杰　杰——阳
　　　丽——杰　军——阳　丽——阳

生4:我用A、B、C、D代表四名同学(呈现图4-19),用连线代表一种组队方案,也是有3+2+1=6(种)。

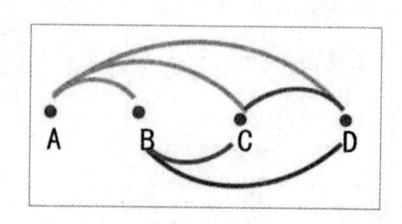

图4-19　组合1

师:这种方法怎么样,请同学们评价一下。

生5:他的方法和算式跟之前的同学是一样的,但这样用画图的方法表示,看起来更简洁直观。

师:同学们太厉害了,还能用画图的方法解决问题,这也是数学上重要的数形结合思想。大家找到了这么多方法,观察所有的方法,你有什么发现?

生:虽然大家尝试的方法不一样,但结论都是3+2+1=6(种),思路都是有序地找到所有的组队方案。

师:是呀,有序的思考让我们的思维更加严谨;数形结合将抽象的数字和形象的线段图结合起来,思考问题更为全面。

……

上述案例,教师引领学生经历了从无序到有序,从复杂到简洁的思考过程,在比较过程中,学生充分感受到数形结合使文字所描述的复杂性抽象性转变得更为直观简洁。在用具体的图形、符号或者语言将抽象的数学知识、内在的思维变化为外显的知识的过程中,学生充分感受到数形结合方法的好处,也培养了学生数形结合的严谨思维习惯,提升了学生的个人数学能力。

(五)启发说理,注重数学语言表达

语言是思维的外壳,从思维的开始,经历中间过程,再到结果,都要以语言来定型。在数学课堂教学中,"说"的重要性,不亚于"写"和"算",这里的"说"并不是随意的,而应要求学生说得有条理、有根据,前后连贯、合乎逻辑,把自己的数学思维过程清楚地表达出来。数学是讲道理的,让学生形成表达自我想法需要具有有理有据思考的意识;通过"说理"这条主线,促使学生的思维活跃起来,是培养学生数学思维严谨性十分有效的策略之一。

案例一 "算式中的推理"教学片断

……

师:(呈现图4-20)关于这道题,哪位同学愿意到前面说说你是怎样想的?

图4-20 算式中的推理

生1:我先看到和的个位上是2,我想到1+1=2,所以先想到飞可能是2,但是腾加腾不可能等于9,没有哪两个数相加会等于一个单数的,所以飞不能是1。我又继续想和的个位是2,还有可能是6,6+6=12,个位也是2,而且个位正好满十向十位进一,十位上腾加腾等于8就可以,所以我想到腾=4,飞=6。

师:同学们,他的这种做法对吗?对于这位同学的思考方法,你有什么想问的吗?

生2:你是怎样想到飞可能是1或是6的?

生1:因为和的个位上是2呀,1+1=2,6+6=12,个位都是2,所以飞不是1就是6。

师:同学们明白了吗?还有问题吗?

生2:飞为什么不能是1呢?

生1：如果飞是1的话，十位上腾+腾=9是不成立的。因为腾加腾代表的是两个相同的数，没有哪两个相同的数相加得9的，所以飞不能是1。

师：同学们说得真好！给敢于质疑，大胆提出疑问的同学点赞，更要给这个上台交流的同学大大的表扬，他的表达语言准确，思维严谨，每一步都说得有理有据，向他学习。

……

上述案例中，通过老师语言的引导，学生大胆质疑，多次提出问题。学生在表达问题解决思路时，需不断调整及组织自己的思维过程，让语言表达逐步走向规范性、科学性与条理性，在不断完善语言表达的同时，形成了严谨的思维品质。

留意课堂上的发言不难发现，学生通常乐于发表自己的结论，但却很少主动解释"为什么"。教师就要针对学生的发言适时点拨引导示范，教师应时刻注意自己语言的规范性和示范性，有针对性地为学生提供准确的语言模式，帮助学生形成有条理的语言表达习惯，例如，可以让学生尝试着使用这样的表达方式："我是这样想的……""我认为……""因为……所以……""为了求出……，必须先求出……"等。这样有条理的语言表达有助于学生理清逻辑，培养学生的说理意识。

案例二 "口算乘法"教学片断

……

师：200×4得多少呢？

大多数学生也能算出得数。

师：你是怎么算的？能说说你的想法吗？

生1：我是先不管200中的两个零，二乘四等于八，在8的后面再加上两个0。

生2：因为两个百×4等于八个百，就是800。

师：这两位同学都是利用哪句口诀算出的？

生：二四得八。

师：因为二乘四等于八，算出了200×4得数是800。比较一下这两位同学的发言，有什么不同之处呢？

生3：第一位同学只说了他怎么算的，第二位同学的发言说出了为什么得800的理由。

师：这位同学在发表自己的想法时，不仅说出了结论是多少，还能说明为什么会得出这样的结论。第一位同学，能不能也说说你这两个0先不管的理由？

生1：因为二四得八，200看作2个百，2个百乘4得8个百，8个百就是800。

……

上述案例中，教师引领学生不仅注重计算结果的正确与否，关键让学生用语言有条理地对算理做出解释。这两个"0"不管的理由是，学生不是真的看成了二，而是两个百。在交流过程中让学生感悟到：不仅知道怎么算，而且要明白为什么要这样计算，数学是讲道理的，要有条理地把道理讲清楚、讲明白。学生经常经历这样思维与表达的过程，久而久之，"严密思维，清晰表达"就会成为学生的思维习惯。

四、"思维严谨"达成度习题评价研究实践

如果说教师课前的研读准备是设计,课堂上潜移默化的渗透和影响是指导,课后的巩固练习就是学生培养思维严谨性的实践了。在"指导—实践—再指导—再实践"的过程中,促进学生思维严谨的良好品质的形成。

> **案例一** 《数学》(青岛版)一年级下册"智慧广场——有序列举"单元习题

从1写到30,一共写出了多少个"2"?

1. 习题测查知识与素养点剖析

此习题是对《数学》(青岛版)一年级下册"智慧广场——有序列举"知识的巩固练习(呈现图4-21),教材给出的例子是"从1写到100,一共要写多少个9",通过学习,掌握有序列举的方法,先数"个位"上的,再数"十位"上的,最后把结果都加起来,能够做到不重复、不遗漏。

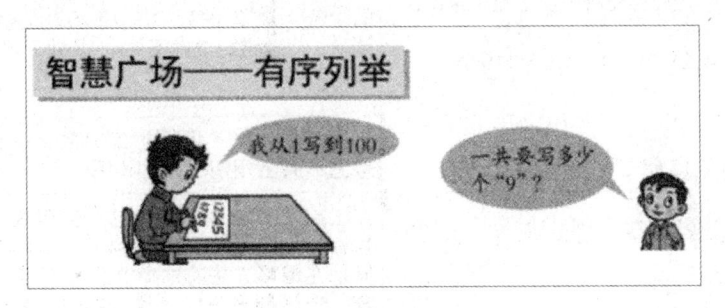

图4-21 有序列举习题

像这样"有序思考"的思想方法,一直贯穿在小学数学课本中,尤其是在低年段,如一年级上册的"分类",一年级下册的"有序列举""表格列举",二年级上册的"分类列举"等。学生通过对自己解决实际问题过程的反思,感受策略的特点和价值,进一步发展思维的条理性和严密性。

学生解答此题要运用的知识有:

(1)100以内数的认识;

(2)有序列举策略方法。

此题的难点在于:

(1)能运用"有序列举"的策略方法,全面思考,不重复、不遗漏地解决问题;

(2)在1~30这个范围内,找到合适的数,排除思维定式,提高思维能力。

解决此题需要经历以下几个步骤:第一,写出1~30里个位上是2的数,并找到个位上的"2";第二,写出1~30里十位上是2的数,并找到十位上的"2";第三,将个位上有"2"的数的个数和十位上有"2"的数的个数加起来。

做题过程中发现,学生总会出现这样那样的问题,有的同学照搬例题答案,有的同学重复数,有的同学漏数。而对这一类错误的原因,学生总是简单地认为是因为"粗心",他们虽然知道相关知识,但不能准确地应用,有的是因为审题不清,有的是因为考虑不周,其实这正是学生思维不严谨的表现。学生在找到解决思路的同时,进行反思回顾,意识到自身思维过程的缺陷,并能进行自我订正,从而发展思维的严谨性。

2. 学生答题情况及素养点达成度解析(见表4-1)

表4-1 典型习题学生答题状况及素养达成度分析

学生答题情况	素养达成度剖析
一共有20个"2"， 根据课本上所学知识，个位上有10个，十位上有10个，一共有20个	知道解决本题需要运用——列举的方法，但是审题不清，忽视条件，没有看到是在1~30这个范围内，没有进行严谨思考，误认为只要是这样的题目，就跟例题一样
一共有14个"2"， 个位：2,12,22, 十位：20,21,22,23,24,25,26,27,28,29, 个位上数出有4个，十位上有10个， 个位上数出有3个，十位上有11个	能够根据题意，利用所学知识进行——列举，并且在列举过程中注意到了在1~30这个区间。但是在数数的时候，将"22"这个数字，在个位上数了2次"2"或者在十位上数了2次"2"，考虑不周全，思维不严谨，导致结果多了1个
一共有12个"2"， 先写出个位上是2的数，再写出十位上是2的数， 个位：2,12,22,共3个， 十位：21,22,23,24,25,26,27,28,29,共9个， 一共12个	能够根据题意，利用所学知识进行——列举，但是列举的十位上是"2"的数字里，将20这个整十数漏掉了，直接从21开始数，考虑不周全，思维不严谨，出现漏数的问题
一共有12个"2"， 从1数到30，数出了12个"2"	将"22"这个数字里面的"2"只数了一次。思维不严谨，考虑不周全，出现漏数的问题
一共有13个"2"， 1~10里面有1个"2"， 11~20里面有2个"2"， 21~30里面有10个"2"， 加起来一共有13个"2"	方法比较巧妙，将1~30这些数分成了3部分，能根据题意进行严密的思考，做到了不重复不遗漏。 但是在策略方法的选择上思考不够严谨，是选择十个数一个区间来分区间数，特别是11~20这个区间，这里面的"2"一个在个位上一个在十位上，容易数漏
一共有13个"2"， 从1数到30，数出了13个"2"， 将1到30都写出来，数一数共13个"2"	根据题意解题时进行了严密的思考，做到了不重复不遗漏，但在策略方法的选择上思考不严谨，不具备解决问题的策略方法，如果遇到从1写到100这种类型的题容易出错
一共有13个"2"， 先写出个位上是2的数，再写出十位上是2的数， 个位：2,12,22,共3个， 十位：20,21,22,23,24,25,26,27,28,29,共10个， 加起来一共有13个	能根据题意，利用所学知识，——列举，得出正确的结果，做到不重复、不遗漏，思考缜密，思路清晰简洁，有条理有逻辑

案例二 《数学》(青岛版)二年级下册第一单元"有余数的除法"习题

1. 习题测查知识与素养点剖析

此题是针对教材第一单元信息窗二红点例题知识巩固的一道练习题(呈现图4-22)。习题选取了"给可乐装箱"的情境，通过引导学生在正确计算有余数的除法的同时，还要结合实际情况进行判断。有的学生做完题直接将商作为问题的答案，缺乏思维严谨性，这是一道与生活实际结合度非常高的练习题。

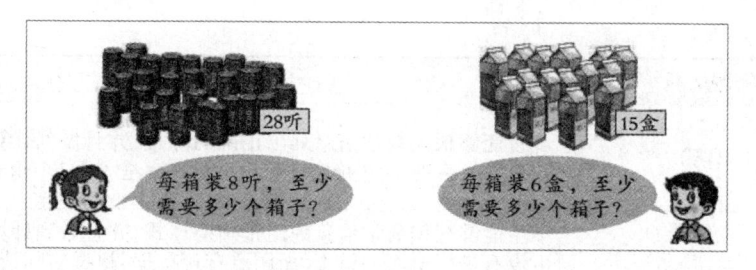

第四章 "数学必备品格"提升的教学策略

图 4-22 有余数的除法习题 1

此类习题，在之前就有涉及。比如二年级上册，学生在学习"乘法的初步认识"知识时，就遇到过类似题型（呈现图 4-23）。学生利用口诀计算"三五十五""三六十八"，在 5 和 6 之间选择，通过严密的考虑，就会发现，剩下的 2 人虽然不足 3 个人，也要再搭一顶帐篷。可见，这类需要结合实际情况进一步考虑的题型，学生的出错度非常高，更加需要思维的严谨。

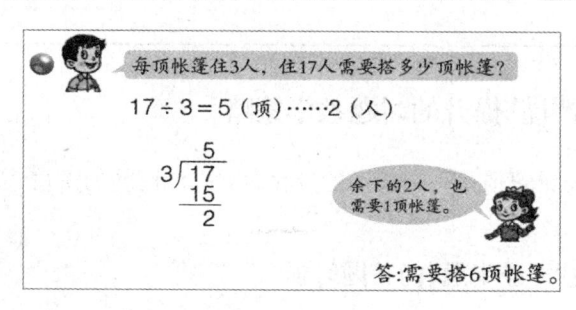

图 4-23 有余数的除法习题 2

学生解答此题要运用的知识有：
(1)有余数的除法的熟练计算；
(2)解决问题的答题规范（单位、答语等）。

解答这道习题，学生要经历三个阶段：第一，根据数学信息列出除法算式并解答，写出正确的单位名称；第二，根据实际情况判断计算出的商是否可直接作为最终答案；第三，根据判断情况写答语。本题虽然涉及有余数除法的运算等相关知识，但并不单纯地考查学生的运算能力，要求学生能够在解决问题的过程中全面思考问题并做出判断。这不仅能够有助于培养学生严谨细致的个性品质，还能培养学生严密的推理习惯。

2. 学生答题情况及素养点达成度解析（见表 4-2）

表 4-2 典型习题学生答题状况及素养达成度分析

学生答题情况	素养达成度剖析
列式错误 计算错误	学生在做题过程中经常出现类似看错、抄错数导致列式错误的情况，也有因对乘法口诀求商及对有余数的除法计算不熟练导致的计算错误，这是浅层次的做事不严谨，会严重影响高层次的思维严谨习惯的养成
28÷8=3(个)……4(个) 28÷8=3(箱)……4(个) 28÷8=3(箱)……4(听) 28÷8=3……4 答：至少需要 4 个箱子	学生能够根据数学信息列出正确的算式，但思维不够缜密，漏写或写错单位名称，没有深入分析商"3"和余数"4"分别表示什么意思。"箱"这个单位看似没有问题，但也体现了学生日常答题习惯的不严谨，认为单位名称意思差不多就行

219

续表

学生答题情况	素养达成度剖析
28÷8=3(个)……4(听)	学生能够根据数学信息列出正确的算式,并且做到计算正确。但是缺少最后的答语,无法确定学生最后的答案是需要3个箱子还是4个箱子
28÷8=3(个)……4(听) 答:至少需要3个箱子	学生能够根据数学信息列出正确的算式,并且做到计算正确。但是学生没有进行全面的思考,做题要有理有据,根据实际情况解决问题,还剩下的4听可乐虽然不足8听,但是也需要一个箱子来装,思维不够严谨
28÷8=3(个)……4(听) 答:至少需要4个箱子 或者 28÷8=3(个)……4(听) 3+1=4(个) 答:至少需要4个箱子	学生能够根据数学信息列出正确的算式,熟练掌握有余数的除法,答题规范。能够进行全面的思考,考虑到剩下的4听可乐虽然不足8听,但是也需要一个箱子来装,思维严谨

五、基于"思维严谨"提升的习题教学策略

培养学生严谨的思维习惯是一个长远的过程而非一蹴而就的事情,需要教师在日常教学中对学生进行培养和训练。

策略1:培养学生"严谨审题"的答题习惯

学生解决问题时,养成良好的答题习惯,是培养学生思维严谨的好途径,会为以后的知识学习、智力发展打好基础。

(1)多读题。俗话说"书读百遍,其义自见"。多读题,反复读,仔细读,边读边理解题目的意思。审题时,要仔细看清题目的每一个字、词、句,领会其确切的含义。看完题目之后要得出几个信息:题目考查的是什么、给出了哪些条件、做这道题需要注意的问题是什么、可以选用的方法是什么等。

(2)用"笔"审题。用笔指着每一个字去读题,这样可以减缓读题速度,读得更细更准,同时还可以圈出关键词、中心句、单位名称等,这样对数学信息和数学问题有全面、细致的感知,有利于自己全面思考问题,正确解决问题。

(3)复述题意。复述题意,顾名思义就是用自己的话把题目要求全面复述一下,对题目理解的越透彻就越容易复述,复述题意有利于培养概括能力,从而提高审题能力。也可以用示意图、表格、网络图等再现信息和问题,捋顺它们的关系,弄清题意。

策略2:培养学生"严谨表述"的解题习惯

学生能否将自己的思路表达清楚,也体现了学生思维的条理性是否层次分明。在学生解决问题之后,教师要让学生再回顾叙述一下解题的过程。例如,案例二中的解决问题,要想知道需要几个箱子?学生不光要知道解决这个问题就是求28里面有几个8,利用有余数的除法来解答,还需要清晰地说出算式中每一个数字所表示的意思,为什么最后结果还要再加1等。这样才能使学生做到严谨周密,言必有据,避免出现单位名称、列式、答语等错误。

如案例二,下面是完整、合理的解题过程,缺字错字都不可。

28÷8=3(个)……4(听)

3+1=4(个)

答:至少需要4个箱子

长此以往的引导要求,学生自然而然就养成了严谨答题的良好习惯。

策略3:引导学生学会举一反三

学生学会做一道题,并不意味着他学会了这一类题,我们经常会发现,将题目中的信息稍一改换,往往就会有学生出现错误。这不仅是学生对知识理解得不透彻,也反映了学生思维的不严谨、不灵活。在学生正确解决一个问题之后,引导其思考:这道题跟以前做过的哪道题类似?它们有什么异同之处?如果再加个条件会有什么新问题?这其中有没有什么规律呢?

如学生做完案例二的题目后,教师可做如下引导。

(1)出示类似题型,概括提升。

习题1:一共有32捆木材,每次运5捆,至少要运多少次?

习题2:每辆车限乘4人,9个人需要坐几辆车?

此类题型都是先列出算式后,结合实际情况分析余数是否需要继续考虑。比如,解决习题1"至少要运多少次"的问题,虽然剩下的2捆不足5捆,仍旧需要一车运输。解决习题2"需要坐几辆车"的问题,2辆车最多乘8人,剩余的一个人也需要一辆车。这些需要用"进一法"来做的题型综合起来考虑,学生更能发现其中的规律,从而促进思维的进一步提升。

(2)对比不同题型,加深认识。

习题3:做一件小风衣用2米布,11米布最多可以做几件?

习题4:巧克力每块6元,李阿姨带了50元,她最多可以买多少块巧克力?

教师引导学生思考:上面的题目跟我们今天解答的题目有什么不同?结合实际情况,通过对比,发现案例二中的题目计算结果余4听可乐,虽然不足8听,但是也需要一个箱子来装,这就需用"进一法"。习题3和习题4两道题目,习题3中剩下的布料不够2米,就没法做一件小风衣了;习题4中剩下的钱不够6元,就没法再买一块巧克力了。习题3和习题4都需运用"去尾法"来解决问题。对比不同的情况,采用不同的策略,学生对于余数的处理也会更严谨。

数学被称为宇宙的语言,是我们理解世界的基础,那么严谨的数学思维就是这门宇宙语言的"语法",只有"语法"清晰,我们才能读懂世界。严谨的数学思维并非一朝一夕形成的,它需要每一位数学教师在教学中潜移默化的渗透和影响。

第二节 理性精神

数学学科具有抽象性、严谨性和应用的广泛性等特点,数学严谨、严密、条理清晰、逻辑分明的学科结构,本质就是一个理清道理的思维发展过程。数学学习不仅是解答问题,更是一种数学思维体系下的理性精神的生成过程。

一、"理性精神"含义解读

德国数学家 M.克莱因曾说："数学是一种精神，一种理性精神，正是这种精神，使得人类的思维得以运用到最完善的程度；亦正是这种精神，试图决定性地影响人类的物质、道德和社会生活；试图回答有关人类自身存在提出的问题；努力去理解和控制自然；尽力去探索和确立已经获得知识的最深刻的和最完美的内涵。"亚里士多德对理性的解释是：在不为生活劳碌、不追求利润的闲暇中，自由地进行理论思维。也就是说，理性不受外界事物的影响，不以人的意志为转移，是在自我意识的控制下，依据已有的概念及概念之间的联系进行判断，依据判断进行逻辑推理的一种能力。理性精神是对理性的崇尚，是主体倾向通过理性思维方式(概念、判断、推理、分析、综合、归纳、演绎等思维活动)认识把握客观世界的意识和追求。理性精神与其说是一种精神，不如说是一种思维方式和习惯。康德认为"理性是人类认识的最高能力"，理性思维才是数学的属性。

《义务教育数学课程标准(2011年版)》指出，数学在培养人的理性思维方面具有不可替代的作用，数学学习可以让人表达清晰，思考有条理，并逐步形成严谨求实的科学精神和态度。理性思维是人类思维发展的最高级别，它具有明确的思维方向，有充分的思维依据，能对事物或问题进行观察、比较、分析、综合、抽象、概括，所以它是一种建立在证据和逻辑推理基础上的思维方式。

张奠宙先生在《数学学科德育》一书中这样阐述："什么是理性精神？概括起来可以是三句话：不迷信权威，要独立思考；不感情用事，要据理判断；不随波逐流，要坚持真理。"《山东省中小学德育纲要》中指出：通过揭示数学知识产生、发展及应用的过程，培养学生勇于探索、敢于质疑、善于思考、严谨求实的理性精神。

二、小学生"理性精神"的培养价值

尊重事实、善于思考、言必有据、锲而不舍是理性精神的具体表现。遇到问题肯探索、肯钻研、肯反思、肯总结，会从数学的角度去思考分析、去尝试解决，这是数学理性精神带来的力量。拥有理性精神，可以使人多一份理性思考，多一些合情合理的推断。

(一)有利于提升学生的思维品质

数学是研究数量关系和空间形式的科学，数学学习离不开分类、比较、归纳、演绎等理性的思维方法。数学之美在于理性思维，理性离不开数学，两者密不可分。有的学生迷信权威缺少怀疑精神，有的学生偏执逆反，对小学数学学习兴趣和主动性也较低，进而慢慢地对数学产生了抵触情绪，这都与理性精神的缺乏有关。在小学数学教学过程中不断培养学生的理性精神，不仅可以提升小学生学习数学的兴趣性、主动性以及积极性，还能培养学生具有条理性的数学逻辑思维以及推理的和谐化原则等，有助于提升学生思维的深刻性、独创性、批判性、灵活性和敏捷性，让学生获得理性快乐，从而提升数学思维品质。

(二)有利于培养学生求真务实的思维态度

数学作为自然科学的基础，具有真理性，是对客观现象的抽象概括。学生通过对数量关系和空间形式的探索，正确认识客观存在；通过一系列的数学活动，学生能获得科学的思想和方法，并把这种思想和方法运用到生活中去，以解决现实生活中的问题。数学知识都是前人的创造，每个知识的背后都有着科学的、严谨的道理，在数学教育中培养学生的理性思维，能引导学生用数学的眼光去观察世界,能以求真、求实、质疑与反思的态度处理和解决问题,使学生的思维方式得以完善,数学素养得以提升发展。

(三)有利于树立科学的世界观

理性精神是学生认识人生、学会生活、了解社会应有的态度和能力,也是达成政治认同,形成法治意识,实现公共参与的基本条件,一定意义上说,理性精神是一个人是否成长、成熟的重要标志。注重培养学生的理性精神,既能帮助学生树立坚持真理的信念,形成实事求是的科学态度,还可以增强学科知识探究的能力,引导学生以不同的角度看待生活中的一些现象,持批判性的思维,辩证地分析问题,有利于独立人格的形成。

三、"理性精神"提升的教学策略

数学以其理性、严密让人们对其怀有一种普遍的敬畏和信任,这种言必有据的数学理性精神,深深根植于数学的一个个定义、证明、推理之中。数学学习,不仅仅是会算数、会解题,练就高超的解题技巧,而且还要能够养成严谨求实的科学态度、尊重事实,不迷信权威的理性品格、不混淆是非的理性态度。如何实现这样的目标,是我们教学实践中需要不断思考并研究的问题。

(一)尊重事实,严谨求实

在科学领域里,不允许一丝"差不多"和"大概就那么回事"。数学的理性精神首先表现为尊重事实。尊重事实,是对问题进行分析和研究的基础。只有尊重事实,才能正确地揭示事物的真相和本质。

案例一 "复式折线统计图"教学片断

……

师:同学们,上节课我们通过学习复式条形统计图,发现中小学生患近视的年龄提前了。老师这里还有一组关于视力的信息,我们一起看看(课件呈现图4-24)。某地区教育部门对城镇与农村各100名学生的视力进行了5年的跟踪调查,这是他们根据调查情况整理的统计表。怎样理解"跟踪调查"这个词?

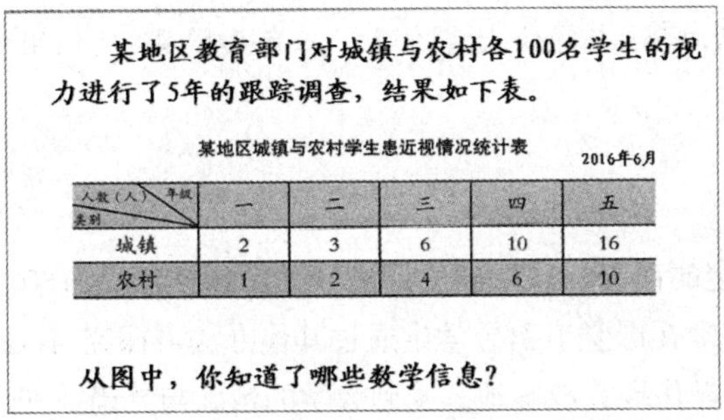

> 某地区教育部门对城镇与农村各100名学生的视力进行了5年的跟踪调查,结果如下表。
>
> 某地区城镇与农村学生患近视情况统计表　　2016年6月
>
> | 人数(人)\年级 | 一 | 二 | 三 | 四 | 五 |
> |---|---|---|---|---|---|
> | 城镇 | 2 | 3 | 6 | 10 | 16 |
> | 农村 | 1 | 2 | 4 | 6 | 10 |
>
> 从图中,你知道了哪些数学信息?

图4-24　复式折线统计图

生:就是一直跟着这100名学生,从一年级到五年级记录下他们的视力变化。

师:你解释得很到位,该地区教育主管部门对从农村和城镇分别选出的这100名同学进行了5年的调查、统计与记录,得到了这样一组数据,可以说这组数据具有代表性,具有研究的价值。

认真观察,你发现了哪些数学信息?

生:我发现一年级城镇患近视人数有2人;二年级城镇有3人……三年级……四年级……五年级……

……

对统计数据的收集,学生不可能都亲身参与,上述案例中,教师引领学生关注统计数据的来源渠道,让学生感受到数据来源真实可靠,统计活动基于真实的现实生活情境,尊重事实,进行分析,培养了学生基于事实、有理有据分析问题的理性态度。

案例二 "三角形内角和"教学片断

……

师:三角形3个内角的和是多少度?怎样研究解决这个问题?

生1:可以用量角器量一量,再把它们的度数加起来。

生2:要去量锐角三角形的每个角的度数,还有直角三角形和钝角三角形的。

师:我们就用量一量的方法试一试。老师给大家准备了大小不一的三角形学具,小组分工合作,量一量每个角是多少度?它们的和是多少?完成探究单。

小组合作,教师巡视指导。

师:仔细观察,看看研究结果,有什么相同的地方?

生:他们测量的内角和有的是180°,有的比180°大一点或者小一点,在180°左右。

师:三角形的内角和怎么会不一样呢?

生1:量角器测量可能会有一定的误差。

生2:都在180°左右。

师:在180°左右,就可以说三角形的内角和就是180°吗?

生:不准确。

师:看来,用量一量的方法解决这个问题还不太准确,是有误差的。那怎么办?

生1:可以不用量,把一个三角形的角剪下来,再拼拼试试。

生2:可以把两个三角形拼在一起,算一算。

师:同学们真会开动脑筋,老师给大家准备了三角形学具,我们用折一折、拼一拼的方法试一试。

小组合作研究。

……

通过测量发现有一定的误差,难以准确得出三角形的内角和是180°,如果仅仅告知学生有误差是不够严谨的,于是教师在课堂上引导学生通过其他办法再探究,让学生充分理解只为更加严谨的证明,使学生在思考操作探究准确地感受到数学的精确与严谨。

(二)追本溯源,科学明理

数学知识具有严密的逻辑性、系统性,它不是一个个单独的知识点状个体,而是由多个知识点串联成的一个知识体系。在数学知识学习过程中,要立足知识的生长点,引导学生在新旧知识之间的联系中引发思考,把握知识的本质。

案例一 "小数乘整数"教学片断(呈现图4-25)

图4-25 小数乘整数1

……

师：你会列式并计算吗？

生列式：3.2×4=12.8(元)

师：你是怎样得出来的，能说说你的想法吗？

生1：我用连加的方法，3.2×4表示4个3.2相加得12.8。

生2：我是这样做的(呈现图4-26)。

图4-26 小数乘整数2

师：这样的计算方法可以吗？

生：可以。

师：第二种方法中，关键步骤是什么？

生：是将小数3.2元转化成整数32角，也就是把小数乘整数(3.2元×4)，转化成了整数乘整数(32角×4)来计算，再把128角换算成12.8元。

师：其实小数乘整数，我们也可以用竖式来计算。先写3.2，再乘4，但到底应该怎样计算呢？

学生独立计算，集体交流(呈现图4-27)。

图4-27 小数乘整数3

生1：先看成32×4，再把结果的小数点向左移动一位。

生2：先把3.2扩大10倍看成32，再计算32×4，最后把计算的结果缩小到原来的十分之一。

师：这位同学不但会算，而且能说明理由。观察这两种方法有什么相同的地方？

生：都是先算32×4，再点上小数点。

师：计算32×4你们熟悉吗？

生：熟悉，就是整数乘法。

师：这个小数点究竟应该怎样点？为什么这样点？通过刚才的计算，你能谈谈自己的想法吗？

生：数一数因数中一共有几位小数，积的小数位数就有几位。

师：非常好，这就是小数乘法的计算方法。但为什么这样点呢？

生：3.2是一位小数，把它扩大10倍变成32，另一个因数不变，得到的积扩大10倍，所以128要缩小到原来的十分之一，也就是数一位小数。

师：看来，数一数算式中小数的位数来确定积的小数位数是很有道理的。

……

上述教学片断中，教师通过引导学生分析几种计算方法之间的联系以及新旧知识之间的联系，透过现象看本质，使算法和算理巧妙融合。在这个过程中既培养了学生言之有理、落笔有据的讲理和推理的思维习惯，又培养了学生紧扣问题本质解决问题的严谨的科学态度。

数学教学中会遇到很多"数学规定"，像"除数不能为0""先乘除后加减"等，针对这些"规定"，教师通常采用直接告知或让学生阅读课本的方式进行教学，并以"规定"为理由而让学生强行识记。久而久之，学生心中就会积压着越来越多的"为什么"，他们会觉得数学老师"不讲理"，"规定"就可以"不讲理"吗？其实，这些内容的背后也有着其合理性缘由，关键在于学生是否经历探究知识的过程。

案例二 "乘加乘减实际问题"教学片断

……

师：根据数学信息（呈现图4-28），你能提出一个用两步计算的问题吗？

图4-28 乘加乘减实际问题

生1：还剩几只篮子？

生2：3辆车一共乘坐了多少人？

师：想不想自己解决"还剩几只篮子"这个问题？听清楚要求。

(1)想一想你先求的什么？再求什么？
(2)把你的算式写在本子上,并在小组内交流你的想法。

学生合作交流,说清思路。

生1:60-18×3=6(只)。

师:你们是怎么想的？先求什么？再求什么？

生1:先求已经分了多少只篮子,18×3=54(只),再求还剩多少只篮子,60-54=6(只)。

师:大家同意吗？有没有什么想问的问题？

生2:你怎么想到要先求分了多少只篮子？

生1:要求还剩多少只,就要用"总只数-已分的只数=剩下的只数",总只数已经知道是60只,已分的只数不知道,就要先求出来。

师:根据什么求出的已分的只数？

生:题目告诉我们来了18家,每家分3只篮子,用18×3就能求出一共分了多少只篮子。

师:你是根据这两个有联系的条件,想到了要先求已分的只数,然后再用总只数－已分的只数=剩下的只数。

师:下面我们再来看看这位同学的做法,60-18×3=126(只),这两位同学列的算式是相同的,为什么计算结果却不同呢？

生:他是先算的60-18,这是不对的。因为60只和18家是没有联系的信息,所以60-18是没有道理的,而且计算结果也不可能大于60。

师:你的分析有理有据,真会学习！

师:在60-18×3这个综合算式里面都有什么运算？

生:有乘法和减法。

师:把这样的综合算式叫作乘减混合运算。计算时要先算什么？再算什么？

生:先算乘法,再算减法。

……

师:"还剩几只篮子"这个问题会解决吗？能用综合算式独立解决吗？试一试吧！

学生独立计算。

师:大家来看这位同学的,你能说一说你是怎样想的？

列式:26×2+48

　　　=52+48

　　　=100(人)

生:根据有两辆中巴车,每辆车乘坐26人,先求两辆中巴车一共乘坐多少人,再求三辆车一共乘坐多少人。

师:在这道有乘法有加法的混合运算式子中,你是先算什么？再算什么？

生1:先算26×2=52(人),再算52+48=100(人)。

生2:先算乘法,再算加法。

师:再看这位同学的方法。

列式:48+26×2

　　　=48+52

　　　=100(人)

在这个算式中,你先算什么？为什么26×2在后面也要先算26×2？

生：先求两辆中巴车一共乘坐多少人，所以26×2在后面也要先算。
……
师：观察这两个综合算式，既有乘法和加减法，应先算什么，再算什么？
生：要先算乘法，再算减法。
师：在一个算式中既有加(减)法，又有乘法，应先算乘法，再算加减法，这就是整数混合运算的运算顺序。
……
师：同学们，这节课我们学习了乘加、乘减混合运算，一起来回顾一下学习过程。
生1：学会了乘加、乘减混合运算的运算顺序和书写格式。
师：混合运算的运算顺序是怎样学习的？
生1：结合着解决实际问题，明白了在一个算式中既有加(减)法，又有乘法，应先算乘法，再算加减法的道理。
师再次回放解决问题课件。
生2：学会了列式时要想清楚先求什么，再求什么。
生3：我觉得生活中处处有数学。
……

案例中，教师让学生在解决问题的过程中体验、理解四则运算顺序的合理性，实现计算与解决问题相交融的目的，把计算与解决问题的分析结合起来，让学生不断地讲道理，不仅"知其然"，更要"知其所以然"，使学生在探究明理的过程中能充分感受到数学不再"无理"，培养了学生有论据、有条理、有逻辑的思维习惯与表达能力，渗透了"变与不变"的数学思想。

(三)基于现象，探寻成因

学生在数学学习的过程中会产生困惑，会发现很多有趣的现象，学生保持好奇心，探寻这些现象的成因，既是对事物由表及里的认识过程，也是提高探索能力的过程。在教学中，教师要具有引导学生探寻现象成因的意识，引导学生能够透过现象和外部联系去揭示事物的本质和规律，通过严谨的数学推理深刻地思考问题，探究知识。

案例一 "智慧广场——重叠问题"教学片断

……
师：学校经常会组织丰富多彩的"小手拉大手"实践活动，去利群商厦当小售货员、到爱心企业做公益、学习交通知识等等许多方面。这是4(1)班参加小记者活动和小交警活动两项社会实践活动的人数(呈现图4-29)。

图4-29 重叠问题

师：你了解到了哪些数学信息？能提出什么数学问题？

生1：参加小记者活动的有10人，参加小交警活动的有9人。

生2：参加两项活动的一共有多少人？

师：参加活动的一共有多少人？这个问题怎样解决？

生：10+9=19（人）。

师：大家都认为是19人吗？

有学生提出质疑。

师：到底哪里出现问题了呢？我们来看看具体名单。仔细观察，你发现了什么？

生：有同学两项活动都参加了。

师：有4名同学重复参加活动，那能用10+9直接求出总人数吗？

生：用10+9计算是错误的，出现了重复。

师：像这样出现重复、重叠现象的问题，在数学上我们归结为重叠问题，这节课我们就来研究这种问题。

……

上述案例中，在教师的追问下，学生的头脑里跃出一个大大的问号——到底是多少人呢？有4名同学重复参加活动，那能用10+9直接求出总人数吗？研究"重叠问题"变成了学生源自内心的学习需求，学生主动去探寻成因，感受知识背后的道理，既激发了学生的学习兴趣，又培养了学生勇于探究、敢于质疑的理性精神。

案例二 "质数和合数"教学片断

……

（呈现图4-30）

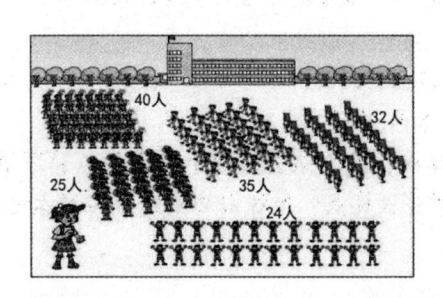

图4-30 质数和合数1

师：人数是24、25、40、35、32的数能排成方阵，是不是任何几个人都能站成一个方阵呢？

生：不是。

师：你能举个例子说明吗？

生：例如5个人、17个人都不能排成方阵。

师：你认为什么样的数字能排成方阵？

生1：偶数。

生2：奇数。

生3：每一行的人数一样多，能整除的数。

师:你的意思是说能不能排成方阵会跟因数有关,对吗?

师:那我们先来看一看,偶数一定能排成方阵吗?

生:不一定,例如2是偶数就不能排成方阵。

师:奇数一定能排成方阵呢?

生:不一定,例如11是奇数但也不能排成方阵。

师:刚才我们通过举反例发现奇数、偶数不一定都能排成方阵。那能不能排成方阵会不会跟因数有关呢?下面我们分组找一找这5个数的因数来研究一下。

……

师:仔细观察这些数的因数有什么共同的特点?

生:它们都有1和它本身两个因数。

师:除了1和它本身,还有没有其他的因数?你还发现这些因数还有什么共同的特点?

生:我发现它们因数的个数都有两个以上。

师:因数个数有两个以上的都能排成方阵吗?

生1:可能。

生2:不一定。

师:仅凭这几个例子能证明这个结论是正确的吗?

生:不能。

师:那应该怎么办呢?

生:应该多举几个例子进行验证(板书:举例子)。

师:真会想办法!通常在举例的时候我们会选取什么样的数字进行验证?

生:小一点的,研究起来比较方便。

师:我们先来研究1~12这几个数字。以小组为单位,用围棋代替人依次摆一摆。哪些数不能排成方阵?哪些数能排成方阵?把发现的结果填写在记录单中。

……

生1:不能排成方阵的,1、2、3、5、7、11。

生2:能排成方阵的,4、6、8、9、10、12。

师:前面我们猜想能否排成方阵会跟因数的个数有关。接下来,我们分别找出1—12的因数,观察一下这些数的因数有什么特点?把你们的发现填写在记录单中。比一比哪个小组的发现最多?

……

生1:能排成方阵的数,因数都有两个以上,不能排成方阵的数,只有两个因数,1只有一个因数。

生2:不能排成方阵的,只有1和它本身两个因数。1只有一个因数。

生3:能排成方阵的,因数除了1和它本身还有别的因数。

师:为什么能不能排成方阵跟因数的个数有关呢?我们借助直观图来观察一下(呈现图4-31)。

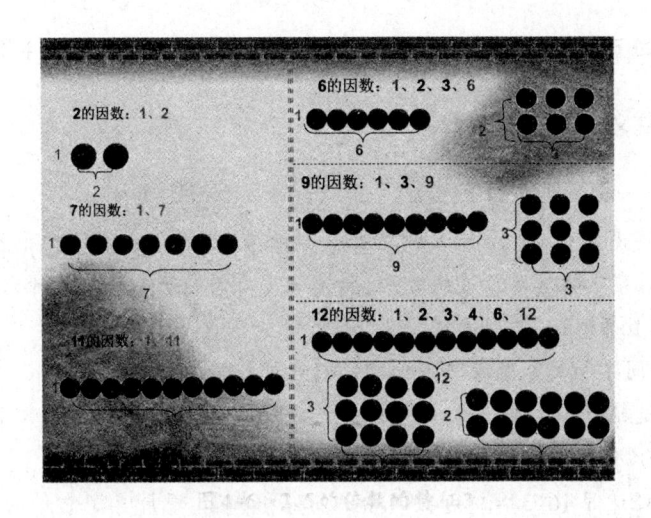

图4-31　质数和合数2

先出示不能排成方阵数的因数和直观图。

师：观察它们的因数有什么共同特点吗？排成的队形是什么样子的？

生：它们只有1和它本身两个因数。

师：只有几个因数？哪两个因数？

师板书：像2、3、5、7……这样只有1和它本身两个因数叫质数或素数

师：闭上眼睛想象一下，质数排成的队形是什么样子的？

生：只能排成1行整齐的。

出示能排成方阵的数的因数和直观图。

师：观察一下，它们的因数有什么共同特征？

生1：除了1和它本身还有其他因数；

生2：我发现因数越多，能排成方阵的方案就越多……

师：像4、6、8、9……这样除了1和它本身还有其他因数的数，叫合数。

……

上述案例从研究团体操表演中各方阵人数的特点这一情境入手，基于学生已有的认知经验，引导学生思考："什么样的数字能排成方阵？"让学生通过举反例的方式推翻了已有的猜想，将研究的方向转移到因数的个数上来。通过引导学生用棋子摆、找出1～12中能排成方阵和不能排成方阵的两类数字，然后再让学生分析这两类数据因数的特点，给学生充分的时间去观察、思考、讨论，使学生对数概念有了越来越清晰的表象认识，也渗透了举例子和数形结合等数学思想方法。当学生进一步验证了能排成方阵的数因数个数都在两个以上后，教师再次抛出更加深入的问题："为什么能否排成方阵跟因数的个数有关？"借助直观的对比分析，学生不仅水到渠成地揭示了概念，发展了学生的数感，而且使学生对知识的学习知其然更知其所以然，培养了学生"透过现象看本质"的理性精神。

（四）敏学善思，辩论明理

思维的批判性首先表现为思维的独立性，其次表现在对思维的反省。人们常说"有比较才有鉴别"，通过比较可以提高思维的广度和深度，培养学生从事物表面现象找出本质差异的分析能

力,学生也会慢慢养成遇事从多角度考虑的习惯,促进理性精神的形成。

案例一 "比例的意义和基本性质"教学片断

……

师:同学们,比有基本性质,同样比例也有基本性质,就藏在比例的两个外项和两个内项之间。请同学们运用探究比的基本性质的方法,研究一下比例的基本性质是什么?

学生分组研究,教师巡视,发现素材。

师:哪个小组的同学和大家交流一下你们的研究过程?

生1:我们小组先选了16:2=32:4,我们发现2×32=64,16×4=64,两个内项的积等于两个外项的积,又写出了几个比例进行验证,发现都是这样。

生2:我们小组还选了16:32=2:4,我们除了发现积相等,还计算了它们的商,16÷4=4,32÷2=16,发现商不相等。

师:这个小组不但研究了内项积和外项之间积的关系,还研究了商的关系,真了不起。现在你有没有什么其他的疑问?

生:和、差会不会相等?

师:快速口算一下,怎么样?

生:和、差不相等。

师:现在你能猜测一下比例的基本性质是什么吗?

生:两个外项的积等于两个内项的积。

师:这只是通过观察这一组比例得出的一个结论,这个结论是不是普遍存在呢?还需要怎样?

生:举更多的例子来验证。

……

上述教学片断中,学生各抒己见、不人云亦云,数学课堂成为学生讲理、辩理、明理的地方,在这一过程中培养了学生求真求实的科学态度以及勇于探索、敢于质疑、善于创新的科学精神。通过"不但研究了内项积和外项之间积的关系,还研究了商的关系,还有没有什么其他的疑问?"这一问题的引领,加宽了学生的思维广度,学生顺势质疑"和、差会不会相等",并进行举例验证,培养了学生举一反三、触类旁通的推理能力。"这个结论是不是普遍存在呢?"这一问题又引导学生对已发现的规律进行质疑,培养了学生敢于质疑反思的理性精神。

案例二 "圆柱和圆锥练习"教学片断

……

师:(呈现图4-32)老师这里有一根半径1米,高3米的圆柱形铁块,将圆柱削成与它等底等高的圆锥,削去部分的体积是多少?这个问题要怎样解决?

生1:把圆柱削成最大的圆锥,底面积和高都不变,所以只需要用底面积乘高乘三分之一就得出了圆锥的体积是3.14立方米,用圆柱的体积减去圆锥的体积就是削去部分的体积6.28立方米。

师:听明白了吗?有没有其他的想法?

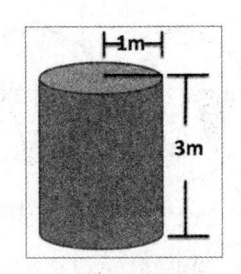

图4-32 圆柱和圆锥练习

生2:因为圆锥的体积是与它等底等高的圆柱体积的三分之一,用圆柱的体积乘三分之二就得出削去部分的体积。

师:为什么要用圆柱的体积乘三分之二?还可以怎样求削去部分的体积?

生3:用圆锥的体积乘2得出削去部分的体积,因为削去部分的体积是圆锥体积的2倍。

……

学生的思维是在不断地思考中发展的,不同的思考方法对思维的发展作用也不尽相同。上述案例中,教师引导学生发散思维,选择不同的方法去解决问题,学生的思维在不断地交流分析过程中,更加理性缜密,思维品质也得以提升。

(五)有理有据,勇于质疑

著名学者波普尔说:"正是质疑激发我们去学习,去发展知识,去实践,去观察。"质疑是对现象、观念、想法的一种不迷信权威、不轻信经验、敢于质疑所谓真理的态度,也是一种精神,没有怀疑,就没有数学的学习。

1. 对他人的结果进行思考与质疑

每个学生都是有差异的个体,他们有自己解决问题的经验,对每一个问题都有自己的理解和处理方式。作为数学教师应多给学生提供一些思考及互相质疑的机会,引导学生的思维走向深入。

案例 "找规律"教学片断

……

师:(呈现图4-33)同学们想一想,彩旗按照这个规律排下去,第17面是什么颜色的?把你的想法尽可能详细地写在探究卡上。

图4-33 找规律1

学生自主探究方法,同桌交流,老师巡视。

师:刚才我发现同学们找到了好几种方法,下面先请这位同学来展示一下吧。

生1:小旗是按照红黄绿红黄绿排列的,红黄绿红黄绿这样数下去,数到17的时候就是黄色。

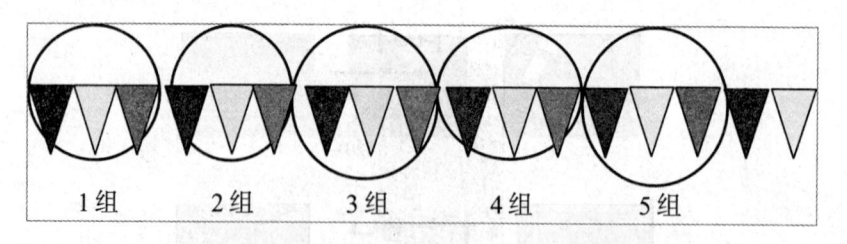

图4-34 找规律2

师：按照小旗的排列顺序用数一数的方法，数到第17面是黄色的，你的思路很清晰。

生2：因为小旗是3个为一组的，我把3面小旗圈起来(呈现图4-34)，一共圈了5组，最后还剩下2面，所以第17面小旗是黄色的。

师：其他同学对于这种方法还有什么疑问吗？

生3：为什么要把红、黄、绿圈在一起？

生2：红、黄、绿三个为一组一直不断出现，每一组都一样。

师：我们也可以说三个为一组重复出现，还有问题要请教我们的小老师吗？

生4：你是怎样知道第17面是什么颜色的？

生2：大家看，第17面就是第6组的第2面，我们就从前面数出2面。

师：除了这两种方法，还有其他的方法吗？

生：17÷3=5(组)……2(面)(师板书)

师：说说你的想法。

生：3个为一组，一共有5组，还剩下两面，每组的第2面就是黄色。

师：谁还有疑问？

生1：为什么余数是2就是黄色？

师：这个问题提得真有价值。

生：余数是2说明是这一组的第2面小旗，每组的第2面小旗是黄色的，所以，余数是2就是黄色的。

师：说得很有道理，看来余数是2，不仅表示剩下的两面，还表示每组的第2面。(课件呈现图4-35)因为每一组小旗的排列规律是一样的，不管有多少组，只要余下2面，就是黄色的。同学们想一想，如果有10组余2面，最后一面会是什么颜色呢？

图4-35 找规律3

师：由此你发现了什么？

生：不管有多少组，只要余下2面，就是黄色。

师：所以不管商是几，只要余数是2，就一定是黄色的。

师：如果我们继续拉动小旗，第22面小旗是什么颜色？第27面呢？学生独立解答，展示交流。

生：我是这样做的，22÷3=7(组)……1(面)(红旗)，27÷3=9(组)(绿旗)。

师:没有余数怎么确定的?

生:没有余数说明是最后一组的最后一面,每组的最后一面都是绿色,所以,没有余数就是绿色的。

师:观察黑板上这几个算式,你是怎样判断小旗颜色的?在小组内一起讨论讨论。

板书:

22÷3=7(组)……1(面)(红旗)

17÷3=5(组)……2(面)(黄旗)

27÷3=9(组)(绿旗)

小组内讨论交流汇报。

师:谁想分享你们小组的讨论结果?

生:看余数,余数是几,就是每组的第几面,如果没有余数,就看最后一面。

师:你们的发现真了不起,刚才老师也发现刚才同学们在解决这两个问题的时候不约而同地选择了计算的方法,为什么不用数一数的方法了呢?

生1:太麻烦了。

生2:数字大了,数一数就太浪费时间了。

师:你们真会思考,能够根据实际情况选择合适的方法解决问题,为你们点赞。接下来,就选择合适的方法解决下面的问题。

……

上述教学片断中,教师给学生创设了充分探究的空间,在生生之间、师生之间的质疑追问下恰中重难点。教师利用有效问题让学生深入思考,充分展示思考过程。在展示的过程中借助规范的语言使学生叙述有理有据,条理清楚。教师的评价指向明确,正是这样一次次的质疑与思考过程,学生的理性精神才能得以培养和提升。

2. 对自身的答案进行质疑与反省

勤学善思、勇于质疑不仅是对他人的想法进行评价与质疑,也包括思维的反省,即对自己思维过程进行反思,对自己的思维方法进一步推敲和检验,对思维的结果进行进一步的审视与判断。

案例 "平行四边形的面积"教学片断

……

师:这节课我们就来研究平行四边形的面积(呈现图4-36)。为了方便探究我们就借助这张平行四边形纸片,这是这张平行四边形纸片的相关数据。

师:根据这些数据你能来大胆地猜测一下它的面积吗?

生1:7×5=35。

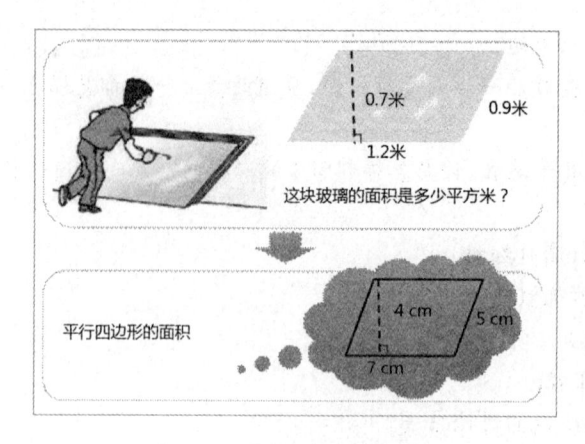

图 4-36 平行四边形的面积 1

师：你为什么会这样猜？

生：之前我们学过长方形的面积，长方形的面积=长×宽，长方形是特殊的平行四边形，所以我就想到了这两条邻边相乘。

师：你想用学过的知识解决这个新问题，你的猜想还是有依据的。

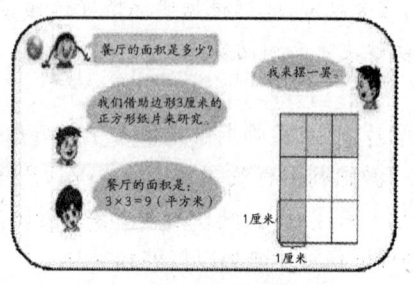

图 4-37 平行四边形的面积 2

生2：我认为是7×4=28。

师：老师把你的也记录下来。这个平行四边形的面积到底是多少呢？

生：我们可以用数格子的方法来验证一下。

师：用学过的方法来解决新问题（呈现图4-37），真是一个会思考的学生。接下来就请同学们拿出格子纸来数数看，比一比谁数又快又准确。

生1：我是先数整格的，再数半格的，把两个半格数作一格，然后再相加就能知道平行四边形的面积。

生2：我把半格的移到右边，凑成整格，然后数一数一行有7个，有这样的4行，得出有28平方厘米。

师：你是先凑成整行，然后一行一行的数，难怪数得那么快！

师：通过数格子验证，你知道了什么？

生1：看来用邻边相乘是不对的。

师：这位同学能对自己开始的想法进行质疑反思，是学习数学最珍贵的学习品质！

……

小学生的年龄及思维特点，决定了儿童的思维弱项是不善于回头看，上述教学片断中，教师的第一次追问旨在引导学生寻找解决问题的依据。在学生找到验证方法后的追问旨在引领学生进行思维反省、质疑反思，学生通过不同角度的思考，全面反思解决问题的过程，在"质疑—思考—验证"的过程中让思维走向深入严谨。

四、"理性精神"达成度习题评价研究实践

习题教学是小学数学教学的重要组成部分，是数学学习过程中夯实"四基"，增强发现、提出、分析和解决问题的能力以及提升个人思维品质的重要途径。如何依托习题教学进一步提升学生的理性精神，评价学生解题思路中所体现的理性精神，是我们在日常教学实践中仍需要不断研究的问题。

案例　《数学》(青岛版)小学四年级下册第一单元"计算器"习题

1. 习题测查知识点与素养点剖析

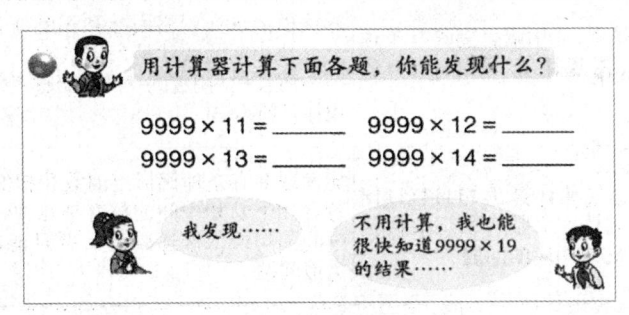

此题是《数学》(青岛版)小学四年级下册第一单元信息窗1红点2(呈现图4-38)的一道练习题(呈现图4-39)。习题借助计算器计算一系列乘法算式，引导学生探索规律，总结规律，并且根据规律算出111111111×111111111等于多少，引导学生体验计算大数据时使用计算器的优越性，同时提升探索规律的能力，培养学生独立思考、归纳推理、条理清晰的数学思维品质。

图4-38　计算器1

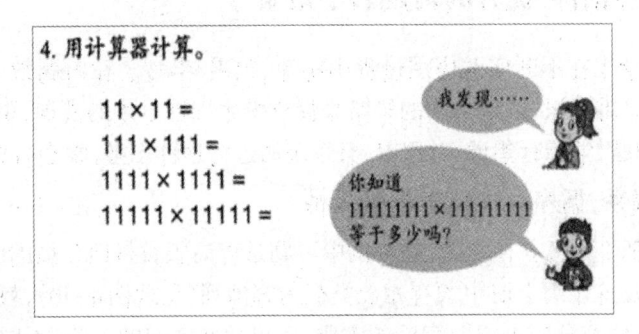

图4-39　计算器2

大部分学生都能准确计算出算式的结果以及推理出111111111×111111111等于多少，但是对于很多学生来说，提炼概括规律是难点，语言表达得完整精准是一个不小的难题。

解答此题要运用的知识有：

(1)计算器使用；

(2)多位数乘法的计算。

解答这道习题,学生要经历四个阶段:第一个阶段设置疑问:111111111×111111111怎样计算?产生使用计算器的需求;第二个阶段调试方法:部分计算器不能显示完整答案,需从简单乘法算式入手找规律,化繁为简;第三个阶段寻找规律:纵横观察、比较发现规律;第四个阶段总结反思:掌握探究此类问题的方法。这道题目,不仅使学生通过观察比较后掌握找规律方法,还让学生在"说一说"规律的过程中,展示思维的过程,既提升了语言表达的条理性,同时也促进了逻辑思维能力的提升。

2. 学生答题情况及素养点达成度解析(见表4-3)

表4-3 典型习题学生答题状况及素养达成度分析

学生答题情况	素养达成度剖析
会使用计算器进行正确计算,但不能归纳概括出规律,更不能推导出111111111×111111111的结果	学会运用工具进行计算,但没有有序观察、类比思考的意识
会使用计算器进行正确计算,能具体地叙述规律,但语言过于烦琐。不会运用规律算出111111111×111111111的结果	可以借助计算器进行计算,具有了初步的类比思考意识,但是理性思维能力薄弱
会运用计算器计算出结果,能用语言完整有条理地概括出规律,能根据规律算出111111111×111111111的结果	能从横向纵向观察因数和积的变化规律,发现因数有2个1,积中间的数就是2;因数有3个1,积中间的数就是3……而且积两边数字对称,能够有条理地思考,并能运用规律计算
能借助计算器,并结合规律计算出111111111×111111111的结果,能用语言完整有条理地概括出规律,并能运用规律解决相应的问题	能发现并有条理概括出因数和积的变化规律,能发现因数有几个1,积中间的数就是几,两边的数字对称并且从中间向边缘依次递减至1;并且能够运用规律灵活解决类似问题

五、基于"理性精神"提升的习题教学策略

理性精神需要学生在不断实践应用过程中感知、积累、丰富。在习题教学中,我们要有意识地提升学生的理性思维意识,采取不同的策略来促进学生理性思维的发展,引导学生从数学角度发现、分析和解决问题,学会有条理、有逻辑、有系统的进行理性思考,学会有理有据地进行表达。

策略1:沟通联系,循序渐进培养理性精神

任何数学知识都不是孤立存在的,如案例中习题是青岛版教材四年级的练习内容,但在青岛版教材三年级上册及五年级上册中均有相关类似内容涉列(呈现图4-40),教师应该基于不同年级学生学情,在教学中充分挖掘习题背后的本质,找出彼此之间的关联,不同年级设置不同类型的习题,采用螺旋上升的模式,让每一位学生都能经历从一点一滴摸索试探中感悟规律,再用简单的数学语言描述规律,最后能严谨概括提炼出规律,在这种不断探索数学知识本质的过程中,循序渐进地丰盈学生的理性思维。

```
9. 有趣的算式。
     99×1=99              999×1=999
     99×2=198             999×2=1998
     99×3=297             999×3=2997
     99×4=396             999×4=3996
        ⋮                     ⋮
   你发现了什么？能接着写下去吗？

※12. 找规律，填得数。（可用计算器计算）
     1÷9=0.1111⋯          2÷9=0.2222⋯
     3÷9=0.3333⋯          4÷9=0.4444⋯
     5÷9=                 6÷9=
     7÷9=                 8÷9=
```

图 4-40　找规律

策略 2：巧设疑问，品味理性精神的魅力

习题教学除了实现基础知识的巩固和基本方法的训练之外，更多的要依托习题教学实现数学在育人方面的价值，提升学生的思维品质。习题问题的设置，既要注重基础性，又要注重启发拓展性，巧设疑问，能使习题内容具备一定的思维含量。案例中习题设置的"我发现……""111111111×111111111怎样计算"这几个问题层层递进，既夯实基础，又引领学生以现有知识储备为基础探究应用，引发学生深入多角度思考，运用化大为小的思想，产生从简单算式寻找规律的强烈需求，同时体验有序研究的必要性，一一列举简单的算式，再通过计算器计算结果、探究规律，培养严谨求实的理性思维。

策略 3：以"说"促"思"，用数学的方式进行理性思维

在充分挖掘习题本质的同时，还要注重语言表达能力的培养。这道题在学生横向、纵向观察因数和积的变化规律的同时，还要注重引导学生用规范的数学语言表达出来，比如："因数有2个1，积中间的数就是2，积两边数字对称……"在师生、生生互动中，讲规律、补规律，最后总结概括出完整的规律。在交流的过程中，一方面抓住变中不变的本质规律，另一方面锻炼条理清晰、逻辑严谨的归纳概括能力。然后再让学生以说反思，由学会转向会学，实现自我优化，总结规律，提升类比、归纳等数学思想方法，促使学生在说理、辩理的过程中，循序渐进地促进学生的理性意识的发展。

策略 4：及时反思，在回顾梳理中提升理性精神

在习题教学时，我们要学会等待，给学生留足思考的时间，鼓励学生大胆质疑、反思。问题解决后，引导学生回顾反思解题的过程，对自己解题过程用到的方法、出现的问题进行深入的思考，初步判断结果的合理性。通过追问"为什么可以这样做""错在哪儿""错误原因是什么"引导学生从根源上分析，将遇到的问题进行恰当的归类，并分析解决问题的策略，而不是将问题简单地归为"粗心"，使思维的深度和广度不断地增强。在回顾反思的过程中，逐步培养学生的理性精神。

总之，理性精神存在于数学之中，数学需要理性，理性离不开数学，两者密不可分，辩证统一。在数学教学中培养学生的理性精神，是数学教育的核心任务，它并不神秘，并不抽象，是理性与人文相结合的教育。我们要不断地深入研究，才可以更好地培养学生的理性精神，提升学生的数学素养。

参考文献

[1] 中华人民共和国教育部. 义务教育数学课程标准:2011年版[M]. 北京:北京师范大学出版社, 2012.

[2] 中华人民共和国教育部. 3-6岁儿童学习与发展指南[Z]. 2012:46-47.

[3] 山东省教育厅. 中小学数学学科德育实施指导纲要[Z]. 2015:96-102.

[4] 董连春,吴立宝,王立东. PISA2021"数学素养"测评框架评介[J]. 数学教育学报,2019(8):46-53.

[5] 徐云鸿,王红艳. 数学品格:数学核心素养的应有之义:上[J]. 小学数学教师,2018(2):201-202.

[6] 张侨平. 西方国家数学教育中的"数学素养":比较与展望[J]. 全球教育展望,2017(9):21-23.

[7] 何小亚. 学生"数学素养"指标的理论分析[J]. 数学教育学报,2015(2):77-83.

[8] 孙宏安. "数学素养"探讨[J]. 中学数学教学参考,2016(4):106-112.

[9] 徐章喜. 在练习中培养学生创新意识的探索[J]. 现代教育科学,2007(2):9-11.

[10] 许含英. 抓住关键实现"复合"教学[J]. 教学,2016(7、8):230-231.

[11] 唐恒钧,佘伟忠,张维忠. 小学生的数学学习价值观及其教学启示[J]. 课程教材教法,2018(10):66-70.

[12] 陈蕾. 渗透模型思想的教学策略:以小学数学为例[J]. 上海教育科研,2018(10):18-23.

[13] 张秀花. 在计算教学中促进学生数学思维发展[J]. 小学数学教育,2016(3):95-106.

[14] 徐品红,张红. 数学符号史[M]. 北京:科学出版社,2006.

[15] 朱立明,马云鹏. "数学符号意识"研究:内涵与维度[J]. 教育理论与实践,2015(32):28-33.

[16] 朱立明,马云鹏. 学生数学符号以是PORE评价框架的构建[J]. 数学教育学报,2016,25(1):56-60.

[17] 王光明,范文贵. 新版数学课程标准解析与教学指导[M]. 北京:北京师范大学出版社,2012.

[18] 王光明,王梓坤. 数学教育中的理性精神[J]. 教育理论与实践,2006(12):33-43.

[19] 张熙,袁宇. 小学数学教育与学生理性精神启蒙[J]. 科学咨询(教育科研),2009(12):75-76.

[20] 曹培英. 跨越断层,走出误区:"数学课程标准"核心词的解读与实践研究[M]. 上海:上海教育出版社,2017:20.

[21] 曹培英. "抽象"能否成为小学数学学科的核心素养[J]. 小学数学教师,2015(11):18-21.

[22] 黄翔. 数学课程标准中的十个核心概念[J]. 数学教育学报,2012,21(4):16-19.

后　记

对于数学素养的研究，最早源于我的工作需要。作为一名小学数学教研员，经常要参加一些评课与磨课活动。在评课、磨课的过程中，教师常常会提出很多的思考，虽然许多想法都有存在的合理性，但是受课堂容量的限制，总要做出一些取舍。如何来做去留？取舍的标准是什么？常常成为最后讨论的焦点，萦绕在所有参与者的心头。9年前，《义务教育数学课程标准（2011年版）》发布。围绕着新课标的解读，我们做了许多研究，其中大量内容都是关于数学素养的十大核心词。伴随着对数学素养研究的深入，再次面对这些看似摇摆不定的问题，突然间有了豁然开朗的感觉。教学环节如何展开？什么样的设计才是有效的？数学素养就像一盏灯，如果站在数学素养的角度，看得就会更加分明。一节课上得是否成功？目标达成效果如何？数学素养又像是一把尺，关注学生数学素养的发展情况，评判也更加具有标准性。

之后，接连承担了几个课题的研究任务，在研究过程中大量涉及数学素养的相关内容。"入芝兰之室，久而不闻其香，即与之化矣。"不觉间，数学素养的相关理念已渗透到了我的所有研究、所有工作、所有的思辨之中，让我大受裨益。于是便萌发了写这本书的想法：何不系统地整理一下这些年的研究成果，以数学素养提升为切入点，梳理出一些小学数学教学的策略，以供同侪参考？

为了能够全面地了解数学素养的研究现状，围绕数学素养这个主题，我进行了一次全新的学习与认识，广泛地阅读了国内外的相关文献，厘清了数学素养的内涵、外延及整个脉络体系。每一个章节的写作都好似一场"理论—实践—理论"的折返跑，带着不同领域、不同维度的设想和不同的观课点，我一次又一次地走入小学数学课堂，观摩、测试、调整、实验，通过不断的优化，最终形成了各个素养的提升策略，并完成了《小学生数学素养提升的教学策略研究》一书的写作。对我而言，这不仅是一项极大的工程，也是一项极大的挑战，尽管该书稿已经完成，但心中仍然诚惶诚恐，只能寄希望于时间的检验。

本书虽然是我个人所著，却是集众人之力，凝聚着许多人的心血，没有他们的帮助和支持，本书是无法完成的。在这里，我首先要感谢山东省教育科学研究院徐云鸿老师和青岛市教育科学研究院刘仍轩老师。在他们的带领下开展的多项课题研究，为本书的写作积累了大量理论基础。在课题研究和本书写作过程中，他们也是多次指点迷津，给予了关键性的帮助。

我还要感谢青岛市崂山区小学数学团队的所有教师，他们的数学课堂是书中所述的所有策略的检验阵地，每一次的实践都有他们参与的身影，每一次的优化都伴随着他们的反思，每一个课例都凝聚着他们的智慧。我为有这样一支勇于实践、善于思考的队伍感到自豪和满足。

这本书中引用了国内外许多同行的研究成果，是他们的肩膀赋予了我这样的视野，在此一并表示感谢。

由于本人的学术水平和写作能力有限，书中不妥之处在所难免，恳请广大读者批评指正。

张云萍

2020年12月18日